RECHERCHES CINÉMATOGRAPHIQUES
sous la direction de José Moure
7

Sir Alfred Hitchcock, cinéaste anglais

Ouvrage publié avec le soutien de l'École universitaire
de recherche Translitteræ (programme Investissements d'avenir
ANR-10-IDEX-0001-02 PSL* et ANR-17-EURE-0025)
et du laboratoire THALIM (UMR 7172) du Centre national
de la recherche scientifique

PSL UNIVERSITÉ PARIS

Jean-Loup Bourget

Sir Alfred Hitchcock, cinéaste anglais

PARIS
CLASSIQUES GARNIER
2021

Jean-Loup Bourget est professeur émérite d'études cinématographiques à l'École normale supérieure (Ulm) et critique à la revue de cinéma *Positif*. Il est l'auteur de seize ouvrages et de nombreux articles consacrés principalement au cinéma hollywoodien classique et aux cinéastes européens actifs à Hollywood, parmi lesquels (outre Alfred Hitchcock) Fritz Lang, Ernst Lubitsch, Douglas Sirk et Jean Renoir.

ISBN 978-2-406-11572-4 (livre broché)
ISBN 978-2-406-11573-1 (livre relié)
ISSN 2557-3314

INTRODUCTION

La quantité des écrits consacrés à Alfred Hitchcock (1899-1980) et à son œuvre (près de soixante films, de l'inachevé *Number Thirteen* [1922] à *Complot de famille* [*Family Plot*, 1976]) est impressionnante, et la qualité de nombre d'entre eux incontestable. On peut avoir l'impression que cette reconnaissance critique, qui concerne au premier chef la partie hollywoodienne de l'œuvre (disons de *L'Ombre d'un doute* [*Shadow of a Doubt*, 1943] à *Pas de printemps pour Marnie* [*Marnie*, 1964]), et fait aujourd'hui l'objet d'un consensus, a été relativement tardive, puisque le premier ouvrage consacré au cinéaste, sous la plume d'Éric Rohmer et Claude Chabrol, paraît en 1957 et ne couvre pas moins de quarante-quatre titres, jusqu'au remake hollywoodien de *L'Homme qui en savait trop*[1]. Si dans les années 1950 la défense et illustration de Hitchcock est principalement le fait de la critique française et tout particulièrement des *Cahiers du Cinéma*, la critique anglo-saxonne prend peu à peu le relais : les entretiens du cinéaste avec Peter Bogdanovich sont publiés par le MoMA (musée d'Art moderne de New York) en 1963 et sont bientôt suivis par la première édition du livre de Robin Wood (1965). Mais c'est à l'évidence le livre d'entretiens avec François Truffaut, *Le Cinéma selon Alfred Hitchcock* (1re édition parue en 1966), qui assied définitivement la double réputation de Hitchcock, à la fois comme un *auteur* ainsi que le pensaient déjà Rohmer et Chabrol, qui, sans négliger la forme

1 Mais cette impression demande à être nuancée, pour deux raisons. D'abord, parce qu'avant 1957, il n'existait pas de collection de monographies consacrées à des cinéastes. Ensuite parce que, dès les années trente, une grande partie de la critique de langue anglaise, en Grande-Bretagne, en Amérique du Nord, en Australie, a considéré Hitchcock comme un cinéaste très talentueux, le meilleur des cinéastes anglais, un incomparable réalisateur de *melodramas* (c'est-à-dire de films criminels, de films d'espionnage, de films d'aventures mêlant suspense, romance et humour), souvent jugés supérieurs à leurs homologues hollywoodiens. C'est ce qui ressort clairement des abondants « moissonnages » effectués par le chercheur luxembourgeois Paul Lesch, qui a bien voulu me donner accès à cette documentation.

cinématographique, insistaient sur les thématiques hitchcockiennes (le secret, l'aveu, le transfert de la culpabilité), et comme un *metteur en scène* féru de technique, perfectionniste, soucieux d'obtenir l'effet le plus précis possible et le plus propre à toucher le spectateur, et qui avait accepté de partager ses secrets de fabrication avec son jeune confrère, issu de la critique cinéphilique et devenu à son tour un cinéaste qui, dès *Les Quatre Cents Coups*, avait su s'attirer les suffrages du grand public.

À partir du *Cinéma selon Alfred Hitchcock* et s'appuyant souvent sur les déclarations du réalisateur, les exégèses de l'œuvre se sont multipliées, poursuivant les pistes à la fois thématiques et formelles esquissées par Rohmer et Chabrol (Jean Douchet), recourant aux analyses minutieuses de séquences (Raymond Bellour, Jean-François Tarnowski, William Rothman), à l'outil psychanalytique, freudien (Bellour, Robin Wood, Tania Modleski) ou lacanien (Slavko Žižek), à la grille féministe (Mary Ann Doane, Patrice Petro, Modleski), aux sources biographiques (Daniel Spoto, Patrick McGilligan), et très souvent à une combinaison de ces diverses approches. Ce qui frappe d'abord est l'accent dominant placé sur la question de la sexualité, sur le voyeurisme et le machisme des personnage masculins, sur les fantasmes supposés du cinéaste et ses rapports avec ses actrices, sur l'emploi de clés psychanalytiques tantôt sophistiquées tantôt grossières, tout cela s'expliquant au moins partiellement par la nature assez explicite de plusieurs films à partir de *Fenêtre sur cour* (*Rear Window*, 1954) et de son traitement du voyeurisme : *Sueurs froides* (*Vertigo*, 1958) [la nécrophilie], *Psychose* (*Psycho*, 1960) [*serial killer* et explication psychanalytique], *Pas de printemps pour Marnie* (*Marnie*, 1964) [frigidité et explication psychanalytique] et enfin *Frenzy* (1972) [*serial killer* sexuel]. Trois de ces titres, *Rear Window*, *Vertigo* et *Psycho*, comptent parmi ceux qui ont suscité et qui continuent à susciter le plus grand nombre de commentaires et de lectures, et *Vertigo*, dont l'accueil lors de sa sortie initiale avait été mitigé, figure désormais dans de nombreux palmarès cinéphiliques comme le meilleur film de l'histoire du cinéma, supplantant *Citizen Kane* d'Orson Welles, qui, succédant au *Cuirassé Potemkine* d'Eisenstein, avait longtemps occupé cette première place.

Ce qui frappe aussi est que, dans le foisonnement et les subtilités de l'exégèse hitchcockienne, qui n'ont rien à envier à ceux de l'exégèse biblique, la part de la prise en compte du contexte, qu'il soit historique, social ou politique, est généralement congrue, ce qui peut paraître surprenant puisqu'une douzaine de films de Hitchcock, dont certains sont très connus (*Les Trente-Neuf Marches*, *Sabotage*, *Une femme disparaît*, *Les Enchaînés* [*Notorious*], *La Mort aux trousses*), sont des récits d'espionnage ; mais, ainsi que l'a observé Tania Modleski, la plupart des commentateurs traitent par exemple *Notorious* comme, fondamentalement, une histoire « sérieuse » de désir sexuel et d'amour romantique se présentant sous le déguisement attrayant mais superficiel d'une intrigue d'espionnage qui ne serait qu'un prétexte, l'habituel MacGuffin hitchcockien[2]. À quelques exceptions près (motivées notamment par la redécouverte du documentaire *German Concentration Camps Factual Survey* [1944-1945] et du rôle que le cinéaste a joué dans son élaboration), le débat concernant l'idéologie véhiculée par les films de Hitchcock a donc été préempté par les *gender studies* et les lectures féministes, qu'elles soient critiques ou nuancées.

Ce qui frappe enfin est l'assimilation implicite Hitchcock = Hollywood, qui tend à laisser près d'une moitié de l'œuvre dans une ombre complète ou relative. Cela s'explique par des raisons objectives : plusieurs des films de la période anglaise sont muets, tous sont en noir et blanc, certains ne sont accessibles que sous la forme de DVD de qualité médiocre. À y regarder de plus près, on s'aperçoit qu'entrent en jeu des motivations plus insidieuses, dont la critique française, en particulier les « hitchcocko-hawksiens » gentiment raillés par André Bazin, sont paradoxalement responsables[3]. Si Rohmer et Chabrol (Chabrol étant l'auteur principal des chapitres consacrés à l'œuvre anglaise) ne négligent pas les films anglais, leur argument est presque téléologique : ces films, avec leurs expérimentations, leurs bonheurs d'expression et leurs ratages, le caractère inégal de leurs interprètes et de l'engagement du cinéaste, constituent autant de brouillons ou d'esquisses thématiques « d'un univers auquel seul Hollywood apporta la plénitude[4] ». Vingt ou vingt-cinq ans après,

2 Tania Modleski, *The Women Who Knew Too Much : Hitchcock and Feminist Theory* [1988], 2e éd., Routledge, New York et Londres, 2005, p. 59-60. – Je rappelle que selon Hitchcock, le MacGuffin est une sorte de leurre, un secret jalousement protégé ou ardemment recherché par les personnages fictifs, mais vide de sens et sans importance pour le narrateur (Truffaut, *Le Cinéma selon Hitchcock*, Robert Laffont, 1966, p. 100-102).

3 André Bazin, « Comment peut-on être Hitchcocko-Hawksien ? », *Cahiers du Cinéma* n° 44, février 1955, p. 17-18.

4 Jean-Yves Goute [= Claude Chabrol], « Hitchcock anglais », *Cahiers du Cinéma* n° 62, août-septembre 1956, p. 8. L'essentiel de « Hitchcock anglais » est repris et développé dans Rohmer et Chabrol, *Hitchcock*, Éditions Universitaires, 1957.

ce jugement est répété par Gérard Legrand, pour qui « [l']œuvre britannique ne présente plus aujourd'hui qu'un intérêt archéologique[5] » ; « [c]réer une passerelle entre les deux "époques" est illusoire » puisque « l'**histoire** » du style de Hitchcock « n'a eu en Grande-Bretagne qu'une **préhistoire**[6] ». De l'autre côté de l'Atlantique, William Rothman, qui est pourtant loin de négliger la période anglaise (sur cinq films qui font l'objet de ses longues analyses, trois appartiennent à cette période : *The Lodger*, *Murder !* et *Les Trente-Neuf Marches*), se dit conscient que son choix surprendra, prend soin de préciser que ce choix ne reflète pas son opinion sur les mérites respectifs de l'œuvre anglaise et de l'œuvre américaine[7], et conclut que Hitchcock, même s'il maîtrise sa « forme », son « écriture cinématographique », dès *The Lodger*, ne donnera et ne déploiera toute sa mesure qu'à Hollywood, grâce aux moyens techniques plus importants et plus parfaits dont il disposera :

> Le départ de Hitchcock pour Hollywood s'apparente à celui de Haydn pour Londres : pour la première fois, il a un grand orchestre à sa disposition[8].

Les « hitchcocko-hawksiens », Rohmer et Chabrol, mais aussi Godard et Rivette, avaient une raison supplémentaire, plus tactique ou polémique, de mettre l'accent sur la supériorité à leurs yeux de l'œuvre américaine : c'est qu'à l'époque où ils écrivaient, l'opinion critique dominante était exactement inverse et voulait qu'à Hollywood, Hitchcock ait cessé d'être un cinéaste expérimental et novateur et ait cédé aux sirènes du commerce et d'un art de masse. Ainsi Éric Rohmer, rendant compte d'*Une femme disparaît*, qualifie cette œuvre anglaise de 1938 de « film *parfait* » avant de préciser :

> Ceci dit, et sans vouloir bouder le plaisir fort vif que j'ai éprouvé au spectacle de ce film, je croirais bien mal mériter de son auteur si je n'ajoutais aussitôt que celui que m'ont procuré *La Corde* ou *L'Inconnu du Nord-Express*, était d'espèce tout autre, j'entends supérieure[9].

---

5 Gérard Legrand, *Cinémanie*, Stock, 1979, p. 247-248.

6 Gérard Legrand, « Petit diptyque pour "Sir Alfred" », *Positif* n° 234, septembre 1980, p. 8.

7 William Rothman, *Hitchcock – The Murderous Gaze*, Harvard University Press, 1982, p. 1.

8 Rothman, *The Murderous Gaze*, *op. cit.*, p. 176.

9 Maurice Schérer [= Éric Rohmer], « Le soupçon », *Cahiers du Cinéma* n° 12, mai 1952, p. 63-66.

Et Rohmer d'enchaîner sur sa démonstration du *génie* cinématographique de Hitchcock, qui s'épanouit dans les œuvres américaines.

Si le rôle de Truffaut a été décisif dans la reconnaissance internationale de Hitchcock, sa responsabilité dans l'occultation relative de l'œuvre anglaise ne saurait faire de doute. D'une part, il la connaît assez mal et la traite de façon cursive. Rothman, qui n'est pas tendre pour Truffaut, regrette que les six films muets qui suivent *The Lodger* soient pratiquement absents du livre d'entretiens, et signale l'intérêt, tout particulièrement, de *Downhill*, *Easy Virtue*, *The Ring* et *The Manxman*[10]. D'autre part et surtout, Truffaut estime qu'

> il y a en Angleterre quelque chose d'indéfinissable mais qui est nettement anticinématographique. [...] On peut se demander s'il n'y a pas incompatibilité entre le mot cinéma et le mot Angleterre. [...] En Angleterre, il y a énormément d'intellectuels, énormément de grands poètes, de très bons romanciers, mais depuis soixante-dix ans que le cinéma est né, on ne trouve que deux cinéastes dont l'œuvre résiste à l'épreuve du temps : Charlie Chaplin et Alfred Hitchcock[11].

La « routine anglaise », « et même le climat anglais » et « le fameux humour anglais, qui a suscité tant de charmantes comédies de meurtres » mais qui « bien souvent interdit l'émotion réelle », expliqueraient l'antinomie de l'Angleterre et du cinéma[12]. Si l'on adhère à cette fumeuse théorie des climats et au cliché de la nullité du cinéma anglais (malgré Asquith, Maurice Elvey, les frères Korda, Powell et Pressburger, Carol Reed, Mackendrick et les autres auteurs des *Ealing comedies*), quoi de plus naturel que Hitchcock ait trouvé sa vraie patrie à Hollywood ? À en croire Truffaut, il s'était trompé de pays.

Il semble plus judicieux de s'en tenir à l'examen des films, de ne pas négliger ce que Hitchcock lui-même a dit à Truffaut et Chabrol de la parenté de l'un d'entre eux, pourtant hollywoodien, *Mais qui a tué Harry ?* (*The Trouble with Harry*), avec « le fameux humour anglais[13] », et de manière plus générale de s'interroger à nouveaux frais sur les qualités propres de l'œuvre anglaise, sur la présence en son sein d'éléments comiques, mais aussi d'« émotion réelle ».

---

10 Rothman, *The Murderous Gaze*, *op. cit.*, p. 353.

11 Truffaut, *Le Cinéma selon Hitchcock*, *op. cit.*, p. 90-91.

12 Truffaut, *ibid.*

13 Truffaut et Chabrol, « Entretien avec Alfred Hitchcock », *Cahiers du Cinéma* n° 44, février 1955, p. 19-21.

L'ambition du présent ouvrage est double. Il s'agit d'abord de procéder à une réévaluation aussi objective que possible de l'ensemble de l'œuvre anglaise, qui demeure incontestablement mal connue, au moins en France. Il s'agit ensuite de s'interroger sur les liens exacts qui unissent l'œuvre anglaise à l'œuvre hollywoodienne, pour en dégager les traits et les préoccupations communs, mais aussi l'évolution éventuelle, la recherche obstinée de certaines formes et de certains effets, les redites et les reprises, les « répétitions », dans le double sens de ce qui est repris à l'identique, jusqu'à l'autocitation, et de ce qui est « répété » par l'acteur de théâtre, jusqu'à ce qu'il trouve l'intonation ou le geste justes.

Si la bibliographie consacrée à Hitchcock est surabondante, celle qui se penche sur cette double question n'y occupe qu'une place modeste. J'ai déjà cité l'ouvrage de William Rothman, *The Murderous Gaze*, qui a le grand mérite de faire une place substantielle à l'œuvre anglaise de Hitchcock, même si l'auteur souscrit à la vulgate qui la juge de qualité inférieure à l'œuvre hollywoodienne. Dans le même ordre d'idées, sans nécessairement partager les prémisses méthodologiques, féministes et psychanalytiques, de Tania Modleski sur l'inconscient patriarcal, je suis sensible à la finesse et à la pertinence de ses analyses et j'apprécie que son corpus de sept films, de *Chantage* à *Frenzy*, couvre une grande partie de la carrière, offrant une sélection équilibrée de l'œuvre (avec trois films anglais, *Chantage*, *Murder !* et *Frenzy*) et montrant que très tôt Hitchcock s'est attaché à exprimer le point de vue de ses héroïnes et à le faire partager au spectateur. À la même époque exactement, l'excellent critique anglais Robin Wood, dans l'édition révisée de son ouvrage sur Hitchcock, d'abord paru en 1965 puis en 1977, revient sur son rejet « ignorant et méprisant » de la période anglaise ainsi que de *Rebecca*, premier film hollywoodien du cinéaste, mais à sujet anglais. S'il continue à considérer que la période américaine recèle les plus grands chefs-d'œuvre, il réhabilite partiellement la période anglaise, dont les thèmes et les figures de style lui semblent à la fois préfigurer la période hollywoodienne et indiquer d'autres développements possibles[14]. Dans la suite du livre, Wood procède à une comparaison entre l'œuvre anglaise et l'œuvre américaine et traite longuement de *Chantage*, des *Trente-Neuf Marches*, de *Young and Innocent* et de la première version de *L'Homme qui en savait trop*.

14 Robin Wood, *Hitchcock's Films Revisited* [1989], Faber and Faber, Londres, 1991, p. 230-231.

Plusieurs textes, tous de langue anglaise, traitent spécifiquement le sujet qui m'occupe. L'ouvrage pionnier est celui de Maurice Yacowar, universitaire canadien, *Hitchcock's British Films*, d'abord paru en 1977, réédité à l'identique en 2010. Il combine une solide documentation, « notamment en ce qui concerne l'emploi par Hitchcock des romans et des pièces qui ont été la source de la plupart de ses scénarios[15] » et des analyses personnelles incisives, écrites par brèves touches impressionnistes, presque gnomiques. Cinq ans après la mort de Hitchcock, un long article de Philip French propose un portrait du cinéaste « en tant qu'exilé et anglais ». Convaincant lorsqu'il effectue le constat minutieux de l'« anglicité » persistante de Hitchcock à Hollywood (notamment par le biais des acteurs qu'il dirige et des sujets qu'il porte à l'écran), French est plus contestable lorsqu'il en propose une lecture interprétative. Manifestement influencé par la biographie à sensation de Daniel Spoto, il voit dans plusieurs comédiens qui ressembleraient physiquement à Hitchcock (Oscar Homolka dans *Sabotage*, mais aussi, plus curieusement, James Stewart dans *La Corde*, *Fenêtre sur cour* et *Vertigo*) autant de figures du cinéaste, et dans tous les personnages de Hitchcock les facettes d'une personnalité complexe, torturée, voire pathologique[16]. Cette lecture systématique, sommairement psychologisante, me paraît redondante et réductrice.

L'ouvrage de Charles Barr, *English Hitchcock* (1999), est excellent, et utilement complété par celui d'Alain Kerzoncuf et Charles Barr, *Hitchcock Lost and Found : The Forgotten Films* (2015)[17]. Je reconnais volontiers ma dette à l'égard de ces diverses publications, qui ont toutes le mérite de s'attacher à partir d'une base factuelle et documentée, évitant ainsi deux écueils auxquels certains exégètes de Hitchcock n'ont pas su échapper,

---

15 Selon Lesley Brill, lui-même hitchcockien reconnu, en 4e de couverture de la réédition de Yacowar, *Hitchcock's British Films*, Wayne State University Press, Detroit, 2010. – L'ouvrage de John Orr, *Hitchcock and Twentieth-Century Cinema*, Wallflower Press, Londres et New York, 2005, comporte un excellent développement sur l'héritage littéraire anglais de Hitchcock (Buchan, Du Maurier, Conrad, Greene), qui corrige ou complète ce qu'on a souvent dit sur son héritage cinématographique allemand, qui est incontestable mais me semble avoir été surévalué (j'y reviendrai).

16 Philip French, « Alfred Hitchcock : The Film-maker as Englishman and Exile », *Sight & Sound*, printemps 1985, p. 116-122.

17 Charles Barr, *English Hitchcock*, Cameron & Hollis, Moffat (Écosse), 1999 ; Alain Kerzoncuf et Charles Barr, *Hitchcock Lost and Found : The Forgotten Films*, The University Press of Kentucky, 2015.

l'interprétation qui tend à *projeter* sur l'œuvre les obsessions et les fantasmes de l'analyste plutôt qu'à en dégager ceux qu'elle recélerait, et plus banalement la sous-estimation des *sources* auxquelles le cinéaste a eu recours et avec lesquelles la comparaison peut être éclairante, même et surtout quand celui-ci leur a été « infidèle ». Je reconnais aussi volontiers ma dette envers ces pionniers des études hitchcockiennes que furent Rohmer et Chabrol, ainsi qu'envers l'édition par StudioCanal de plusieurs films de la période anglaise, sous la direction de Noël Simsolo, dans des copies dont certaines sont de très bonne qualité (2012). Le DVD de *Murder !* s'accompagne d'un riche et utile bonus, le documentaire de Simsolo *Alfred Hitchcock. Films de jeunesse*, qui donne longuement la parole à Bernard Eisenschitz et à Claude Chabrol. Nuançant, voire renversant l'opinion communément admise qui veut que la période anglaise soit celle d'un « apprentissage », Eisenschitz observe que lorsqu'on voit ou revoit ensemble les films anglais et les films hollywoodiens du cinéaste, les anglais sont plus intéressants car on y découvre un cinéma qui s'invente (dans les muets) ou se réinvente (dans les premiers parlants)[18]. Plus près de nous, on peut citer encore la conférence fort bien documentée de Bernard Benoliel sur « Hitchcock, Anglais », donnée à la Cinémathèque française dans le cadre de la rétrospective consacrée au cinéaste en 2019-2020. Le propos de Benoliel était double : faire redécouvrir l'œuvre anglaise, et montrer tout ce que lui doit l'œuvre américaine[19]. C'est à cette redécouverte toujours nécessaire et à cette réévaluation que le présent ouvrage voudrait contribuer à son tour.

Pour l'aide qu'ils m'ont apportée à divers stades de ce projet, je souhaite remercier Tifenn Brisset, Nicole Cloarec, Bernard Génin, Cécile Gornet, Alain Kerzoncuf, Paul Lesch, Pierre Lethier, Michel Marie, Chékib Mesli, Alastair Phillips et Ginette Vincendeau.

18 Bernard Eisenschitz dans Noël Simsolo, *Alfred Hitchcock. Films de jeunesse 1925-1934*, prod. StudioCanal Image – Point du Jour, 2004, bonus du DVD StudioCanal de *Meurtre* (*Murder !*, 1930).

19 Conférence donnée le 5 décembre 2019 et accessible sur https://vimeo.com/383754852.

PREMIÈRE PARTIE

L'ŒUVRE ANGLAISE

DE *THE LODGER* À *FRENZY*

Les films de *serial killer*

FIG. 1 – *The Lodger* : titre dessiné par E. McKnight Kauffer.

Il semble logique de commencer l'examen de l'œuvre anglaise avec *The Lodger*, film muet tourné en 1926, sorti en 1927, que Hitchcock lui-même considérait comme « le premier film de Hitchcock[1] ». Non que ce genre de déclaration doive être accepté aveuglément : Hitchcock a aussi affirmé que *Rebecca*, réalisé sous la férule de Selznick, « n'était pas un film de Hitchcock », ce qu'on peut juger contestable[2] ; mais dans le cas de *The Lodger*, cette revendication de l' « auteur » émergent apparaît d'autant plus plausible qu'il s'agit à la fois de son premier film criminel et/ou « à suspense », de son premier succès public et d'une des rares œuvres muettes qui, présentée en ciné-concert, bénéficie aujourd'hui d'une certaine notoriété.

1 Truffaut, *Le Cinéma selon Hitchcock*, *op. cit.*, p. 33.

2 Et que j'ai effectivement contestée et nuancée dans Jean-Loup Bourget, Rebecca *d'Alfred Hitchcock*, Vendémiaire, 2017.

Le titre original du film, qui signifie « Le Locataire », est celui du roman-source de Marie Belloc Lowndes (sœur de l'écrivain Hilaire Belloc), publié quelques années auparavant sous forme de feuilleton (1911) puis d'ouvrage (1913) avant d'être adapté au théâtre[3], un roman qui fait clairement allusion à un « authentique » tueur en série, surnommé Jack the Ripper (« Jack l'Éventreur »), jamais identifié avec certitude, malgré diverses hypothèses dont certaines extravagantes, qui sévit dans l'East End de Londres en 1888, s'attaquant exclusivement à des prostituées. On a donné au film différents titres français, *Meurtres*, qui provient peut-être d'une confusion avec le *remake* de 1932, *Cheveux d'or* ou *Les Cheveux d'or*, qui ne sont guère usités, et plus récemment *L'Éventreur* qui renvoie directement au *Ripper*[4].

Particulièrement frappante, l'ouverture du film se présente comme un manifeste visuel spectaculaire, un morceau de bravoure aussi brillant que fonctionnel, qui entrelace des effets chocs émotionnels et psychologiques complexes, voire contradictoires. Cette ouverture est d'abord une sorte d'expansion visuelle du sous-titre du film, *A Story of the London Fog*, une « histoire du brouillard londonien », particulièrement dans la copie teintée[5], en bleu très sombre en l'occurrence, qui estompe les détails d'une scène nocturne, située sur l'Embankment, montrant la découverte dans la Tamise du corps d'une nouvelle victime du tueur en série, qui s'attaque exclusivement à des jeunes femmes blondes et signe ses crimes de son surnom de « Vengeur » (*Avenger*). Hitchcock détaille ensuite la manière dont la foule vite rassemblée réagit au spectacle de ce fait divers : si l'horreur et la peur paraissent d'abord dominer, il est clair que se mêle immédiatement à celles-ci une certaine fascination morbide, comme l'indique le jeu d'un personnage qui, dissimulant à moitié son visage sous une capuche pour ressembler au Vengeur, s'amuse à faire peur à une des femmes présentes, bizarrerie soulignée par un

3 Créée en 1916, la pièce amorce la transition vers le film de Hitchcock, introduisant des éléments de comédie et de romance et innocentant le locataire. On pense que Hitchcock a vu la production théâtrale de 1917, venue de New York, avec dans le rôle-titre Lionel Atwill, acteur anglais qui fit ensuite carrière à Hollywood. J'emprunte ces précisions à la préface d'Elyssa Warkentin à son édition de Marie Belloc Lowndes, *The Lodger*, Cambridge Scholars Publishing, Newcastle upon Tyne, 2015, p. XVIII-XXX.

4 Lors de la présentation de *The Lodger* à la deuxième édition du festival de films restaurés Toute la mémoire du monde (2013).

5 Copie de la National Film Archive, DVD Carlton International, s. d., antérieure à la restauration de 2012.

plan montrant le reflet déformé, sur une surface métallique, de ce visage qui paraît monstrueux. De façon concise et efficace, Hitchcock montre nettement que les spectateurs (les badauds de la fiction, ceux du film) aiment, jusqu'à un certain point, avoir peur, et acceptent donc qu'un amuseur (figure en miniature du cinéaste ?) joue à leur faire peur.

Cette impression n'est pas démentie par la suite du prologue, qui, toujours nocturne, joue sur un tout autre registre, celui de la modernité technique. Aux images disons « gothiques » du Londres victorien associées à Jack l'Éventreur succède une sorte de « symphonie urbaine » montrant la vitesse avec laquelle se propage l'information sur le nouveau crime du Vengeur, mobilisant les médias et la police et suscitant parmi le public la peur, mais aussi la fascination. Téléphone, téléscripteur, radio, journal lumineux, rotatives de la presse écrite se mettent en marche ; la nouvelle a de quoi inquiéter, mais elle est bonne pour l'économie : à chaque crime du mystérieux Vengeur, scandé par les unes de l'*Evening Standard*, les journaux se vendent mieux. Préludant à *L'Homme à la caméra* de Dziga Vertov (1929), le modernisme de la séquence rompt avec l'iconographie gothique qui précédait (et qui reparaîtra dans la suite du récit) tout en se situant dans le prolongement du générique et des cartons du film, dessinés dans un style cubiste/constructiviste par E. McKnight Kauffer, célèbre affichiste américain qui travaillait alors en Angleterre. La recherche formelle s'accompagne de touches humoristiques, comme celle, dûment signalée par Hitchcock à Truffaut, qui transforme l'arrière d'une automobile en un visage qui ferait en quelque sorte « de l'œil » au spectateur[6].

La suite de ce long prologue se situe dans un autre registre encore. Après les réactions « à chaud » des premiers témoins, après la mise en branle des machines médiatique et policière, voici les réactions de potentielles victimes, les danseuses d'un spectacle de music-hall intitulé *Golden Curls* (« Boucles d'or », d'où le titre français du film *Cheveux d'or*). On a ici affaire à un leitmotiv visuel hitchcockien, doublement. Les enseignes lumineuses clignotantes TO – NIGHT / GOLDEN CURLS qui attirent le chaland (et éventuellement le Vengeur) renvoient parmi d'autres au quartier des théâtres, proche de Piccadilly Circus, longtemps

6 Truffaut, *Le Cinéma selon Hitchcock*, *op. cit.*, p. 34. S'exprimant à des décennies de distance, Hitchcock juge l'effet raté ; bien à tort, car il est parfaitement visible pour un spectateur attentif.

défini comme *the hub of the Empire*, le centre même de l'Empire[7] ; dans leur loge, les *girls* qui après le spectacle enlèvent leurs perruques blondes et se démaquillent s'inscrivent dans une longue tradition picturale qui, montrant les coulisses du spectacle, permet de combiner l'érotisme des corps donnés en spectacle avec le réalisme (les danseuses apparaissent loin des feux de la rampe, non comme des créatures de rêve, mais dans leur « vérité » charnelle, démaquillée, informelle). Illustrée notamment par Degas, cette tradition remonte plus loin, jusqu'au Hogarth des *Strolling Actresses in a Barn* (« Actrices ambulantes dans une grange »)[8] ; le cinéma, et Hitchcock en particulier, se l'est très vite appropriée, comme on le voit ici ainsi que dans les *musicals* de Busby Berkeley, dans *Divine* de Max Ophuls (1935) ou encore chez Cukor (*Les Girls*, *La Diablesse en collant rose*)[9].

FIG. 2 – *The Lodger* : boucles blondes.

7 Ces enseignes lumineuses reparaissent à la fin du film. Dans la version Carlton, elles ne figurent dans le prologue que sous la forme d'un carton animé de McKnight-Kauffer.

8 Gravure citée par Nikolaus Pevsner comme emblématique du goût de Hogarth pour l'« observation de la vie », en l'occurrence le contraste entre les costumes de scène et la trivialité des occupations domestiques ainsi que le plaisir pris à voir les formes généreuses de jeunes corps à demi dévêtus – Pevsner, *The Englishness of English Art* [1956], Penguin Books, 1964, p. 31-32.

9 Premier film effectivement dirigé et signé par Hitchcock, *The Pleasure Garden* (1926) s'ouvre sur une série de scènes situées dans le music-hall qui donne son nom au film et qui mêlent le spectacle (une *chorus line* de danseuses), les spectateurs (masculins, âgés, libidineux et parfois dotés d'instruments optiques grossissants) et les coulisses du spectacle.

FIG. 3 – *The Lodger* : Ivor Novello dans le rôle-titre.

Les filles ont appris la nouvelle par un journal qui circule (à l'époque une édition spéciale pouvait sortir à minuit, comme le note Paul Morand dans *Londres 1933*[10]), et tour à tour se rassurent ou s'inquiètent, selon qu'elles sont brunes ou blondes, même si c'est d'un blond plus terne que celui des perruques. Même jeu qu'au début du prologue : une fille s'amuse à se déguiser en Vengeur, à faire peur à celle qui s'inquiète et qui décide d'en rire. C'est presque insensiblement qu'on passe du prologue au récit principal, dont les protagonistes vont surgir tour à tour. Un carton annonce DAISY et apparaît une nouvelle jeune femme blonde, une nouvelle proie potentielle du Vengeur, qui est modèle dans un défilé de mode. On est donc toujours dans l'univers du spectacle et dans la continuité temporelle : les jeunes mannequins partagent les mêmes inquiétudes que les danseuses. Les images qui suivent nous introduisent graduellement à l'entourage familial et domestique de Daisy, mais le récit, jusqu'ici hanté par la figure (invisible sinon absente) du Vengeur, ne s'enclenche vraiment qu'avec l'arrivée au sein de la famille Bunting du locataire anonyme (interprété par Ivor Novello) qui semble matérialiser, au moins visuellement, le fantasme du Vengeur. Daisy (June Tripp) est fiancée à Joe, un policier (Malcolm Keen), mais ne semble pas pressée de quitter le domicile familial pour se marier, et se montre intéressée, et peut-être tentée, par le mystérieux étranger. Les parents, un couple d'un certain âge, interprété par Mary Ault et Arthur Chesney, sont heureux

10 Morand, *Le nouveau Londres* suivi de *Londres 1933*, Plon, 1962, p. 185.

d'accueillir le locataire, qui leur procure un appréciable revenu, mais ne tardent pas à juger ses manières inquiétantes. Taciturne, dissimulant le bas de son visage, sortant la nuit, ayant mis sous clé une mystérieuse trousse, arpentant longuement sa chambre (célèbre image du plafond de verre qui visualise les pas du locataire que la famille entend dans la pièce d'en dessous), l'étranger ne tarde pas à susciter les soupçons de ses logeurs, surtout lorsque, ne supportant pas de voir diverses images de femmes qui ornent les murs de sa chambre, il les retourne contre le mur. La rivalité amoureuse feutrée entre Joe et le locataire (qui a complimenté Daisy sur sa belle chevelure blonde et dans les bras de qui celle-ci s'est réfugiée lorsqu'elle a eu peur d'une souris) se double donc d'une rivalité pour ainsi dire professionnelle entre le policier, désormais chargé de l'enquête sur le Vengeur, et celui que la mère de Daisy, puis son père, et enfin Joe, soupçonnent d'être le tueur en série. Manipulant le spectateur sans vergogne, Hitchcock multiplie les signes qui incitent à partager ces soupçons, en recourant à un vocabulaire plastique proche de l'expressionnisme cinématographique allemand, au sens le plus large, jouant à la fois sur l'architecture intérieure de la demeure et la cage d'escalier, sur un éclairage contrasté à l'effet plus « psychologique » que réaliste, sur la haute silhouette et le regard hagard du personnage, qui a quelque chose du Nosferatu de Murnau (1922). L'étau se resserre autour du coupable présumé lorsqu'après qu'un nouveau crime a été commis, la police perquisitionne dans la chambre du locataire et ouvre sa trousse, qui contient un revolver, un plan de Londres localisant les crimes du Vengeur, des coupures de presse le concernant et la photo d'une jeune femme victime du tueur. Joe, qui s'était vanté de passer les menottes au Vengeur et l'alliance au doigt de Daisy, menotte le locataire, semblant ainsi triompher de son double rival. Mais c'est alors que tout bascule : Daisy, amoureuse du locataire et persuadée de son innocence, l'aide à s'échapper. Il lui explique qu'il est le frère de la première victime du Vengeur (ce que confirme un bref flash-back) et qu'il est lui-même sur la piste du tueur. Le suspect que tout semblait accuser se mue donc pour la première fois en cette figure qui deviendra récurrente et fondamentale chez Hitchcock, celle du *faux coupable.* Reconnu et pris pour cible par la populace, le locataire devient pour le spectateur non plus un psychopathe, mais une figure christique expiatoire, un innocent qui, accroché à une grille par les menottes qui l'emprisonnent toujours et comme crucifié, manque de peu être lynché comme ce sera le cas du père Logan (Montgomery Clift) dans des circonstances analogues dans *La Loi du silence* (*I Confess*, 1953). Un *happy ending* presque miraculeux (Joe, apprenant que le véritable Vengeur a été arrêté en flagrant délit, prête main forte à Daisy et se porte au secours du locataire, réparant ainsi sa bévue) permet que l'innocent ne soit victime que d'un grave traumatisme, épouse Daisy et se réconcilie avec la famille Bunting.

Bien entendu, le spectateur d'aujourd'hui, rompu à la thématique hitchcockienne du faux coupable (notamment dans *La Loi du silence* et dans le film qui porte ce titre même, *Le Faux Coupable* [*The Wrong Man*, 1957, avec Henry Fonda]), n'est pas forcément dupe des faux indices généreusement semés par le cinéaste ; ainsi, dans une scène où le locataire et Daisy jouent aux échecs, Daisy lui prend une pièce, et le locataire réagit en lui disant « *Be careful ! I'll get you yet* », ce qui peut signifier « Attention ! ça ne m'empêchera pas de gagner », mais aussi « Tu seras à moi », dans un sens amoureux, voire sexuel, y compris par la violence, d'autant plus que le locataire se saisit alors d'un tisonnier – pour tisonner le feu qui est dans l'âtre. C'est moins évident pour le spectateur de 1927, surtout s'il avait lu le roman de Mrs Belloc Lowndes, dans lequel Mrs Bunting, puis son mari, réalisent peu à peu que le « gentleman excentrique » qu'ils hébergent et qui leur verse un loyer princier n'est autre que le Vengeur, fanatique lecteur de la Bible et tueur de femmes alcooliques échappé de l'asile de fous ; le suspense, assez habilement construit, réside ici dans la réticence, presque l'incapacité, des Bunting à identifier le Vengeur puis à le dénoncer, pour la triple raison qu'il est manifestement un gentleman, que son arrivée providentielle les a sauvés de la misère et que la police risque de les considérer comme ses complices et en tout état de cause de les ruiner, pas seulement de réputation.

Hitchcock a assuré à Truffaut qu'il souhaitait lui aussi maintenir jusqu'à la fin le doute sur la culpabilité ou non du locataire, mais que le studio avait considéré que la popularité de l'interprète, Ivor Novello, notamment auprès du public féminin, interdisait cette ambiguïté et avait contraint le réalisateur à expliciter l'innocence du locataire[11]. Quoi qu'il en soit, le film tel qu'il a été réalisé ne laisse en effet planer aucun

11 Truffaut, *Le Cinéma selon Hitchcock*, *op. cit.*, p. 32-33. À Hollywood la même exigence aurait forcé Hitchcock à innocenter le personnage ambigu de Cary Grant dans *Soupçons* (*Suspicion*, 1941) [Truffaut, *ibid.* et p. 104-106 ; Bourget, Rebecca *d'Alfred Hitchcock*,

doute sur l'innocence du locataire, même si, comme je viens de le noter, sa conclusion heureuse contredit la lourde atmosphère gothique qui précède ; mais l'intérêt du récit, au lieu de résider dans une ambiguïté non résolue, tient davantage au fait qu'un innocent a échappé de justesse au lynchage, donc à la démonstration de la marge étroite qui sépare la « conviction » d'un criminel grâce à l'accumulation d'indices factuels irréfutables (le contenu de la trousse, la conduite étrange du suspect) de l' « intime conviction » que Daisy, victime potentielle, a de son innocence.

Il convient de se pencher brièvement sur la figure d'Ivor Novello, talentueux acteur qui était aussi chanteur, compositeur et scénariste, et que Robert Altman fera revivre dans son magnifique pastiche de film anglais *Gosford Park* (2001). L'ambiguïté du personnage vient pour partie de la beauté ténébreuse de l'interprète et de ce qu'on sait aujourd'hui de son homosexualité, jamais désignée explicitement à une époque où elle est un délit, mais qui fait l'objet d'au moins deux allusions « codées » dans les intertitres, l'une qui qualifie le locataire de *queer* (« étrange », « bizarre », mais aussi, dès l'argot de l'époque, « homo »), l'autre qui voit le fiancé de Daisy se réjouir « qu'il ne soit pas trop porté sur les filles » après que le locataire a retourné puis fait enlever les images de femmes de son meublé.

Parmi les indices semés dans le film par Hitchcock (et par son scénariste Eliot Stannard, collaborateur habituel du début de la carrière, ou plutôt, en l'occurrence, par un des décorateurs du film), celui d'un tableau dont la reproduction figure dans ce meublé mérite qu'on s'y arrête car il est clairement identifiable comme une œuvre autrefois célèbre de John Millais, peintre préraphaélite devenu un des artistes officiels de l'ère victorienne. S'il n'est pas reconnu, le sujet peut en paraître énigmatique : une femme entièrement nue, à la longue chevelure blonde et ondulée, est attachée au tronc d'un arbre, au pied duquel gît une étoffe, sans doute un morceau de son vêtement ; derrière elle, de l'autre côté de l'arbre, un homme casqué et entièrement cuirassé, seuls son visage et ses mains étant visibles, s'apprête à trancher avec son épée le lien qui maintient la femme attachée à l'arbre. Le fils et biographe du peintre commente assez longuement cette œuvre, peinte en 1870, et l'une de quatre *subject-pictures* que le peintre envoie la même année aux nouvelles

op. cit., p. 111-115]. Je rappelle néanmoins que les adaptations théâtrales de *The Lodger* innocentaient le locataire.

galeries de la Royal Academy à Piccadilly. Intitulé *The Knight-Errant* (« Le Chevalier errant »), c'est le seul nu qu'a peint son père. Malgré la « chasteté » de ce nu, l'esprit pharisien du temps le juge choquant, et le tableau ne trouve pas d'acquéreur avant qu'un marchand l'achète en 1874. Il devient alors populaire, est acheté par le collectionneur Henry Tate et se trouve donc à la Tate (aujourd'hui Tate Britain). John Guille Millais précise encore qu' « à l'origine, Millais avait peint la dame infortunée, qui avait été volée, dépouillée et ligotée par les bandits, qui regardait le spectateur », et qu'il se souvient très bien de la position de la tête lorsque le tableau était accroché dans le salon de Cromwell Place, dans la résidence familiale, « mais qu'après quelque temps, [Millais] en était venu à la conclusion que la magnifique créature aurait l'air plus chaste si elle détournait la tête, si bien qu'il reprit la toile et la repeignit comme elle nous apparaît aujourd'hui[12] ».

La singularité de ce nu victorien a suscité assez naturellement des attributions erronées[13], et surtout une interprétation qui est un contresens. Quand Rothman y voit « une scène de viol[14] », il tombe dans le panneau : si l'on peut imaginer que les voleurs aient aussi été des violeurs, Millais ne montre expressément rien de tel et s'attache au contraire, non sans titiller le spectateur victorien en lui offrant le curieux contraste haptique d'un nu à l'immarcescible chasteté avec l'armure métallique qui « cadenasse » le chevalier, à louer la vertu d'un Bon Samaritain. Si le tableau constitue bien un indice pour le spectateur de *The Lodger*, c'est précisément parce que le chevalier errant renvoie non au « Vengeur » criminel, mais au personnage du locataire, désireux de retrouver le meurtrier de sa sœur.

12 John Guille Millais, *The Life and Letters of John Everett Millais*, Methuen, Londres, 1899, vol. II, p. 23-24 (je traduis). La chevelure de la victime, qui semble blonde dans les reproductions en noir et blanc, est clairement rousse, ou blond vénitien, dans le tableau.

13 *The Rock of Doom* (*Le Rocher du destin*, dans le cycle de *Persée*) de Burne-Jones, pour Julia Tanski, « La femme symboliste dans l'œuvre d'Alfred Hitchcock », dans Dominique Païni et Guy Cogeval (dir.), *Hitchcock et l'art : coïncidences fatales*, Musée des beaux-arts de Montréal et Mazzotta, 2000, p. 149 ; attribution répétée par Françoise Barbé-Petit, *Alfred Hitchcock de l'écran à l'écrit*, Éditions de l'Amandier, 2013, p. 629.

14 Rothman, *The Murderous Gaze*, *op. cit.*, p. 19. De même Rothman va trop loin en qualifiant de « scène de viol » le tableau de *Suzanne et les vieillards* qui joue certes un rôle dans *Psycho*, mais qui est impossible à identifier dans les conditions habituelles de projection, surtout en 1960 (*ibid.*, p. 283, 287).

HITCHCOCK ET SES COLLABORATEURS, HITCHCOCK ET SES INFLUENCES

Dans un texte récent qu'il consacre à *The Lodger*, Charles Barr observe à très juste titre que la célébration de Hitchcock comme « auteur » de génie, notamment à l'occasion de la restauration de ses films muets par le British Film Institute en 2012, a eu pour conséquence l'occultation regrettable d'autres noms figurant au générique, qui ne sauraient être réduits à ceux de simples « collaborateurs[15] ». Il mentionne pour commencer celui de Michael Balcon, « le producteur anglais le plus important des années 1920 aux années 1950 », qui donne sa chance au jeune Hitchcock comme réalisateur, lui permet d'aller travailler en Allemagne, produit plusieurs de ses films à deux reprises, à la Gainsborough qu'il a fondée puis à Ealing, lui fait faire équipe avec bonheur avec deux scénaristes successifs, Eliot Stannard puis Charles Bennett. Il mentionne aussi celui bien connu d'Alma Reville, ici créditée comme assistante à la mise en scène, devenue l'épouse de Hitchcock en 1926 et qui restera sa vie durant une discrète mais proche conseillère et collaboratrice du cinéaste. Enfin le nom d'Ivor Montagu, crédité pour le montage et pour les intertitres. Cet aristocrate d'extrême gauche, cofondateur avec Sidney Bernstein de la London Film Society, ciné-club qui projetait des films allemands et soviétiques et que fréquentait sans doute Hitchcock, est crédité pour le montage et les sous-titres de *The Lodger*. Il fut appelé à la rescousse alors que le film, dans sa version originale, était jugé incompréhensible par les exploitants : il clarifia et dynamisa le montage du film, notamment en réduisant le nombre d'intertitres, et finit par s'attribuer (un peu abusivement, selon Barr) une partie du succès de *The Lodger*. Dans son livre *Film World*, il se borne à observer qu'« à l'époque du muet, un scénario mal construit pouvait impliquer l'emploi de centaines d'intertitres. Dans *The Lodger* de Hitchcock, il n'y avait qu'environ quatre-vingts intertitres, ce qui était alors une grande nouveauté[16] ».

---

15 Barr, « *The Lodger* », catalogue des 38e Journées du cinéma muet de Pordenone, 2019, p. 35-37.

16 Montagu, *Film World : A Guide to Cinema*, Penguin Books, 1964, p. 178. Montagu exagère, oubliant que dès 1924 *Le Dernier des hommes* de Murnau se dispensait presque entièrement d'intertitres.

Parlant du rythme au cinéma, il donne deux exemples de la manière dont le montage peut contribuer à l'impression de dilatation du temps réel, linéaire, l'un spectaculaire et poétique, la séquence du « lever des ponts » dans *Octobre* d'Eisenstein, l'autre « plus prosaïque », qu'il emprunte à *The Lodger* : dans la séquence du flash-back, Hitchcock montre l'assassin qui éteint les lumières de la salle de bal avant de poignarder la sœur du héros :

> Une main, en gros plan, actionne le disjoncteur, et ensuite seulement on voit la lumière qui s'éteint en plan général. Il n'y a pas ici de poésie, de création d'une nouvelle temporalité perçue et acceptée. Mais cette répétition temporelle est une liberté prise avec la nature qui, au moins à la première vision, fonctionne efficacement pour accentuer le mélodrame au lieu d'être perçue comme une incohérence[17].

Le style, ou plutôt les styles, de *The Lodger* sont l'occasion de s'interroger sur les liens de Hitchcock avec l'expressionnisme ainsi qu'avec la tradition gothique, souvent associée à l'Allemagne. Que Hitchcock ait beaucoup appris de son expérience allemande n'est pas niable. Il séjourne en Allemagne, à la UFA, en 1924-1926. À Berlin, il est l'assistant de Graham Cutts sur *The Blackguard* (1924) avant de réaliser son premier film achevé, *The Pleasure Garden* (1925), une coproduction anglo-allemande tournée à Munich, puis de signer une autre coproduction, *The Mountain Eagle* (1926), filmée au Tyrol[18]. Il se familiarise avec les films de Paul Leni, de Fritz Lang (il visite le plateau de *Metropolis*), de Murnau (on a vu que l'interprétation d'Ivor Novello dans le rôle du locataire se souvient, en plus sobre, de celle de Max Schreck en Nosferatu). Quelques années plus tard, il tournera encore une version allemande de *Murder !* (1930), intitulée *Mary*, avec dans le rôle principal de Sir John, grand acteur de théâtre et détective amateur, Alfred Abel, élégant interprète de plusieurs films de Murnau et de Lang. Alors qu'avec une certaine mauvaise foi, il refusait toute reconnaissance de dette envers Lang, faisant mine d'avoir du mal à identifier *M le Maudit*, Hitchcock a d'ailleurs loyalement admis l'empreinte germanique de *The Lodger*[19].

---

17 Montagu, *Film World*, *op. cit.*, p. 127-128 (je traduis). C'est déjà Hitchcock se moquant de « nos amis les vraisemblants ».

18 Film perdu, dont le principal interprète masculin était Bernhard Goetzke, qui joue la Mort dans *Les Trois Lumières* et le procureur von Wenk dans *Le Docteur Mabuse*, tous deux de Fritz Lang.

19 Truffaut, *Le Cinéma selon Hitchcock*, *op. cit.*, p. 63-64, p. 33.

Pour autant, cette imprégnation ne doit pas être surestimée, comme l'ont fait tour à tour Godard, Chabrol et Douchet. Rendant compte de *L'Inconnu du Nord-Express*, Jean-Luc Godard, écrivant sous le nom de Hans Lucas, qualifie Hitchcock, avec insistance et un zeste de provocation, de « plus allemand des cinéastes d'outre-Atlantique », et son art de « profondément germanique », qui de l'expressionnisme allemand a gardé « la manière de s'exprimer dans quelque stylisation de l'attitude[20] ». Plus de dix ans plus tard, Douchet est sur la même ligne : analysant le « suspense ésotérique » de *Vertigo*, il fait allusion à « la lutte de l'Ombre et de la Lumière », ce qui appelle la note suivante :

> On sait qu'Hitchcock fit son apprentissage de cinéaste à Munich dans les studios de la U.F.A. de 1924 à 1926. Son œuvre est restée jusqu'à ce jour fortement teintée d'expressionnisme[21].

Quant à Chabrol, il a déclaré à plusieurs reprises que « quatre-vingt-dix pour cent de Hitchcock [venait] des *Espions* [*Spione* de Fritz Lang, 1928] », formule à l'emporte-pièce qui cible certains chefs-d'œuvre avérés de la période hollywoodienne (tels *Les Enchaînés* [*Notorious*] ou *La Mort aux trousses*), mais aussi plusieurs fleurons de la période anglaise, à commencer par *Les Trente-Neuf Marches*[22].

Qu'il s'agisse ou non d'une stratégie délibérée (dans laquelle entre, en tout état de cause, une part non négligeable de provocation), ces divers jugements et amalgames ont plusieurs conséquences. Non seulement ils tendent à occulter l'anglicité même de Hitchcock et de la première partie de son œuvre, mais, en noyant la plastique hitchcockienne, elle-même, comme on l'a vu, hybride, dans la nébuleuse de l'« expressionnisme allemand », ils ignorent à la fois la diversité formelle de l'expressionnisme, avec ses versions caligaresque, primitiviste et futuriste (qui s'entrechoquent par exemple dans *Metropolis*), ce que l'expressionnisme doit à une tradition « gothique » qui a des liens étroits avec l'Angleterre, et l'hypothèse d'autres modèles possibles, en particulier celui du cinéma muet soviétique. Au XIXe siècle déjà, Poe protestait

---

20 Hans Lucas [=Jean-Luc Godard], « Suprématie du sujet », *Cahiers du Cinéma*, n° 10, mars 1952, p. 60.

21 Douchet, *Hitchcock* [1967], L'Herne, 1985, p. 17.

22 Par exemple dans *Le Cercle du destin* (1998), documentaire de Jorge Dana sur l'œuvre allemande de Lang.

contre l'assimilation du gothique à l'Allemagne : « la terreur ne vient pas d'Allemagne, elle vient de l'âme ». Étayé par les paradoxes de Thomas de Quincey (« De l'assassinat considéré comme un des beaux-arts ») puis d'Oscar Wilde (*Le Portrait de Dorian Gray*) et par la littérature à sensation (le *Dr Jekyll et Mr Hyde* de Stevenson, Edgar Wallace, Conan Doyle), confirmé par d'authentiques faits divers (Jack l'Éventreur, au premier chef), le fantasme d'une métropole londonienne où les tueurs en série, protégés par le brouillard, frappent impunément, surtout dans l'East End (Whitechapel, Limehouse), n'a pas manqué de nourrir l'imaginaire cinématographique, y compris celui de l'expressionnisme « allemand ». En témoignent la présence de Jack the Ripper dans le troisième épisode du *Cabinet des figures de cire* de Paul Leni (1924) ainsi que dans la pièce de Wedekind, l'opéra d'Alban Berg et enfin le film de Pabst *Loulou, ou la boîte de Pandore* (1929).

Reprenons. Dans *The Lodger*, la plastique, la science des éclairages, la prégnance du décor, le langage corporel sont apparentés à l'esthétique expressionniste. Les effets de montage, un plan choc comme celui sur lequel s'ouvre le film (le visage en gros plan d'une femme qui hurle), montrent que Hitchcock, peut-être encouragé par Ivor Montagu, qui allait collaborer avec Eisenstein sur le projet d'adapter *Une tragédie américaine* de Dreiser à Hollywood, n'ignore pas les enseignements du cinéma soviétique, au moins du *Cuirassé Potemkine*. On observe aussi que Hitchcock, s'il se distingue du roman-source en faisant du locataire un faux coupable, avalise et accentue certaines modulations introduites par Mrs Belloc Lowndes par rapport au « modèle » de Jack l'Éventreur. Dans le roman déjà, si la police et le public s'obstinent à chercher le Vengeur du côté de l'East End et de marins en bordée, d'autres hypothèses se font jour, dont celle d'un gentleman tout à fait présentable qui résiderait dans le West End, et les derniers meurtres de l'assassin ont lieu à St. Pancras, King's Cross, Edgware Road (tout près de la maison des Bunting, sur Marylebone Road) et enfin à Primrose Hill. Comme Bunting le dit à sa femme, « le Vengeur avance vers l'Ouest [...]. J'avais dit qu'il se rapprocherait de nous, et c'est ce qu'il fait[23] ». À son tour Hitchcock, refusant l'exotisme habituel de l'East End, situe l'essentiel de l'action dans le

23 Marie Belloc Lowndes, *The Lodger*, Academy Chicago Publishers, 2010, p. 138. Dans le film, c'est le locataire qui dit à Daisy que « le Vengeur se rapproche » de son domicile, qui n'est pas situé avec précision.

centre de Londres. Le premier cadavre est découvert sur l'Embankment, à Westminster, et la carte sur laquelle le locataire a situé avec précision les crimes du tueur, neuf en tout[24], confirme qu'ils ont tous eu pour cadre le centre exact de Londres, sur la rive nord de la Tamise, soit du nord au sud les quartiers de Soho, Westminster et Pimlico. Hitchcock, qui ne craint pas de recourir à l'exotisme dans d'autres films, comme *The Pleasure Garden* ou *Rich and Strange*, s'en abstient soigneusement ici, faisant de ses personnages, notamment des Bunting, des Anglais très *lower middle class*, et s'abstenant de jouer sur l'opposition entre Piccadilly, quartier de la classe (aisée) de loisir, et l'East End sordide et criminel de Chinatown, au contraire de l'Allemand E. A. Dupont qui, dans son propre *Piccadilly* de 1929, montre une danseuse issue de Limehouse (Anna May Wong) devenir la coqueluche d'un club à la mode et la maîtresse du patron avant de se faire assassiner par son amant secret chinois. Tout en conservant nombre d'éléments qui renvoient à la métropole victorienne du XIXe siècle, Hitchcock modernise le cadre de son récit, le rend plus banal, plus réaliste. Il corrobore ainsi les réflexions de Paul Morand qui, dans son portrait fouillé de Londres en 1933, estime que si « [l]a réputation de Londres comme capitale du crime est fermement établie », cette réputation est quelque peu usurpée et repose avant tout sur un « passé de forfaits et d'horreurs », « une ambiance qui donne le frisson », « cette nuit soudaine et opaque du brouillard », et enfin sur « ces légendes de malfaiteurs insaisissables, entretenues par toute une littérature policière et par des journalistes en quête de sensationnel[25] ».

24 Neuf triangles (signature du Vengeur) figurent sur la carte, alors que le film n'évoque que huit victimes. Sans doute cette petite incohérence s'explique-t-elle par le fait que, dans le roman-source, le Vengeur a fait neuf victimes londoniennes en plus des quatre crimes qu'il avait commis huit ans plus tôt à Leipzig puis à Manchester (Marie Belloc Lowndes, *The Lodger*, *op. cit.*, p. 242).

25 Morand, *Londres 1933*, *op. cit.*, p. 189. Un peu plus loin Morand cite Charlie Brown, le tenancier d'un pub célèbre de Poplar, dans les docks, qui protestait « contre la réputation imméritée de son quartier dont il rendait responsables les gens de lettres et conseillait aux amateurs de crimes de regarder vers Piccadilly et Mayfair » (p. 195-196).

RETOUR TRIOMPHAL À LONDRES

La figure centrale de *The Lodger* est celle du faux coupable, antagoniste du Vengeur, le tueur psychopathe avec lequel le locataire est identifié à tort. Si le Vengeur « hante » le film, c'est en effet un peu à la manière d'un fantôme, invisible et insaisissable : il est omniprésent par le biais de ses victimes et des messages qu'il laisse à leurs côtés, par la peur et même la psychose qu'il suscite, parce qu'il monopolise l'attention des médias, de la police et du public. Mais il n'apparaît dans le film que fugitivement, dans la séquence du flash-back, et son arrestation a lieu hors champ. *The Lodger* n'en constitue pas moins une sorte de prototype du film de *serial killer* aussi bien que de faux coupable. Il fait l'objet d'un *remake* dès 1932 ; sous la direction de Maurice Elvey, Ivor Novello y endosse de nouveau le rôle-titre, le parlant lui permettant de montrer ses talents de musicien, pianiste, violoniste et chanteur. Fidèle à Hitchcock en situant l'action dans un cadre contemporain, le film introduit divers changements peu convaincants, faisant du locataire un improbable Bosniaque qui est le frère du tueur fou et qui tue celui-ci à la fin du film, pour le libérer autant que pour mettre un terme à ses crimes[26]. Une troisième version, toujours intitulée *The Lodger* (*Jack l'Éventreur*), est réalisée à Hollywood en 1944 par le cinéaste d'origine allemande John Brahm. Elle revient au cadre historique, victorien, du roman de Mrs Belloc Lowndes et à l'identification du locataire, Slade (« Sleuth » dans le roman), avec le tueur en série. Laird Cregar y compose un tueur relativement complexe, médecin, vengeur, fanatique religieux, obsédé et refoulé sexuel. Nouveau remake sous le titre de *Man in the Attic* (*L'Étrange Mr. Slade* ou *Le Tueur de Londres*), sous la direction de Hugo Fregonese, en 1953 ; cette série B, aussi inventive que fauchée, innove à son tour : tout en reprenant plusieurs éléments du roman (comme la visite au musée criminel de Scotland Yard) et du film de Brahm, elle fait de la proie convoitée par l'Éventreur une danseuse et chanteuse de music-hall, ce qui permet l'introduction de pittoresques scènes de cancan et de coulisses, plus parisiennes que londoniennes. Elle vaut aussi par le contraste saisissant entre ses protagonistes, Jack

---

26 *The Lodger* de Maurice Elvey ne subsiste que dans sa version distribuée aux États-Unis, amputée de vingt minutes et rebaptisée *The Phantom Fiend* (« Le Démon fantôme »).

Palance dans le rôle de Slade (ici motivé par une relation œdipienne toxique avec sa mère, belle et immorale) et la ravissante actrice irlandaise Constance Smith dans celui de l'artiste de music-hall. Beaucoup plus tard une cinquième variation, due à David Ondaatje (à nouveau *The Lodger*, 2009), situera l'action à Los Angeles, à l'époque contemporaine, tout en complexifiant l'intrigue initiale.

Dans l'ensemble de l'œuvre de Hitchcock, les criminels abondent, mais la plupart obéissent aux mobiles habituels, qu'ils soient rationnels (l'élimination d'adversaires, pour les espions, la cupidité, pour le mari machiavélique de *Le crime était presque parfait*) ou passionnels (le mari jaloux de *Young and Innocent*). Sans doute certains d'entre eux peuvent-ils nous apparaître comme des psychopathes (les protagonistes de *Rope*, et surtout Bruno [Robert Walker] dans *L'Inconnu du Nord-Express*), mais cela ne fait pas pour autant d'eux des tueurs en série. À bien y réfléchir, cette désignation ne convient qu'à l'Oncle Charlie de *L'Ombre d'un doute* (Joseph Cotten), au personnage « possédé » de *Psycho* (Anthony Perkins) et à l'« étrangleur à la cravate » de *Frenzy*. Je ne m'attarderai pas sur *L'Ombre d'un doute* et *Psycho*, qui sont (quoique très différemment) des films très américains par leurs sources, leur cadre et leurs interprètes, encore que *Psycho* s'inscrive à l'évidence dans une tradition gothique qui doit beaucoup à l'Angleterre. Il en va tout autrement de *Frenzy* (1972), l'avant-dernier film de Hitchcock, qui marque son ultime retour « en fanfare » à Londres, le plus spectaculaire depuis la version hollywoodienne de *L'Homme qui en savait trop* (1956).

FIG. 4 – *Frenzy* : générique.

FIG. 5 – *Frenzy* : Hitchcock en chapeau melon.

L'ouverture de *Frenzy* est justement célèbre. Un long travelling aérien (la caméra était fixée sous un hélicoptère) remonte la Tamise depuis l'aval de Tower Bridge, passe sous le pont, oblique à deux reprises vers la gauche, continuant à remonter le cours du fleuve avant de se diriger vers la rive sud et de cadrer une foule de spectateurs qui écoutent le discours d'un orateur, devant la façade en hémicycle, à allure de théâtre, de ce qui était alors encore le London County Hall, imposant bâtiment de style edwardien néo-baroque. Il s'agit bien d'une ouverture « en fanfare », grâce à l'ample majesté et à la longueur du mouvement de caméra, à la splendeur du panorama londonien qui se découvre à nos yeux, mais aussi, littéralement, grâce à la musique qui accompagne cette ouverture et qui, triomphale et joyeuse, avec ses accents dignes de Haendel, paraît appropriée à la célébration d'une grande fête royale sur l'eau (*Royal Waterworks*). La genèse de cette musique est bien documentée. Hitchcock, qui avait rompu avec Bernard Herrmann, son compositeur attitré de *Mais qui a tué Harry ?* à *Marnie*, s'adresse à Henry Mancini, compositeur attitré de Blake Edwards, mais il rejette la partition de Mancini pour l'ouverture du film, estimant qu'elle est un pastiche de la musique « à suspense » de Herrmann. Hitchcock s'adresse alors à Ron Goodwin, qui envisage à son tour d'écrire une musique suggérant le macabre à venir, mais Hitchcock l'en dissuade, précisant qu'il voulait « une musique scintillante, matinale, bois et glockenspiel » ; le scénario daté du 21 juillet 1971 est explicite tant sur la séquence en général (« de style grandiose, symbolisant l'entrée par les portes de Londres ») que sur le thème musical qui doit l'accompagner, « solennel et britannique[27] ».

Rappelant les longs plans séquences de *La Corde* et des *Amants du Capricorne*, un raccord invisible permet, sans solution de continuité, de se concentrer sur le politicien qui discourt, un certain Sir George, ministre de la santé, qui cite Wordsworth et loue la pureté perdue et bientôt retrouvée du fleuve, qui ne sera plus pollué et sera libéré de « corps étrangers ». Peut-être esquissée par *Les Oiseaux* (c'est une des lectures possibles du film), la mode écologique se donne ici libre cours. Coiffé d'un chapeau melon, joufflu, Hitchcock est bien reconnaissable parmi les spectateurs. Apparaît soudain le cadavre nu, flottant au fil du fleuve, d'une femme étranglée par une cravate. L'« entrée triomphale » à Londres se mue alors en scène qui mêle le macabre et la satire : tandis que les spectateurs identifient dans le cadavre celui d'une nouvelle victime du « tueur à la cravate » (*necktie killer*) qui défraie la chronique, le décalage entre le discours optimiste et ronflant de Sir George et la réalité d'une « pollution » de la Tamise non seulement chimique mais aussi, plus gravement, éthique, est d'autant plus patent que le politicien s'interroge et se demande si la cravate, instrument du crime, n'est pas celle de la *public school* à laquelle il a appartenu : comme l'écrivaient Rohmer et Chabrol, « la satire va bon train ».

Comparons cette entrée en matière avec celle de *The Lodger* près d'un demi-siècle plus tôt. L'entrée triomphale et diurne s'oppose frontalement au bleu nuit du film muet. Pourtant les ressemblances, les reprises, sont trop nombreuses pour être fortuites. Dans les deux cas, le cadavre d'une femme est tiré de la Tamise. Elle est la énième victime d'un *serial killer* dont le mode opératoire est toujours le même (au couteau du Vengeur, plus ou moins ellipsé par Hitchcock, le cinéaste a substitué la strangulation, déjà apparue dans *La Corde*, *L'Inconnu du Nord Express* et *Le crime était presque parfait*). Dans *The Lodger*, la découverte du corps se faisait sur l'Embankment, sur la rive nord de la Tamise ; dans *Frenzy*, elle a lieu sur la rive sud, presque en face ; à vrai dire, en face exactement de Scotland Yard, comme on le voit dans *Blackmail* (1929), où l'héroïne,

27 Spoto, *The Life of Alfred Hitchcock : The Dark Side of Genius*, Collins, Londres, 1983, p. 515 (citant Bernard Herrmann) ; Jack Sullivan, *Hitchcock's Music*, Yale University Press, 2006, p. 298-301. La musique non utilisée de Mancini est disponible sur YouTube. Le scénario de *Frenzy* est disponible sur Internet.

désireuse de libérer sa conscience, se rend à Scotland Yard, et pendant qu'elle fait antichambre laisse son regard errer de l'autre côté du fleuve et voit le London County Hall. Dans *Frenzy* comme dans *The Lodger*, la brillante séquence d'ouverture enchaîne sur une fausse piste, naguère l'apparition inquiétante et spectrale d'Ivor Novello qui cherche un logement, ici l'image d'un personnage qui devant un miroir noue sa cravate, une cravate identique à celle qu'utilise l'assassin pour étrangler ses victimes : deux fausses pistes, qui nous mènent l'une et l'autre à un faux coupable après nous avoir laissés croire à un lien de causalité inhérent à la succession des images dans le montage. Hitchcock, en quelque sorte, démontre et simultanément dénonce la toute-puissance du montage, manipulateur et fallacieux. Le spectateur qui revoit le film peut se souvenir ou non de l'innocence du personnage qu'on l'invite à croire coupable, et même s'il se souvient peut néanmoins prendre plaisir à revoir le film en étant attentif à la manière dont le cinéaste distribue ses indices, qu'ils soient révélateurs ou trompeurs, et substituer à son tour non pas le « suspense » à la « surprise », mais le plaisir de l'analyste à la passivité d'une manipulation subie. Le jeu entre Hitchcock et ses spectateurs rappelle celui de « pair ou impair » qu'évoque Dupin dans « La Lettre volée » de Poe, à ceci près qu'il y subsiste une part d'aléatoire, ni Hitchcock ni les spectateurs n'étant infaillibles.

De *The Lodger* à *Frenzy*, si l'on retrouve la scansion des unes sensationnalistes de l'*Evening Standard* (ANOTHER NECKTIE MURDER), la stratégie narrative est cependant bien différente. Dans *Frenzy*, le doute concernant l'identité du tueur – Dick Blaney (John Finch), d'abord ostensiblement désigné comme suspect, ou le jovial Bob Rusk (Barry Foster) – est vite levé, alors que l'objet même de *The Lodger* était de susciter ce doute – le locataire est-il le Vengeur ? – et de le maintenir le plus longtemps possible. Invisible dans *The Lodger*, le *serial killer* est un des protagonistes de *Frenzy*, il connaît bien le suspect, dont il est censé être l'ami, mais dont il est plutôt le double maléfique. Si la violence de Blaney est à fleur de peau (il est colérique, sujet à des accès de violence verbale ou physique, notamment lorsqu'il est sous l'influence de l'alcool, ce qui lui arrive assez souvent), les pulsions sexuelles mortifères de Rusk sont enrobées d'une fourbe gentillesse. Il prend pour cibles l'ex-épouse de Blaney, Brenda (Barbara Leigh-Hunt), puis sa compagne actuelle, Babs (Anna Massey), et, aidé par les circonstances, va jusqu'à piéger l'innocent en fabriquant des « preuves » qui l'accablent et le font condamner. Du coup Blaney sait avec certitude que c'est Rusk le coupable, entreprend de se venger, s'évade de prison et se mue à son tour en quasi-assassin, non seulement en intention mais en acte, « massacrant » sauvagement à coups de barre de fer un corps qu'il croit être celui de Rusk et qui s'avère être celui de la dernière victime du « tueur à la cravate ». L'originalité de *Frenzy* ne réside donc pas, en tout cas pas seulement, dans la longue description graphique du meurtre de Mrs Blaney par Rusk, « audace » permise par le relâchement de la censure, et saluée ou déplorée par la critique[28]. Son originalité moins voyante, et son pessimisme profond, tiennent bien davantage au parallélisme insistant entre le vrai coupable et le faux coupable, à la suggestion d'une sorte de mimétisme réciproque, qui veut que le meurtrier mette en quelque sorte ses pas dans ceux de Blaney, avant que Blaney en vienne à son tour à reproduire la conduite criminelle de Rusk. Dans *Le Faux Coupable*, seule une vague ressemblance physique, soulignée par la superposition des deux visages en fondu, rapprochait le vrai coupable de Henry Fonda, figure à tous égards exemplaire, catholique, christique, victime d'une inique erreur judiciaire. Dans *Frenzy*, si l'innocent, grand, brun et moustachu, et le coupable, petit, blond tirant sur le roux et glabre, sont très dissemblables physiquement, cela ne fait que souligner ce qui les « rassemble », jusqu'à donner le sentiment qu'ils forment les deux moitiés d'un être double, en conflit avec lui-même, à la manière du William Wilson de Poe ou du Pécheur justifié de James Hogg (1824). Sans y insister lourdement, on pourrait dire que Rusk présente à Blaney une sorte de miroir, à la fois déformant et révélateur.

Le film dans son ensemble nous apparaît lui-même comme gémellaire et contradictoire : film de *serial killer*, le plus explicite depuis *Psycho* (l'Oncle Charlie de *L'Ombre d'un doute* était longtemps vu par les yeux admiratifs de sa nièce et traité avec sympathie), mais aussi, simultanément, retour nostalgique de Hitchcock au cadre de son enfance et de sa jeunesse, célébration de la métropole londonienne et plus

28 Pour Jean-Pierre Coursodon et Bertrand Tavernier, *Frenzy* « relève de l'autoparodie la plus grossière », le cinéaste, « profitant de la nouvelle et très grande liberté engendrée par la disparition de fait du Code de la production, » y accumulant « les images "choquantes", les scènes racoleuses. » Ils épinglent spécialement l'« extraordinaire crudité », la « littérarité grossière » de la « scène du viol-étranglement » de Mrs Blaney – Coursodon et Tavernier, *50 Ans de cinéma américain* [1991], Nathan, 1995, p. 553.

particulièrement de Covent Garden, l'ancien « jardin » du « couvent », c'est-à-dire de l'abbaye de Westminster. Pour le cinéphile de 1972, ce décor pittoresque rappelle avant tout celui de la première partie de *My Fair Lady*, le film musical de Cukor (1966), même si l'élégance ultérieure d'Audrey Hepburn et des costumes créée pour elle par Cecil Beaton offre ensuite un contraste saisissant avec le propos sordide de *Frenzy*. Hitchcock prend un évident plaisir visuel et sensuel à filmer, souvent en plongée, les amoncellements de son marché aux fleurs, aux fruits et aux légumes où travaillait le père du cinéaste, grossiste, le grouillement de ses forts des halles et l'embouteillage des camions de livraison, tous appelés à disparaître peu après le tournage. Covent Garden est aussi le site de l'opéra, évoqué indirectement par l'ouverture « en fanfare » du film, et de l'église de St. Paul, que son architecte Inigo Jones qualifiait de « plus belle grange d'Angleterre » et dont on aperçoit la façade classique, « église du marché », mais aussi « église des comédiens » où sont enterrés de nombreux acteurs et qui abrite un monument à la mémoire d'Ivor Novello.

La dichotomie de *Frenzy* est aussi en évidence dans le traitement des personnages féminins. De leur statut de victimes, il faut conclure non à la misogynie de Hitchcock, mais à la sauvagerie des hommes, d'autant que Mrs Blaney, Babs, et d'autres encore, comme la secrétaire de l'agence matrimoniale de Mrs Blaney ou Gladys, la standardiste de l'hôtel Coburg, interprétée par Elsie Randolph (que Hitchcock avait dirigée quarante ans plus tôt dans *Rich and Strange*), sont décrites avec finesse et tendresse. Même l'épouse de l'inspecteur Oxford, férue de calamiteuse haute cuisine et magnifiquement interprétée par Vivien Merchant (alors l'épouse de Harold Pinter), s'il s'agit à l'évidence d'un personnage de comédie, voire de comédie loufoque, n'est pas une simple caricature : plus perspicace que son mari, elle ne croit pas à la culpabilité de Blaney ; comme c'était le cas pour Daisy dans *The Lodger*, son intuition a raison contre la logique policière.

On conclura sur une brève comparaison entre *Frenzy* et son roman-source, *Goodbye Piccadilly, Farewell Leicester Square* d'Arthur La Bern (1966). Globalement Hitchcock et son scénariste Anthony Shaffer sont restés fidèles à l'intrigue du roman. Leurs inventions et ajouts portent sur trois points : d'abord, la séquence d'ouverture que j'ai longuement décrite, avec le discours de Sir George, et qui n'a aucun équivalent dans le récit original ; ensuite et surtout, l'étoffement du décor de Covent Garden, mentionné en passant dans le roman, sans qu'il fasse l'objet d'aucune description ou évocation détaillée ; enfin, le personnage de Mrs Oxford est complètement inventé. En revanche les scènes bizarres, à l'humour macabre, du camion de sacs de pommes de terre, de Rusk aux prises avec le cadavre de Babs, des jambes de la jeune femme qui dépassent du camion, figurent dans le roman, que Hitchcock a néanmoins expurgé, éliminant la nécrophilie explicite de Rusk.

LES FILMS D'ESPIONNAGE

Des *Trente-Neuf Marches* à *La Mort aux trousses*

Si de *The Lodger* à *Frenzy* une certaine continuité londonienne est apparente au-delà des évidentes différences de traitement, de style et d'atmosphère, il peut sembler paradoxal de rapprocher *La Mort aux trousses* (*North by Northwest*), une des œuvres les plus familières et les plus appréciées de Hitchcock, dont le récit épouse l'ampleur du continent nord-américain, de New York au Dakota du Sud en passant par Chicago et l'Indiana, des *Trente-Neuf Marches*, qui est certes un des films les plus connus de la période anglaise, mais dont le cadre est plus resserré. On verra pourtant que le rapprochement est amplement justifié, *North by Northwest* reprenant de nombreux thèmes et motifs du film anglais, qu'il répète, module, amplifie, et parfois renverse, si bien que *The 39 Steps* (1935) peut être considéré comme le véritable prototype du récit d'espionnage hitchcockien, davantage que la première version de *L'Homme qui en savait trop*, réalisée l'année précédente, dont le succès engagea le cinéaste à poursuivre dans cette voie.

The 39 Steps (pour respecter l'orthographe du titre tel qu'il figure au générique du film) est une adaptation du bref roman de John Buchan *The Thirty-Nine Steps* (1915), lui-même considéré par les amateurs comme le prototype du récit d'espionnage moderne. Ce qui caractérise avant tout le récit de Buchan, et que retiennent Hitchcock et son scénariste Charles Bennett dans une adaptation par ailleurs très libre ou infidèle, est le motif de la *double poursuite* : le héros, Richard Hannay, se trouve mêlé par hasard à une affaire d'intrigue internationale, il est témoin d'un meurtre dont il est tout à fait innocent et va dès lors tenter d'échapper à la fois aux espions dont il a contrecarré les projets et à la police qui le croit coupable du meurtre. Buchan n'a pas inventé la « double poursuite », qu'on trouve déjà, ainsi que l'observe Henri Suhamy, dans un roman historique qui comporte une dimension d'espionnage, *Rob Roy* de Walter Scott (1817), où le héros innocent, Frank Osbaldistone, « est victime d'un groupe de comploteurs ténébreux qui trouvent commode de lui attribuer leurs propres méfaits » et traqué « à la fois par la police et par les malfaiteurs[1] ». Mais le roman de Buchan a modernisé la formule, et il n'est pas étonnant que Hitchcock l'ait adoptée puisqu'elle constitue aussi une variante du thème familier du faux coupable.

La lecture de Buchan a visiblement marqué Hitchcock, qui a confié avoir eu de longue date le projet de porter *Les Trente-Neuf Marches* à l'écran[2] ; à Truffaut, il a redit son admiration pour un autre roman de Buchan, *Greenmantle*, et précisé que l'esprit de Buchan a aussi influencé *L'Homme qui en savait trop*, qui est un sujet original[3]. Buchan est un journaliste et écrivain écossais, administrateur colonial, correspondant de guerre et espion pendant la Première Guerre mondiale, dont les romans d'aventures et d'espionnage, qui connurent un grand succès dans la première partie du XXe siècle, se situent dans la filiation de Kipling, Conan Doyle et Rider Haggard. Richard Hannay, le héros des *Trente-Neuf Marches*, est une sorte de gentleman aventurier, une figure romantique et chevaleresque, susceptible de saluer le patriotisme de ses ennemis, mais qui se fait clairement, en dernière analyse, le défenseur des vertus incarnées par la tradition impériale britannique (Hannay est censé être Sud-Africain). C'est ainsi que dans *Greenmantle*, qui se déroule pendant la Grande Guerre, Hannay a pour antagoniste une sorte de T. E. Lawrence au féminin, qui essaie de soulever les masses arabes contre l'Angleterre, au bénéfice de l'Allemagne. Buchan eut lui-même une carrière politique, représentant (conservateur) des Universités écossaises au Parlement, et le dernier poste qu'il occupa fut celui de gouverneur général du Canada, représentant du roi dans un dominion alors fidèlement attaché à la couronne britannique, Québec excepté. Cawelti et Rosenberg estiment que Buchan, dont le père était pasteur presbytérien, a modelé Hannay sur

1 Suhamy, *Sir Walter Scott*, De Fallois, 1993, p. 262. L'auteur, très cinéphile, rapproche à juste titre le procédé narratif de *Rob Roy* de celui de *La Mort aux trousses* de Hitchcock. Hitchcock lui-même évoque la forme fondamentale de la « poursuite » (*chase*) et de la « double poursuite » (*double chase, double chase pattern*), qu'il n'entend pas exactement dans le même sens que Buchan, dans son entretien avec David Brady, « Core of the Movie – The Chase », *The New York Times Magazine*, 29 octobre 1950, repris dans Sidney Gottlieb (éd.), *Hitchcock on Hitchcock : Selected Writings and Interviews*, University of California Press, 1995, p. 125-132.

2 Hitchcock, « My Screen Memories », *Film Weekly*, 23 mai 1936, p. 28-29, repris dans Gottlieb, *ibid.*, p. 21-23.

3 Truffaut, *Le Cinéma selon Hitchcock*, *op. cit.*, p. 67.

un personnage du *Voyage du pèlerin* (*The Pilgrim's Progress*, 1678), célèbre et influent ouvrage du puritain Bunyan, Mr Valiant-for-Truth, et que la « double poursuite » à laquelle est soumis Hannay revêt un caractère allégorique : s'il se jette dans la gueule du loup, et si contre toute attente il finit par triompher des « méchants », c'est qu'il est l'instrument de la Providence[4]. Hitchcock conserve certains de ses éléments, tout en les pimentant d'ironie, mais en abandonne d'autres, qui sont très datés et nous gênent aujourd'hui, comme l'antisémitisme de Buchan, pour qui la City, la finance, est dominée par des Juifs profiteurs (antisémitisme qu'on retrouve vingt ans plus tard chez le Graham Greene de *This Gun for Hire*, avec ses Juifs marchands d'armes et bellicistes, mais dont Hitchcock s'est toujours soigneusement gardé).

S'il conserve la structure du récit de Buchan et l'aura romantique de son héros, Hitchcock introduit de nombreuses modulations, dont voici les principales. Tout d'abord, comme il l'avait fait dans *The Lodger*, il modernise l'action, qui chez Buchan se déroule à la veille de la Grande Guerre et concerne un projet d'invasion de l'Angleterre par l'Allemagne. De Sud-Africain, Hannay, interprété par Robert Donat, devient canadien, ce qui est anodin, mais peut faciliter l'identification du spectateur (nord) américain au personnage. Fidèle à une pratique habituelle dans les adaptations théâtrales puis filmiques d'œuvres romanesques, Hitchcock invente des personnages féminins absents chez Buchan : la première victime des espions, dont la mort entraîne Hannay dans son aventure, est une femme (Annabella) et non un homme comme dans le roman, ce qui ajoute au pathétique en même temps que cela confirme le côté chevaleresque de Hannay, souligné plus tard par le sarcasme des espions, qui désignent le héros comme « le Vaillant Chevalier à la rescousse ». Le personnage de Pamela (Madeleine Carroll), « blonde hitchcockienne » d'allure assez glaciale à laquelle Hannay se confie et confie son sort mais qui le dénonce immédiatement à la police et qui sera très longue à être convaincue de son innocence, est une invention de Hitchcock et de son scénariste, Charles Bennett, de même que le personnage très émouvant de la fermière écossaise (Peggy Ashcroft) qui vient effectivement en aide au héros, l'engageant à fuir avant de le revêtir de la chaude veste de son mari et d'échanger avec lui un chaste baiser.

4 John G. Cawelti et Bruce A. Rosenberg, *The Spy Story*, University of Chicago Press, 1987, p. 81-82.

La Providence est en effet à l'œuvre ici, de façon presque explicite et néanmoins ironique. Chez Hitchcock comme chez Buchan, Hannay, croyant y trouver refuge et protection, se jette dans la gueule du loup, à la merci du chef des espions, un certain professeur Jordan, notable écossais qui a toutes les apparences de la respectabilité (cette capacité de camouflage, commune aux méchants et au héros, est un leitmotiv du récit d'espionnage). La scène est célèbre : Jordan révèle son identité en levant ostensiblement sa main amputée d'un doigt (seul indice dont dispose Hannay) avant de « tuer » Hannay à bout portant. À ceci près que Hannay est indemne, la balle s'étant logée dans le gros livre resté dans la poche intérieure de la veste du fermier. Caractéristique des récits feuilletonesques à rebondissements incroyables, le procédé avait déjà été utilisé par Lang dans *Les Espions*. Mais le « détail » va bien au-delà chez Hitchcock, car le livre qui arrête la balle mortelle est bien particulier. Il s'agit non pas d'une Bible, comme on l'écrit le plus souvent, mais d'un recueil de cantiques (*Church Hymnary*) propre à l'Église presbytérienne d'Écosse, ce qui peut s'entendre de deux façons, comme un hommage discret à Buchan et à ses origines familiales, mais surtout comme un trait satirique décoché par le catholique Hitchcock au fermier écossais jaloux (Hannay a pris sa femme pour sa fille), vénal (il accepte l'argent de Hannay) et fourbe (il s'empresse de le dénoncer aux autorités). Si le livre de cantiques a bien joué un rôle providentiel, ce rôle doit tout à la jeune épouse qui a manifesté au fugitif une charité véritablement chrétienne, rien à son mari, évangélique borné et hypocrite.

FIG. 6 – *The 39 Steps* : un music-hall dans le style de Sickert.

FIG. 7 – *The 39 Steps* : la mort de Mr Memory.

Les scènes les plus frappantes du film sont des inventions qui ne figurent pas chez Buchan, ou seulement à l'état d'ébauche. C'est ainsi qu'une brève mention du roman (à Londres, Hannay se rend dans un music-hall) est étoffée et développée pour structurer le récit, de plusieurs manières. L'ouverture du film montre un personnage encore anonyme (on voit seulement ses jambes, puis son dos) qui, attiré par les lettres MUSIC HALL qui s'allument au fur et à mesure du travelling latéral de la caméra (et qui évoquent le TO-NIGHT / GOLDEN CURLS de *The Lodger*), achète un billet et pénètre dans un théâtre bondé, au public manifestement populaire. C'est là que Hannay (puisqu'il s'agit de lui) assiste au numéro de « Mr Memory », personnage à la prodigieuse mémoire encyclopédique qui se fait fort de répondre à toutes les questions du public. C'est là que Hannay va être témoin d'une tentative de meurtre qui provoque une débandade générale à la faveur de laquelle une jeune femme inconnue s'accroche à lui, semblant le draguer, avant de lui révéler qu'elle est traquée par un réseau d'espions, de lui transmettre les quelques indices dont elle dispose et d'être assassinée chez lui pendant la nuit. Cette ouverture spectaculaire mais énigmatique aura son pendant à la fin du film, située dans un autre music-hall, cette fois-ci clairement identifié comme le célèbre Palladium, sur Argyll Street, près d'Oxford Circus. Toujours poursuivi tant par la police que par les espions, une main encore menottée, Hannay y retrouve Mr Memory, repère le professeur Jordan prêt à tuer dans une loge (image qui reprend celle du tueur de l'Albert Hall, dans *L'Homme qui en savait trop*), comprend subitement que le mystère des « Trente-Neuf Marches » se dénouera dans un lieu semblable sinon identique à celui où il s'est noué. Il demande à l'homme à l'infaillible mémoire de répondre à la question « Que sont les Trente-Neuf Marches ? », et la conscience professionnelle de Mr Memory l'oblige à répondre qu'il s'agit d'un réseau d'espions étrangers avant d'être blessé à mort par Jordan. Grâce à Hannay la confession complète de Mr Memory est recueillie par la police (à l'arrière-plan, l'image légèrement floue d'une rangée de *girls*) et le héros voit sa quête doublement couronnée de succès : il a sauvé l'Empire d'un danger mortel et il a définitivement conquis le cœur de Pamela, qui lui fut si longtemps hostile et dont la main gantée vient prendre celle menottée de Hannay, le geste accompli librement donnant rétrospectivement valeur de présage aux menottes qui avaient enchaîné la femme au héros.

Ouverture et finale se répondent par le biais du cadre théâtral et de Mr Memory, mais aussi, plus subtilement, par la phrase musicale de l'orchestre qui introduit le numéro de Mr Memory, phrase qui pendant tout le film trotte dans la tête de Hannay mais dont il n'arrive pas à identifier la provenance jusqu'à ce qu'il la réentende au Palladium et ait l'intuition de la solution de l'énigme. Enfin la présence de Pamela en adjuvante et aimante dans le finale vient en quelque sorte équilibrer celle fugitive d'Annabella dans l'ouverture. Le sentiment de symétrie, de complétude, a quelque chose de satisfaisant et contribue à l'impression d'une fin véritablement heureuse. Or cette fin est tout à fait originale puisque dans le roman de Buchan les « trente-neuf marches » du titre sont celles d'un débarcadère près duquel mouille le yacht des espions allemands.

Ce qui frappe aussi est l'inspiration picturale de Hitchcock. Les scènes situées dans les deux music-halls appellent évidemment la comparaison avec Sickert (actif de 1881 à 1941), ce qui n'a rien de surprenant puisque le peintre affectionnait comme Hitchcock les lieux de spectacle, le public populaire et l'interaction entre public et comédiens (voir en particulier, parmi de nombreux exemples, les diverses versions de *Gallery of the Old Bedford*, v. 1894-1895). Au passage, on peut évoquer aussi l'intérêt de Sickert pour les faits divers, inspiration plus ou moins directe de la série *The Camden Town Murder* (v. 1908), *L'Affaire de Camden Town* (1909) et *Dawn, Camden Town* (v. 1909), et en particulier sa curiosité pour les crimes sordides de Jack l'Éventreur, qui a même conduit à l'hypothèse extravagante d'identifier le peintre avec le tueur de prostituées[5].

D'autres images suggèrent un rapprochement possible entre Hitchcock et Hopper. On sait que le peintre américain était très cinéphile et qu'il fut flatté lorsqu'il apprit que les décorateurs de Hitchcock s'étaient inspirés de son tableau *La Maison près de la voie ferrée* (1925) pour dessiner la demeure gothique de *Psychose*. Mais dès 1935, certaines compositions visuelles des *Trente-Neuf Marches* intriguent par leur proximité apparente, peut-être accidentelle, avec les gravures de Hopper des années 1920. Il s'agit notamment de deux plans de la séquence nocturne du début du film, dans l'appartement de Hannay à Portland Place : la vue en plongée, du point de vue de Hannay, sur la rue où se cachent les espions qui traquent Annabella évoque irrésistiblement *Night Shadows* (« Ombres nocturnes », 1921), et le plan d'un rideau soulevé par le vent fait forcément songer à *Evening Wind* (« Vent du soir », 1921, exemple, rare chez Hopper, d'une notation de mouvement)[6]. Plus tard le plan du Forth Bridge cadré en diagonale rappelle la toile de Hopper *Queensborough Bridge* (1913), mais il peut, encore une fois, ne s'agir que d'une coïncidence, deux artistes visuels parvenant indépendamment aux mêmes solutions plastiques.

Les libertés que le film prend avec le roman de Buchan sont donc multiples : inventions scénaristiques, inventions visuelles. Globalement elles se traduisent par un cocktail de thriller, de romance et d'humour qui deviendra une marque de fabrique hitchcockienne. Hitchcock et ses scénaristes conservent l'élément de suspense inhérent à Buchan et au récit d'espionnage : une adaptation théâtrale du film, d'ailleurs brillante, faisait basculer le propos dans la pure comédie, voire dans le burlesque[7]. Ils s'attachent aussi (à la différence de nombreux auteurs ultérieurs de récits d'espionnage) à garder à Hannay son caractère héroïque, chevaleresque, mais l'invention des personnages féminins permet aussi de suggérer que Hannay n'est pas un pur esprit : pour échapper à ses poursuivants, dans le train qui l'emmène en Écosse, il embrasse fougueusement Pamela ; plus tard, lorsque Hannay et Pamela

5 Wendy Baron a démontré l'inanité de cette hypothèse dans Wendy Baron et Richard Shone, *Sickert. Paintings*, Royal Academy of Arts, Londres, 1992, p. 213. Les trois tableaux de la série *Camden Town* sont les n°s 69, 70 et 71 de ce catalogue.

6 Ces vues en plongée « hoppérienne » apparaissent chez Hitchcock dès *Murder !* (1930).

7 Adaptation de Patrick Barlow, créée en 2005.

auront échappé aux faux policiers qui les ont menottés, ils passeront une nuit d'ailleurs fort chaste dans l'auberge où ils sont pris pour un couple de jeunes mariés (ce qui constitue une sorte de prolepse implicite), la main menottée de Hannay frôlant la cuisse de Pamela lorsqu'elle enlève son bas, puis, à deux reprises, lorsque Hannay assoupi se retourne. Ici commence pour Hitchcock un jeu de chat et de souris avec la censure, déjà hollywoodienne en l'occurrence, qui, avant d'accorder aux *Trente-Neuf Marches* le *nihil obstat* du « sceau » qui lui permettait d'être distribué aux États-Unis, objecta avec véhémence à cette séquence, précisant que si le script lui avait été soumis avant tournage, elle aurait demandé sa suppression pure et simple, et exigeant, malgré le plaidoyer du studio, qui arguait de la continuité dramatique, l'excision des deux derniers plans concernés[8].

FIG. 8 – *The 39 Steps* : Madeleine Carroll et Robert Donat menottés.

8 John Billheimer, *Hitchcock and the Censors*, University Press of Kentucky, 2019, p. 45-46.

Le film remporta un grand succès, des deux côtés de l'Atlantique, et reste un des plus populaires de l'œuvre anglaise. Citons la critique enthousiaste de Sydney Carroll dans le *Sunday Times* : « Il n'y a aucun doute, Hitchcock est un génie. C'est lui la star du film » (9 juin 1935)[9]. Ou celle longuement argumentée d'Andre Sennwald dans le *New York Times* du 14 septembre 1935, pour qui Hitchcock « utilise sa caméra comme un peintre se sert de son pinceau, stylisant son propos et lui conférant des nuances auxquelles les scénaristes n'auraient jamais songé ». Jugeant le film anglais beaucoup plus subtil que ses homologues américains, il en loue le rythme, le mélange de comédie et de terreur, le surgissement inopiné des scènes spectaculaires, la qualité de l'ensemble des acteurs[10]. Chabrol et Rohmer voient dans *Les Trente-Neuf Marches* « très certainement [...] le film anglais d'Hitchcock le plus célèbre », à leurs yeux le premier où le cinéaste parvient à concilier ses thèmes et recherches formelles personnels avec le succès commercial et populaire[11]. De même Yacowar le qualifie de « film anglais le plus populaire de Hitchcock » mais s'en prend à ceux comme John Russell Taylor, le biographe officiel du cinéaste, qui le réduisent à un divertissement : il mérite une analyse sérieuse[12]. Seul Graham Greene, qui n'aime guère Hitchcock avec qui il a pourtant bien des points communs (le catholicisme, les récits d'espionnage à la morale ambiguë, l'emploi des trains comme décor dramatique...), confirmera le jugement sévère qu'il portait le plus souvent sur les films du cinéaste dès les années trente : à ses yeux, comme il l'écrit en 1972 dans l'introduction de *The Pleasure-Dome*, qui recueille ses critiques de cinéma de l'époque, Hitchcock a gâté le roman de Buchan de façon « inexcusable », et Greene persiste et signe « quoi qu'en dise Truffaut[13] ».

9 Cité par Yacowar, *Hitchcock's British Films*, *op. cit.*, p. 246, et plus longuement par Barr, *English Hitchcock*, *op. cit.*, p. 161.

10 Cité dans Stanley Kaufmann et Bruce Henstell (éd.), *American Film Criticism. From the Beginnings to* Citizen Kane, Liveright, New York, 1972, p. 318-319. Je traduis.

11 Rohmer et Chabrol, *Hitchcock*, *op. cit.*, p. 49.

12 Yacowar, *Hitchcock's British Films*, *op. cit.*, p. 146 *sq.*

13 Greene, *The Pleasure-Dome : The Collected Film Criticism 1935-40*, Oxford University Press, 1980, p. 1-2.

VARIATIONS SUR LE THÈME DES *TRENTE-NEUF MARCHES*

Plus de vingt ans après l'adaptation de Buchan par Charles Bennett, Ernest Lehman écrit pour Hitchcock un scénario original dont le titre, « North by Northwest », est une citation, légèrement modifiée, de *Hamlet.* Le prince de Danemark s'y décrit lui-même comme « fou », mais seulement par « [vent du] nord-nord-ouest » ; le reste du temps, il est parfaitement sensé (II, 2, v. 361-362). Dans le sillage de Freud et d'Ernest Jones, des exégèses plutôt laborieuses se sont efforcées d'utiliser cette clé shakespearienne pour éclairer la psychologie du héros, Roger Thornhill (Cary Grant dans le film) et sa dépendance supposée à sa mère, qui serait un avatar de Gertrude[14]. Peut-être est-il plus simple et plus sage de voir dans ce titre avant tout un jeu de mots en forme de clin d'œil, une allusion à l'itinéraire improbable qui conduira le héros au « nord-ouest » des États-Unis, dans le Dakota du Sud, comme l'itinéraire de Hannay l'avait conduit au « nord » de l'Angleterre, jusqu'aux Highlands d'Écosse. Hitchcock avait demandé à Lehman d'écrire un scénario « dans l'esprit des *Trente-Neuf Marches* », et *La Mort aux trousses* apparaît en effet comme une suite de variations brillantes sur le thème du film de 1935. On y retrouve la situation initiale, celle d'un héros qui se trouve mêlé par hasard à une sombre histoire d'espionnage (un quiproquo le fait prendre par erreur pour un certain Kaplan, agent de la CIA qui n'a pas d'existence réelle et n'est qu'un leurre destiné à lancer les espions sur une fausse piste et à protéger un authentique agent infiltré) et qui, accusé d'avoir commis un meurtre, devient bientôt la cible d'une « double poursuite », de la part des espions et de celle de la police. Certes, les détails diffèrent : ici l'« innocent » est presque d'emblée kidnappé par les espions, mais contre toute attente logique autre que celle de la fiction parvient à leur échapper ; l'apparence de sa culpabilité (sauf aux yeux du spectateur) est d'autant plus flagrante qu'il a été photographié en

14 Je pense entre autres aux réflexions de Stanley Cavell sur « *North by Northwest* », *Themes out of School : Effects and Causes*, North Point Press, 1984, repris dans Marshall Deutelbaum et Leland Poague (éd.), *A Hitchcock Reader*, Wiley-Blackwell, 2009, p. 250-263, en particulier p. 253-255.

semblant brandir l'arme du crime, qu'il a retirée du dos de la victime, tombée dans ses bras ; enfin et surtout, la « double poursuite » est ici compliquée par l'intervention d'un troisième protagoniste – la CIA – dont on ne sait trop si elle protège le héros ou cherche à l'éliminer.

Mais ces détails importent peu au regard d'une reprise et d'un renversement également structuraux : la reprise est celle du voyage en train, le célèbre *Twentieth Century* qui reliait New York à Chicago se substituant au célèbre *Flying Scotsman* (« L'Écossais volant », mais aussi « en fuite », qualificatif qui peut s'appliquer à Hannay) qui relie toujours Londres à Édimbourg ; le renversement réside dans la présence dans ce train d'une nouvelle « blonde hitchcockienne » (Eve Kendall, interprétée par Eva Marie Saint), qui apparaît d'emblée non seulement comme une adjuvante, mais aussi comme une séductrice séduite, prête à nouer avec le héros des rapports intimes, donc l'exacte antithèse de la glaciale Pamela des *39 Steps*. Ici aussi, d'inventives modulations scénaristiques rendent plus complexe la relation du héros avec sa blonde : alors que la lente évolution de Pamela était linéaire, Eve est vue tour à tour comme une providentielle et délicieuse auxiliaire, puis comme la maîtresse glamour et la complice du chef des espions, Vandamm, enfin comme une double repentie, que la CIA a « retournée » et qui est tombée amoureuse de Thornhill. Si bien que le contraste initial entre Pamela et Eve n'en aboutit pas moins à la même et prévisible conclusion, l'union du héros et de la blonde, sobrement mais différemment dénotée par les mains qui se joignent dans le film anglais et par la pénétration « sexuelle » du tunnel par le train dans *North by Northwest*[15].

D'autres notations, plus ponctuelles, renforcent l'air de famille entre les deux films. Interprété par le suave acteur britannique James Mason, le personnage de Vandamm, le chef des espions de *La Mort aux trousses*, reprend et étoffe celui du professeur Jordan, l'homme à la phalange coupée des *Trente-Neuf Marches*. Mais le rôle de Jordan est aussi repris, avec une inflexion intéressante, par le chef de la CIA, seulement désigné comme « le Professeur » ; rappelant les ambiguïtés morales inhérentes au métier d'espion (au cœur notamment de *Quatre de l'espionnage* [*Secret Agent*, 1936]), le rôle est joué par Leo G. Carroll, acteur de théâtre anglais, à Hollywood depuis 1934, que Hitchcock dirige pour la cinquième fois.

15 Truffaut, *Le Cinéma selon Hitchcock*, *op. cit.*, p. 108.

FIG. 9 – *The 39 Steps* : Hannay déguisé en laitier.

FIG. 10 – *North by Northwest* : la foule des porteurs à la gare de Chicago.

Si l'itinéraire de Thornhill, de New York à Chicago et à l'Indiana puis au mont Rushmore, ne revêt pas le caractère circulaire de celui de Hannay (de Londres à l'Écosse et retour), on observe néanmoins diverses similitudes entre les deux trajectoires. Pour échapper aux tueurs qui le guettent à la sortie de son appartement londonien, Hannay emprunte le costume du laitier matinal ; de même Thornhill, à son arrivée à la gare de Chicago, se déguise en porteur pour échapper à la police qui le recherche (mais la manière de l'emprunt diffère, de même que diffère l'effet du déguisement – ici, la casquette rouge de Cary Grant perdue parmi la multitude des casquettes rouges, comme la multitude des parapluies cachait la fuite d'un tueur dans *Foreign Correspondent* [1940]). Enfin les épisodes écossais des *Trente-Neuf Marches* trouvent au moins trois échos dans le film américain. La célèbre séquence du piège tendu à Thornhill sur la route 41, entre Chicago et Indianapolis, et de l'attaque de l'avion pourrait avoir été lointainement inspirée par les passages du roman de Buchan dans lesquels Hannay, errant sur la lande écossaise, est plusieurs fois menacé par un mystérieux avion (dans l'adaptation de 1935, ces passages sont réduits à l'unique et brève apparition d'un hélicoptère) ; bien entendu, la séquence de 1959 constitue en tout état de cause un spectaculaire étoffement bien caractéristique de la manière hollywoodienne de Hitchcock, et qu'on retrouve dans le finale du mont Rushmore.

FIG. 11 – *North by Northwest* : Eva Marie Saint, objet précieux entre deux amateurs anglais.

Très comparables dans leur fonctionnement, les deux séquences dans lesquelles le héros, qui paraît pris au piège, fait preuve avec à propos de suffisamment d'imagination et d'invention pour sortir de la nasse : à Édimbourg, après qu'il s'est mêlé à un défilé de l'Armée du Salut qui mérite bien son nom en l'occurrence, un quiproquo lui fait endosser le rôle d'un candidat en campagne. Il suscite l'enthousiasme des auditeurs par son talent d'improvisation oratoire, satirisant du même coup les discours ronflants et convenus des politiciens (comme celui sur lequel s'ouvrira *Frenzy*) avant de s'échapper – provisoirement – en triomphe. À Chicago, Thornhill, après avoir survécu au piège de l'Indiana, se retrouve à la merci des sbires de

Vandamm, dans l'espace clos d'une salle des ventes, et a de nouveau recours à un procédé inventif et paradoxal, celui de se faire remarquer par ses enchères incohérentes et de se faire ainsi « exfiltrer » par la police devenue son allié involontaire. Enfin le « coup de théâtre » du faux meurtre de Thornhill, dans la cafeteria proche du mont Rushmore, et de sa « résurrection », reprend, avec des modalités complètement différentes, celui de l'« exécution » de Hannay à bout portant par le professeur Jordan et de sa « résurrection » miraculeuse grâce au Church Hymnary du fermier écossais.

Il est bien sûr loisible et compréhensible de préférer le spectaculaire, la couleur et le grand écran de *La Mort aux trousses*, de juger plus séduisant le duo de Cary Grant (ici dans un rôle d'élégant publiciste new-yorkais qui ne semble rien devoir à ses origines anglaises) et d'Eva Marie Saint que celui de Robert Donat et de Madeleine Carroll, à l'érotisme plus retenu ; mais il ne fait pas de doute que *La Mort aux trousses* reprend en la magnifiant la formule mêlant le suspense, le romantisme et l'humour qui avait été parfaitement mise au point dès *Les Trente-Neuf Marches*.

Pour être complet, il convient d'évoquer brièvement un jalon intermédiaire entre le film anglais de 1935 et le film hollywoodien de 1959, celui de *Cinquième Colonne* (*Saboteur*, 1942). Sujet original de Hitchcock, film d'espionnage et de propagande réalisé pendant la Seconde Guerre mondiale, *Saboteur* reprend la formule du faux coupable et de la double poursuite : le héros (Robert Cummings) traverse les États-Unis, de la Californie à New York, à la recherche du vrai coupable, le saboteur du titre original, en même temps qu'il est lui-même traqué par la police et par un vaste réseau d'espions à la solde de l'Allemagne. Il reçoit l'aide de divers personnages, dont une jeune femme blonde (Priscilla Lane), qui, telle Madeleine Carroll dans *Les Trente-Neuf Marches*, essaie d'abord de le livrer à la police avant d'être convaincue de son innocence. Il n'est donc pas étonnant que Rohmer et Chabrol aient qualifié *Saboteur* de « pot-pourri de [l'] œuvre anglaise » de Hitchcock, dans lequel celui-ci multiplie les allusions aux *Trente-Neuf Marches*, à *Sabotage* et accessoirement à *L'Homme qui en savait trop* et à *La Taverne de la Jamaïque*[16]. Écrivant en 1957, donc avant *La Mort aux trousses*, les coauteurs ne pouvaient deviner que la séquence la plus célèbre de *Cinquième Colonne* deviendrait la scène finale, dans laquelle le saboteur, acculé au sommet de la statue de la Liberté, en chute vertigineusement en dépit des efforts du héros pour le

16 Rohmer et Chabrol, *Hitchcock*, *op. cit.*, p. 74.

sauver. Cette scène est longuement évoquée et illustrée par Truffaut, qui y voit bien sûr l'ébauche du finale spectaculaire de *La Mort aux trousses*, et par Hitchcock lui-même, qui observe à juste titre que « ce n'est pas le méchant qui aurait dû être suspendu dans le vide, mais bel et bien le héros du film car alors la participation du public aurait été décuplée[17] ».

FIG. 12 – *Saboteur* : les circassiens.

FIG. 13 – *Saboteur* : un réseau nazi dans l'aristocratie new-yorkaise.

Je me bornerai à deux remarques sur ce film qui me paraît aussi brillant dans plusieurs de ses séquences qu'insatisfaisant en ce qui concerne sa structure

17 Truffaut, *Le Cinéma selon Hitchcock*, *op. cit.*, p. 108-109.

d'ensemble. Je souscris ici à l'opinion du cinéaste, qui « [avait] le sentiment d'avoir surchargé *Saboteur* en y introduisant trop d'idées[18] », et si je juge, à l'instar de Rohmer et Chabrol, que le récit est « extravagant », je ne partage pas leur sentiment qu'il est « construit avec une science d'architecte[19] ». Indépendamment de la spectaculaire séquence finale et d'autres morceaux de bravoure, les scènes les plus originales et les plus émouvantes me semblent celles de deux rencontres avec des personnages auprès desquels le héros a trouvé refuge : dans la première, peut-être la plus belle du film, il est accueilli par un musicien aveugle (Vaughan Glaser), qui a d'emblée entendu le cliquetis des menottes du fugitif, mais croit spontanément à son innocence, et joue au piano un morceau de Delius, compositeur anglais qui était lui-même aveugle ; dans la seconde, le héros et la jeune femme qui l'accompagne se réfugient dans la roulotte d'un cirque ambulant peuplée de *freaks* divers, sœurs siamoises, femme à barbe, lilliputien… Il n'est pas indifférent que ces deux scènes aient été écrites par Dorothy Parker, nouvelliste américaine bien connue, qui leur a conféré une incontestable qualité littéraire[20] ; par ailleurs (ce sera là ma seconde remarque), ces deux scènes, parmi d'autres, infirment tout à fait l'affirmation étrange de Rohmer et Chabrol, pour qui *Cinquième Colonne* « n'est et ne prétend être qu'un divertissement[21] », car elles font partie intégrante du message idéologique véhiculé par le film. Tandis que l'infiltration des espions allemands dans la haute société new-yorkaise est mise en évidence dans la longue séquence de la réception chez Mrs Van Sutton, les scènes du musicien aveugle et des gens du cirque témoignent en faveur d'une autre Amérique, celle de marginaux qui n'appartiennent certes pas à l'élite autoproclamée de la nation, mais sont fidèles aux principes fondamentaux sur lesquels celle-ci est censée être fondée : tout suspect est réputé être innocent jusqu'à ce que sa culpabilité soit prouvée ; c'est par un vote démocratique (à vrai dire, quelque peu manipulé par l'« homme squelette » interprété par Pedro de Cordoba) que les circassiens décident s'ils dénoncent les fugitifs à la police ou les protègent[22].

---

18 Truffaut, *ibid.*, p. 110.

19 Rohmer et Chabrol, *Hitchcock*, *op. cit.*, p. 74.

20 Ainsi que le note Norman Lloyd (l'acteur qui joue Fry, le saboteur) dans son excellente contribution au *making of* de Laurent Bouzereau qui accompagne le DVD du film (Universal Studios, 2000).

21 Rohmer et Chabrol, *Hitchcock*, *op. cit.*, p. 74.

22 J'anticipe ici légèrement sur la partie idéologique de la suite de ce chapitre pour noter que Hitchcock s'est exprimé sans ambiguïté sur les « fascistes américains » auxquels il pensait en écrivant son scénario (Truffaut, *Le Cinéma selon Hitchcock*, *op. cit.*, p. 107). La

LES DEUX VERSIONS DE *L'HOMME QUI EN SAVAIT TROP*

On se souvient que juste avant *The 39 Steps* Hitchcock avait réalisé un premier film d'espionnage qui eut un grand succès, *L'Homme qui en savait trop* (*The Man Who Knew Too Much*, 1934), et qui fera l'objet d'un assez libre *remake* hollywoodien, sous le même titre, en 1956. Ici un prologue situé à Saint-Moritz met en place les principaux personnages, une famille anglaise qu'on pourrait qualifier d'« innocents à l'étranger », pour le dire comme Mark Twain, et divers espions internationaux, en même temps qu'il campe un décor de sports d'hiver qu'on peut légitimement qualifier de hitchcockien : il est repris dans *Secret Agent* ainsi que dans le pastiche de Hitchcock par Stanley Donen, *Charade* (1963) et dans plusieurs occurrences de la franchise James Bond, dont Truffaut pensait qu'elle constituait « une caricature grossière et malhabile de toute l'œuvre hitchcockienne[23] ».

Comme il l'a fait et le refera à de multiples reprises, Hitchcock passe volontiers sans transition d'un registre à l'autre, preuve qu'il n'a pas dédaigné de manier la *surprise* aussi bien que le *suspense* : au générique accompagné par les accents solennels et dramatiques de la *Summer Cloud Cantata* d'Arthur Benjamin succède un prologue essentiellement comique, avec des personnages qui semblent d'abord être des touristes pittoresques, tels Abbott (Peter Lorre), accompagné de son infirmière, ou le Français Louis Bernard (Pierre Fresnay), qui fait une cour ostensible à la mère de famille anglaise (« Jill » = Edna Best), championne de tir, sous l'œil indifférent du mari (« [Bob] Lawrence » = Leslie Banks). Tandis que Louis danse avec Jill, le mari accroche le tricot abandonné par sa femme à la veste du Français, si bien qu'au fil de la danse le tricot se défait et s'emmêle dans les pieds des danseurs. On est ici dans un registre proche de la comédie loufoque américaine, à peu près contemporaine (je pense notamment à *L'Impossible Monsieur Bébé* de Hawks [1938]), mais c'est à ce moment précis que la véritable action s'enclenche, avec l'assassinat de Louis et l'inhabituelle disparition

---

séquence de la réception chez Mrs Van Sutton apparaît comme une première ébauche du chef-d'œuvre que sera *Les Enchaînés* (*Notorious*, 1946).

23 Truffaut, *ibid.*, p. 17.

précoce, longtemps avant *Psycho*, d'un personnage qui semblait devoir être un protagoniste. Ce qui n'empêchera pas Hitchcock de revenir au mélange des genres, de mêler étroitement le burlesque ou le grotesque au dramatique (en mourant, Louis a confié un secret d'État à Jill, et les espions ont kidnappé Betty, la fille du couple Lawrence, pour forcer les parents à garder le silence), lorsque Lawrence s'exprime dans un allemand approximatif pour communiquer avec un jeune policier suisse qui ne comprend ni l'anglais ni le français, ou plus tard lorsque Lawrence et son beau-frère retourneront contre un dentiste complice des espions l'arme du gaz pour le mettre hors d'état de nuire, dans une scène qui, commençant dans l'horreur feuilletonesque, vire plutôt, en dernière analyse, à la bouffonnerie[24].

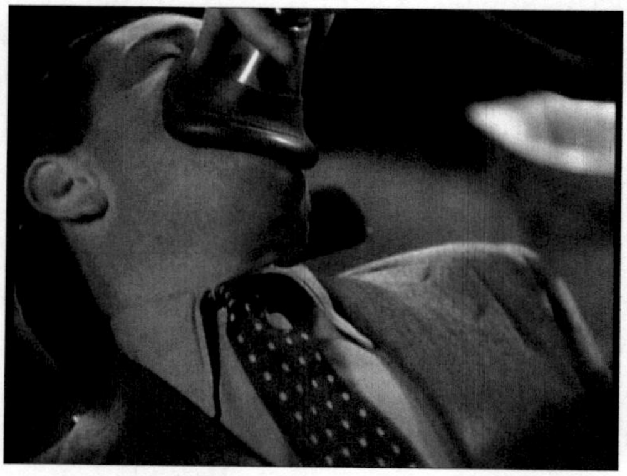

FIG. 14 – *The Man Who Knew Too Much* (1934) : Leslie Banks victime du dentiste.

24 Une source lointaine de cette scène est le premier texte publié de Hitchcock, la brève nouvelle « Gas » [« Gaz », 1919], pastiche explicite de Poe (l'action est située à Paris et l'allusion aux « romans de Duvain » rappelle le nom de Dupin, le détective amateur de trois célèbres nouvelles de Poe), qui décrit l'angoisse croissante d'une femme poursuivie, puis agressée et jetée dans le fleuve, avant qu'elle se réveille dans le fauteuil du dentiste qui lui a arraché une dent. Nouvelle reproduite entre autres dans Gotttlieb, *Hitchcock on Hitchcock*, *op. cit.*, p. 107-108, qui ne manque pas de la rapprocher de la scène du film de 1934 (*ibid.*, p. 99). Ici le *suspense* horrifique se dénoue en chute comique. Mais on peut avoir le sentiment que des scènes de meurtre, à la violence explicite et prolongée dans leur insoutenable durée « réelle », comme celles de Gromek asphyxié dans le four du *Rideau déchiré* ou du viol de Brenda Blaney dans *Frenzy*, s'apparentent au « grotesque », ou du moins suscitent une réaction similaire.

FIG. 15 – *The Man Who Knew Too Much* (1934) :
Peter Lorre en chef de gang.

Le scénario offre une variante de la « double poursuite », dans la mesure où le couple Lawrence s'efforce de récupérer leur fille kidnappée par les espions (les Lawrence étant, à l'instar de Hannay, autant poursuivants que poursuivis), tout en essayant dans le même temps de prendre de vitesse la police, pour qui la raison d'État (prévenir un assassinat politique) l'emporte sur le désir de sauver la vie de l'adolescente kidnappée. Hitchcock présente donc un authentique dilemme moral, invitant le spectateur à partager celui des Lawrence, évidemment désireux de sauver leur fille mais conscients, grâce à l'insistance des représentants du Foreign Office, que l'assassinat d'un chef d'État étranger serait susceptible de déclencher une seconde guerre mondiale. Après le prologue de Saint-Moritz, l'action se déplace à Londres, lieu introduit par l'image familière de Piccadilly Circus et de ses publicités lumineuses (pour le whisky Black and White, le porto Sandeman, la bière Guinness…), et s'y déroule successivement dans quatre décors contrastés : près de Tower Bridge, à Wapping, chez le dentiste qui appartient au réseau des espions ; dans le Q.G. du réseau, une chapelle qui abrite l'étrange secte du « Tabernacle du soleil » ; à l'Albert Hall, grande salle de concert située à Kensington, lieu choisi pour l'assassinat ; enfin lors du long et sanglant siège du « fort Chabrol » des espions, épisode qui fit sourciller la censure[25].

25 Pour la censure britannique, il fallait justifier que la police, contrairement à la tradition, soit armée. Pour la censure hollywoodienne, la scène montrait un « massacre dont on

La comparaison avec le remake de 1956 est inévitable, et il me semble incontestable qu'elle est à l'avantage de celui-ci. La couleur succède au noir et blanc, contribuant à l'exotisme du prologue, désormais situé au Maroc. Autre différence fondamentale, la famille anglaise du film de 1934, les Lawrence, est devenue une famille d'*Americans abroad* (Ben et Jo McKenna, d'Indianapolis, au cœur de l'« Amérique profonde », interprétés par James Stewart et Doris Day), élargissant le contraste entre insulaires et continentaux pour opposer plus globalement, de façon jamesienne, le désarroi des « innocents » du Nouveau Monde aux prises avec les intrigues et les complexités de l'Ancien. L'essentiel de l'action restant situé à Londres, c'est l'occasion d'une description pittoresque de la capitale britannique vue par des yeux américains – et inversement. En dehors des attraits techniques et spectaculaires dont elle bénéficie (couleur, grand écran, superbe générique montrant Bernard Herrmann dirigeant la *Storm Cloud Cantata*), la supériorité de la version hollywoodienne me semble s'expliquer par deux facteurs. D'une part, l'étoffement spectaculaire, sensible aussi dans la longue séquence de l'Albert Hall, s'accompagne d'un resserrement et d'une restructuration : le personnage de l'oncle, sympathique mais redondant, est éliminé ; le rôle décisif de la mère dans le sauvetage de son enfant est mieux relié au thème musical, dès lors que le personnage d'une championne de tir devient celui d'une cantatrice (jouée par Doris Day). Le long siège final est éliminé au profit d'une conclusion plus brève et plus dense située dans l'ambassade, de même qu'est supprimée la longue scène chez le dentiste. En revanche l'épisode du « Tabernacle du soleil » est dédoublé : une fausse piste, celle du taxidermiste Ambrose Chappell, retient l'esprit gratuit, quasiment surréaliste, de l'original, tandis que la véritable Ambrose Chapel devient ou redevient une authentique « chapelle » (évangélique, non conformiste), par opposition à l' « église » (anglicane ou catholique), distinction fondamentale en Angleterre depuis le XVIIIe siècle, explicitée dans le dialogue par Jo (lorsqu'elle comprend subitement l'erreur qu'ils ont commise en prenant « Ambrose Chapel » pour un homme, un ami anglais lui demande « *[what] church ?* », à quoi elle répond : « *no, it's chapel !* »). La description de cette chapelle et de ses

---

n'avait pas vu l'équivalent depuis *Scarface* [1932] » (Billheimer, *Hitchcock and the Censors*, *op. cit.*, p. 43-44).

desservants donne au catholique Hitchcock l'occasion d'exercer sa verve satirique à l'encontre des protestants, comme il l'avait fait dans *The 39 Steps*. Logiquement interprété par des acteurs britanniques, Bernard Miles et Brenda de Banzie, le couple criminel des Drayton gagne la confiance des McKenna dans le prologue marocain, kidnappe leur fils et réapparaît à Londres en plausible couple de (faux) pasteur et de son épouse. Celle-ci se rachètera en contribuant in extremis au sauvetage de l'enfant séquestré, mais Drayton est fort judicieusement décrit par son acolyte, le tueur à l'inquiétant visage émacié, comme « un loup déguisé en mouton », allusion possible à un personnage du roman de Daphné du Maurier, *L'Auberge de la Jamaïque*, le pasteur Francis Davey, qui, cerveau secret d'une bande de naufrageurs, révèle sa véritable identité dans une caricature où il s'est dépeint en loup devant sa congrégation de brebis[26].

FIG. 16 – *The Man Who Knew Too Much* (1956) : le faux pasteur et le tueur.

26 Dans l'adaptation du roman par Hitchcock (1939), ce pasteur satanique a été escamoté au profit de la star du film, Charles Laughton, qui incarne un aristocrate esthète et jouisseur, et aussi pour éviter les foudres de la censure. Est-ce céder au délire d'interprétation que d'imaginer qu'à une époque moins sourcilleuse sur la description des pasteurs, vrais ou faux, Hitchcock ait souhaité « ressusciter » le personnage de Francis Davey, l'étrange pasteur albinos de Du Maurier ?

FIG. 17 – *The Man Who Knew Too Much* (1956) : avant le coup de cymbales à l'Albert Hall.

L'autre et incontestable supériorité du remake me semble être celle de l'interprétation. James Stewart et Doris Day sont plus subtils et suscitent davantage l'empathie que Leslie Banks et Edna Best, et le jeune Hank McKenna, joué par Christopher Olsen, est plus convaincant que la Betty Lawrence de Nova Pilbeam, ici assez insignifiante en adolescente trop âgée pour le rôle, mais qui sera vive et charmante dans *Young and Innocent.* En revanche un des criminels tire son épingle du jeu, il s'agit bien sûr de Peter Lorre dans le rôle d'Abbott. L'interprète génial de *M le Maudit*, désormais souvent voué aux rôles de psychopathes, est présenté de façon grandiloquente dans la bande-annonce de 1934 : « Peter Lorre dans le rôle du Seigneur sinistre de toutes choses sinistres » ; « Le projet de meurtre le plus sinistre depuis l'assassinat [de l'archiduc François-Ferdinand à Sarajevo] qui déclencha la Guerre mondiale » ; un troisième carton annonce le titre The Man Who Knew Too Much sur fond d'une multitude d'yeux malveillants symbolisant les espions et préludant à un image comparable due à Salvador Dalí dans une séquence onirique de *La Maison du docteur Edwardes* (*Spellbound*, 1945)[27].

27 Cette bande-annonce figure dans le documentaire de Noël Simsolo *Alfred Hitchcock. Films de jeunesse 1924-1935*. Je traduis.

LES ESPIONS, VUS PAR SOMERSET MAUGHAM

Si les récits d'espionnage dominent la filmographie de Hitchcock de 1934 à 1938, ils offrent une grande variété de formules. Dans le quatuor produit par Michael Balcon pour la Gaumont British, à la famille innocente de *L'Homme qui en savait trop* et au gentleman contre-espion amateur des *Trente-Neuf Marches*, plongés malgré eux dans des intrigues internationales, succèdent *Quatre de l'espionnage* (*Secret Agent*, 1936), qui donne le point de vue des espions eux-mêmes (des espions anglais en l'occurrence), puis *Agent secret* (*Sabotage*, 1936), qui revient à une situation familiale néanmoins tout à fait distincte de la précédente. La confusion induite par la similitude du titre anglais *Secret Agent* et du titre français *Agent secret*, qui désignent des films différents, est regrettable mais irrémédiable. Comme l'a expliqué Ivor Montagu, le titre *Secret Agent* fut choisi car jugé plus vendeur qu'*Ashenden* (titre du recueil de Somerset Maugham dont le film adaptait assez librement deux nouvelles), mais lorsqu'immédiatement après la Gaumont British porta à l'écran le roman de Conrad *L'Agent secret*, il fallut bien en changer le titre, que conserva le distributeur français[28].

En même temps les divers films ont, inévitablement, certains points communs. C'est ainsi qu'on retrouve dans *Secret Agent* le décor des Alpes suisses qui avait servi de cadre au prologue de *L'Homme qui en savait trop* ainsi qu'un personnage d'espion interprété par Peter Lorre. Cette fois-ci le « Seigneur sinistre » est l'allié des « bons » espions anglais mais, abandonnant la relative retenue dont il avait fait preuve dans *The Man…*, il endosse avec enthousiasme le personnage du « Mexicain chauve », général autoproclamé, histrionique, coureur de jupons obsessionnel et tueur absolument dépourvu d'états d'âme. Personnage en l'occurrence fidèle à celui de Somerset Maugham, qui dans *Ashenden* s'est inspiré de son expérience personnelle d'auteur dont la notoriété internationale servit de couverture à ses activités d'espion de Sa Majesté pendant la Grande Guerre.

28 Montagu, *Film World*, *op. cit.*, p. 176.

FIG. 18 – *Secret Agent* : Ashenden (John Gielgud) à bonne distance.

FIG. 19 – *Secret Agent* : ce que voit Ashenden (Peter Lorre et Percy Marmont).

Venant juste après le chef-d'œuvre qu'est *Les Trente-Neuf Marches*, *Secret Agent* paraît aussi inventif mais beaucoup plus brouillon. L'image dessinée du générique, l'ouverture avec les bombardements qui s'abattent sur Londres autour de Saint-Paul, renvoient s'il en était besoin à la Grande Guerre. Le récit s'ouvre en 1916, avec les funérailles d'Edgar Brodie, écrivain célèbre ; il s'agit en fait d'un cercueil vide, étrangement manipulé par un officier qui a perdu le bras gauche. Richard Ashenden, avatar de Brodie (John Gielgud), est chargé par « R » (ancêtre de « M » dans la série des James Bond) d'une mission en Suisse, où il doit identifier et éliminer un agent allemand en tandem avec le prétendu général mexicain exécuteur des basses œuvres (Peter Lorre) ; de cette élimination dépend le sort de la guerre au Moyen-Orient. À son arrivée à l'hôtel Excelsior de Langenthal (canton de Berne, Haute-Argovie), Ashenden apprend qu'il est attendu par son « épouse » (Elsa = Madeleine Carroll, la Pamela des *39 Steps*), apprentie espionne elle-même activement courtisée par un suave Américain (Marvin = Robert Young). Ashenden et le général se rendent dans l'église du village, où l'organiste, agent double, est censé leur révéler l'identité de l'espion allemand qu'ils recherchent. Mais l'organiste, mort par étranglement (leitmotiv hitchcockien), est affalé sur son instrument, qui joue indéfiniment la même note. Ashenden et le général se réfugient dans le clocher (visuellement, la scène préfigure celle du moulin de *Foreign Correspondent*). L'indice d'un bouton de cuir arraché à son agresseur par l'organiste reparaît au casino (Kursaal), désignant comme principal suspect un Anglais typique, féru de randonnées alpines, Caypor (Percy Marmont, qui avait joué dans *Rich and Strange* et qu'on reverra dans *Young and Innocent*), dont la femme est d'origine allemande. La liquidation de Caypor est dûment organisée à l'occasion d'une randonnée, Ashenden se contentant d'observer de loin, à l'aide d'un télescope, le général qui pousse Caypor dans le vide. La longue scène alterne avec des vues d'Elsa et Marvin révisant leur allemand avec Mme Caypor et du petit chien de Caypor qui, télépathe, ne cesse de geindre et de vouloir s'échapper pour rejoindre son maître. « R », le patron des Anglais, leur apprend qu'ils ont éliminé le *wrong man* (autre leitmotiv hitchcockien, celui du faux coupable). Grâce au général, qui comme l'écrivent Chabrol et Rohmer « courtise tous les jupons qui le frôlent[29] », et qui a une liaison avec une jeune ouvrière, Lilli (Lilli Palmer), ils apprennent que la chocolaterie du village (n'oublions pas que nous sommes en Suisse !) est aussi utilisée comme « bureau de poste » par les espions allemands. La jeune femme et son fiancé, Carl, sont prêts, pour de l'argent (qui leur permettra de se marier : le sordide affleure dans la comédie), à aider les espions anglais. Ce qui est fait, toujours grâce au général, qui place un message sur la chaîne de montage du chocolat et identifie ainsi Marvin comme celui qui pense en être le destinataire.

29 Rohmer et Chabrol, *Hitchcock*, *op. cit.*, p. 51.

Ces scènes introduisent une sorte de trouble général. Mécanique et implacable, la chaîne de montage apparaît comme l'envers du décor pittoresque, clairement assumé par Hitchcock[30], d'une Suisse de cartes postales, danses folkloriques et clochers pointus, et révèle sous l'apparente neutralité helvétique une singulière sympathie pour l'Allemagne – qu'il s'agisse de celle impériale de la Grande Guerre, mais aussi, peut-être, de celle hitlérienne de 1936. Comme Charles Barr, je ne peux m'empêcher de penser ici au *Rideau déchiré* (1966), tardif récit d'espionnage dont l'action est située en RDA[31]. Mais les démocraties anglo-saxonnes, Grande-Bretagne ou États-Unis, n'échappent pas à la critique, car elles recourent elles-mêmes à des procédés que la morale réprouve, y compris en les sous-traitant à des Mexicains fous. Subliminal, le message est intemporel, prophétique, contemporain. Tandis que plusieurs scènes montrent Marvin qui feint de courtiser Elsa dans le cadre conventionnellement romantique d'un lac, c'est sur un arrière-plan éthique torturé que naît l'amour réciproque entre Ashenden et Elsa. Ces ombres et ces ambiguïtés étaient tout à fait absentes de la conclusion des *Trente-Neuf Marches*.

Le finale commence précisément avec les introspections morales tardives d'Ashenden et d'Elsa (au début du film, celle-ci évoquait le frisson de l'aventure comme motivation de son engagement), qui s'avouent qu'ils sont tombés amoureux l'un de l'autre et décident de démissionner. Mais l'identification de Marvin engage Ashenden à essayer de l'éliminer pour sauver de nombreuses vies (sans compter que le sort de la guerre, qui se joue au Moyen-Orient, est toujours en balance), tandis qu'Elsa, qui ne sait pas que Marvin est l'espion allemand recherché, se laisse convaincre de partir avec lui, si bien que « R » pense qu'elle est la meilleure de leurs agents. Les quatre – Ashenden et le général, Elsa et Marvin – se retrouvent dans un train à destination de Constantinople (la Turquie est l'alliée des Empires centraux), qui est mitraillé (par les avions anglais envoyés par « R ») et immobilisé. Le décor du train, qui a dynamisé *Les Trente-Neuf Marches* et qui reparaîtra longuement dans *Une femme disparaît*, est ici utilisé dans une scène-catastrophe à la Cecil B. DeMille. Elsa veut s'opposer à la mise à mort de Marvin. Il semble qu'Ashenden essaie d'étrangler Marvin, mais ne s'y résolve pas. Marvin meurt à cause du déraillement du train plutôt que par l'action d'un des

30 Truffaut, *Le Cinéma selon Hitchcock*, *op. cit.*, p. 76.
31 Barr, *English Hitchcock*, *op. cit.*, p. 163.

protagonistes. Mortellement blessé, il n'en réussit pas moins à tuer le général[32]. Vainqueur des Turcs, Allenby entre à Jérusalem. Ashenden et Elsa vont devenir mari et femme « pour de vrai ».

L'intérêt tient évidemment au dilemme moral du couple, à leurs interrogations, ailleurs habituellement éludées, sur le bien-fondé de leurs agissements. La raideur souvent reprochée aux principaux interprètes, John Gielgud et Madeleine Carroll, peut se comprendre comme l'expression de leur rigueur morale, ou plus exactement du conflit entre celle-ci et les actions qu'ils sont amenés à commettre, par action ou par omission. Hitchcock avait convaincu Gielgud, grand acteur de théâtre dans la tradition shakespearienne (on se souvient, à la fin de sa carrière, de *Providence* de Resnais ou de *Prospero's Books* de Greenaway), d'endosser le rôle d'Ashenden en lui disant qu'il s'agissait d'un « Hamlet moderne ». Mais même s'il est nettement plus jeune que le personnage de Somerset Maugham, Gielgud n'a ici ni l'allure chevaleresque et insouciante de Hannay, ni la profondeur tragique et métaphysique de Hamlet ; incapable de tuer, laissant le Mexicain chauve accomplir les basses besognes, il a les mains propres, mais un peu à la manière de Ponce Pilate.

En ce sens on peut considérer avec Maurice Yacowar que Hitchcock et Bennett sont fidèles à l'esprit sinon à la lettre de Maugham, comme ils l'avaient été à l'esprit bien différent de Buchan[33]. *Secret Agent* amalgame deux nouvelles d'*Ashenden* : il reprend le personnage, la chute et l'ironie grinçante du « Mexicain chauve », dans laquelle le tueur apprend que la cible qu'il a cru identifier et qu'il a éliminée est celle d'un inconnu tout à fait étranger à l'affaire, et les applique au « Traître », désignation qui renvoie à Caypor. Chez Maugham, Caypor, Anglais typique et sympathique, mais marié à une Allemande fanatique, est effectivement un « traître » à sa patrie, un agent allemand qui, tombant dans le piège soigneusement préparé par Ashenden, prend le risque de retourner en Angleterre, où il sera liquidé. Dans le film de Hitchcock, l'innocence de Caypor et de sa femme, le contraste avec le Mexicain, l'implication « à

32 Cette fois-ci le script avant tournage avait été soumis à la censure hollywoodienne, qui exigea qu'il soit clairement montré qu'Ashenden et Elsa ne partagent pas la même chambre d'hôtel ; que la Suisse ne soit pas décrite de manière offensante ; et que le Mexicain, tueur sans scrupules, soit lui-même tué à la fin, alors que dans le script c'est lui qui tuait Marvin avec une satisfaction sadique (Billheimer, *Hitchcock and the Censors*, *op. cit.*, p. 47-49).

33 Yacowar, *Hitchcock's British Films*, *op. cit.*, p. 161-163.

distance visuelle » d'Ashenden dans l'assassinat de Caypor, l'invention du personnage d'Elsa, tous ces éléments contribuent à retoucher le personnage d'Ashenden en soulignant, au-delà du débat habituel sur la fin et les moyens qu'on trouve chez Maugham, la déchirure irrémédiable inhérente à sa mauvaise conscience.

Les réactions à *Secret Agent* se partagent entre l'enthousiasme et l'éreintement. Dans *The New Republic* du 24 juin 1936, le critique américain Otis Ferguson, qui n'hésite pas à qualifier Hitchcock de « génie », loue particulièrement et longuement l'interprétation de Peter Lorre, son « portrait de l'assassin en artiste », à la fois « satyre, humoriste et serpent venimeux », ainsi que la scène de l'église et le montage alterné de l'élimination de Caypor[34]. Très élogieux, Chabrol et Rohmer s'attachent surtout au personnage de Marvin (Robert Young), « d'autant plus dangereux qu'il est plus sympathique » et à la prise de conscience d'Ashenden et Elsa, à propos de laquelle ils remarquent à juste titre qu'elle va de pair avec le besoin qu'ils éprouvent de l'estime de l'autre, donc de l'engagement amoureux. En revanche ils me semblent sévères pour Carroll et surtout Gielgud, qu'ils jugent « compassés », et vraiment paradoxaux dans leur conclusion que le film, qu'ils s'obstinent à appeler *The Secret Agent*, « est un peu moins satisfaisant que *Les 39 Marches* », ce qui est une litote[35].

À l'inverse Graham Greene soumet *Secret Agent* à une critique en règle. S'il reconnaît que Hitchcock a du talent, il déplore les « absurdités » du scénario, le manque de « sens du réel » du cinéaste, le gâchis de l'« immense talent » de Peter Lorre. Il regrette que Hitchcock, « habile metteur en scène », soit autorisé à produire et même à écrire ses films, car en tant que producteur il n'a pas de sens de la continuité et en tant que scénariste il n'a pas de sens du réel ; le film est constitué d'une série de vignettes mélodramatiques non motivées, qui ne veulent rien dire et ne mènent nulle part. Il conclut que dans *Secret Agent* il ne reste rien de l'esprit et du réalisme d'*Ashenden* (*The Spectator*, 15 mai 1936)[36].

Les critiques de Greene sont excessives mais partiellement fondées. Hitchcock se départira rarement de sa tendance à privilégier les scènes visuellement spectaculaires, pas toujours justifiées par le scénario (ce

34 Repris dans Kaufmann et Henstell, *American Film Criticism*, *op. cit.*, p. 341-343.
35 Rohmer et Chabrol, *Hitchcock*, *op. cit.*, p. 51-52.
36 Repris dans Greene, *The Pleasure-Dome*, *op. cit.*, p. 74-75.

qu'on peut considérer comme véniel) et parfois susceptibles de distraire de l'argument principal. On peut s'amuser à imaginer ce que Greene aurait pensé du finale prévu par Hitchcock et Ivor Montagu, coproducteur du film. Impressionnés par le « changement dialectique du noir et blanc à la couleur » dans la séquence du mariage de la vache et du taureau, dans *La Ligne générale* d'Eisenstein (1929), Hitchcock et Montagu décident d'introduire un identique « saut qualitatif » dans la séquence du train qui fonce vers Constantinople. Lorsque le train où se trouvent les « quatre de l'espionnage », mitraillé par les avions anglais, déraille et prend feu, annonçant le massacre final, ce passage à la couleur aurait rendu l'accident plus spectaculaire et, préfigurant la 3D à laquelle Hitchcock recourra dans *Le crime était presque parfait* (1953), eu pour effet de « projeter l'incendie au sein même du public ». Effet obtenu avec l'aide du cinéaste d'avant-garde Len Lye, qui peignit à la main, sur la pellicule, des flammes écarlates et jaunes, mais qui suscita la fureur du projectionniste et l'abandon de la scène « quelques minutes avant la projection pour les professionnels[37] ».

LES ESPIONS, VUS PAR JOSEPH CONRAD

Passant en revue les divers films d'espionnage qu'il a réalisés dans les années trente, Hitchcock a exclu *Sabotage* (*Agent secret*, 1936) de cette catégorie, déclarant qu'il s'agissait d'un pur et simple « thriller criminel[38] ». La déclaration peut surprendre : comme l'indique le titre du roman-source de Conrad, Verloc est bien un agent provocateur, stipendié par une puissance étrangère non nommée, mais qu'il est plausible, dans le contexte de l'époque, d'identifier comme l'Allemagne. Verloc reçoit ses instructions d'un agent raide et à monocle, qui parle anglais sans accent (mais nous savons que, chez Hitchcock comme chez Buchan, Conrad et Fritz Lang, les espions ont une capacité de mimétisme qui leur permet souvent de paraître plus anglais que nature). Au début

37 Montagu, *Film World*, *op. cit.*, p. 124.
38 Hitchcock, « My Spies », *Film Weekly*, 30 mai 1936, p. 27, repris dans Gottlieb, *Hitchcock on Hitchcock*, *op. cit.*, p. 23.

du film, une séquence de montage relate un premier acte de sabotage. Hitchcock montre l'effet avant la cause : Westminster, Trafalgar Square, Piccadilly Circus sont privés de courant, avant qu'on voie la monumentale centrale électrique de Battersea, lieu du sabotage, puis que Verloc en soit clairement identifié comme l'auteur. Plus tard, dans une scène plus feutrée et plus inquiétante, située au zoo de Londres, devant l'aquarium des tortues de mer, Verloc se fait rappeler à l'ordre, l'effet de son sabotage ayant été jugé dérisoire, et il est mis en demeure de commettre un attentat vraisemblablement sanglant, en tout cas spectaculaire et susceptible de frapper de terreur, puisqu'il doit avoir lieu un samedi après-midi à Piccadilly Circus, en plein centre de Londres, et pendant le défilé du lord-maire (Verloc en a une vision prémonitoire subjective, dans laquelle Piccadilly Circus paraît se liquéfier)[39]. Ce second attentat fait l'objet d'une longue séquence de suspense, Verloc ayant joint le paquet contenant la bombe aux bobines d'un film qu'il a confiées au jeune frère de son épouse, le paquet et les bobines devant être déposés respectivement à la consigne de Piccadilly Circus et au cinéma Canterbury avant une certaine heure ; mais le jeune adolescent, inconscient du danger, ne cesse d'être retardé par la foule nombreuse et par les diverses attractions qu'il rencontre sur le trajet du défilé.

En même temps on croit comprendre ce que veut dire Hitchcock : la question des actes de sabotage, de leur motivation et de leur finalité, ne serait pas au cœur du film ; elle constituerait un cadre narratif approprié à la mécanique du suspense, une sorte de MacGuffin général qui permettrait au cinéaste et au spectateur de s'attacher avant tout à la description d'une cellule familiale atypique et des rapports qui unissent

---

39 Dans le roman-source, la scène équivalente a lieu à l'ambassade, non nommée mais clairement identifiable, de Russie. On peut imaginer que le choix du zoo de Londres et de l'aquarium ait été suggéré par le passage du roman dans lequel l'ambitieux préfet de police compare la rue londonienne à un aquarium vaseux et phosphorescent, vidé de son eau, où l'on aperçoit des poissons exotiques – *L'Agent secret*, in *Les Romans qui ont inspiré Hitchcock*, 1, Librairie des Champs-Élysées, 1994, p. 852-853 ; v. aussi p. 910. Ce n'est bien sûr qu'une hypothèse. Mais le substrat « naturaliste » est commun à Conrad et Hitchcock : sous leur apparence humaine, espions et contre-espions sont aussi bizarres, voire monstrueux, que les créatures qu'on voit dans les zoos. Dans *La Dame de Shanghai* Orson Welles reprendra et développera la « séquence de l'aquarium » de *Sabotage*, avec poulpe, poissons divers, tortue marine et baiser d'Orson Welles et Rita Hayworth interrompu par l'irruption très hitchcockienne d'un groupe scolaire de petits voyeurs. Dans l'épisode *The Six Thatchers* (2017) de la série de la BBC *Sherlock*, une séquence située dans un (autre) aquarium londonien renvoie clairement à celle de *Sabotage*.

Verloc (Oscar Homolka), sa jeune épouse Winnie (Sylvia Sidney) et le frère de celle-ci. Atypiques, les Verloc le sont doublement, parce qu'ils ne sont pas anglais (le mari, Karl Anton, vient, comme son interprète, de Vienne ou d'ailleurs en Europe centrale, tandis que sa femme est, comme son interprète, américaine) et parce que le jeune Stevie n'est pas leur fils. En outre il semble assez clair que Verloc est plutôt pour sa femme une figure paternelle et protectrice, qu'elle a épousée moins par amour que « pour donner un foyer à son frère » ; contrairement au spectateur et à Scotland Yard, dont les soupçons se portent d'emblée sur Verloc, elle ne sait rien de ses activités illicites. Lui-même, sous les traits puissamment expressifs de Homolka, est un personnage d'apparence rude mais relativement complexe, aussi éloigné des scrupules d'Ashenden que de l'hystérie du général mexicain. Être parfaitement rationnel, mais à la sensibilité déficiente, il souhaite protéger ses proches des conséquences de ses actes, mais se résout à les accomplir ou à les faire accomplir, et ne manifeste ensuite ni remords ni émotion. Ayant clairement indiqué à Stevie la nécessité de déposer le colis piégé avant une certaine heure, il ne se sent nullement responsable de la mort de l'enfant, et sa rationalité l'aveugle à la monstruosité de sa réaction, qui consiste à se préoccuper avant tout de son dîner et à ne pas comprendre que sa femme ne « tourne pas la page » alors qu'il envisage d'avoir avec elle « un enfant qui soit à nous ». Monstruosité qui justifie que sa femme le tue d'un coup de couteau, dans une scène célèbre qui recourt essentiellement au montage, avec une succession de gros plans sur les ustensiles de cuisine (le couteau épluchant les pommes de terre, une fourchette chargée de chou), sur les mains de Sidney et sur les visages de Sidney et de Homolka. Selon le témoignage d'Ivor Montagu, coproducteur du film, Sylvia Sidney, au milieu de ce qui devait être sa « grande scène », éclata en larmes, se plaignant de ce que Hitchcock ne lui avait donné aucune réplique et semblait s'attacher à ne filmer que des détails insignifiants, avant de voir la séquence montée et d'en admirer l'efficacité, concluant que « M. Hitchcock est merveilleux, il faut en informer Hollywood[40] ». La force de la séquence vient bien sûr de ce que cette manipulation de l'actrice par le montage, cette suppression de son libre arbitre, exprime aussi, en l'occurrence, le caractère non délibéré du geste fatal qu'elle accomplit, un geste accompli par une sorte de réflexe, certes cumulatif,

40 Montagu, *Film World*, *op. cit.*, p. 120.

effet du crescendo, mais qui n'en laisse pas moins sa victime incrédule, voire consentante, si l'on en croit Rohmer et Chabrol[41].

FIG. 20 – *Sabotage* : Sylvia Sidney.

FIG. 21 – *Sabotage* : les mains de Sylvia Sidney.

41 Rohmer et Chabrol, *Hitchcock*, *op. cit.*, p. 54. – Hitchcock s'est longuement expliqué sur cette séquence, exemple de langage purement cinématographique qui découpe la scène jouée par les acteurs en fragments avant de la remonter pour en faire une forme visuelle expressive (*an expressive visual pattern*) qui vise à préserver au personnage de Sylvia Sidney la sympathie du spectateur et à montrer que « la mort de Verloc, en dernière analyse, est un accident » – « Direction », texte qui ouvre Charles Davy (ed.), *Footnotes to The Film*, Lovat Dickson, Londres, 1937, p. 7-8, repris dans Gottlieb, *Hitchcock on Hitchcock.*, *op. cit.*, p. 256-257. Voir aussi « Director's Problems », *The Listener*, 2 février 1938, repris dans Gottlieb, p. 186-187 ; Truffaut, *Le Cinéma selon Hitchcock*, *op. cit.*, p. 79-82, avec une double page de photogrammes.

FIG. 22 – *Sabotage* : Oscar Homolka.

Comme dans *The Lodger* et *Les Trente-Neuf Marches*, et à la différence de ce qu'il avait fait dans *Quatre de l'espionnage*, Hitchcock a choisi de moderniser le récit de Conrad, ce qui induit plusieurs variations par rapport au roman-source[42]. La plus évidente est l'invention du cinéma Bijou, épicentre de l'action, façade cachant et protégeant les activités clandestines de l'espion, salle de spectacle qui constitue un sas entre l'extérieur et le domicile de Verloc, sans cesse emprunté par les membres de la famille, ceux du réseau, le détective qui file (fort maladroitement) Verloc et courtise Winnie. Mais aussi lieu d'une étonnante mise en abyme, la projection d'un dessin animé de Walt Disney, « Who Killed Cock Robin ? », qui fait prendre conscience à Winnie que son mari a tué Stevie aussi sûrement que la flèche du corbeau a transpercé le rouge-gorge.

La modernisation de l'action permet aussi à Hitchcock de peindre un portrait de Londres qui, tout en sacrifiant au pittoresque des lieux touristiques, semble pris sur le vif et presque documentaire (le défilé en l'honneur du lord-maire, avec celui-ci dans son carrosse) même si, à son habitude, Hitchcock brouille les pistes, mêlant extérieurs, transparences et tournage en studio, lieux réels et fictifs. C'est ainsi que le décor du

42 Le roman de Conrad avait fait l'objet d'une adaptation théâtrale, par l'auteur lui-même, en 1922, mais les avis diffèrent sur son éventuel impact sur le film de Hitchcock. Spoto pense que cette production avait tellement frappé Hitchcock qu'elle explique son projet d'en faire un film (*The Life of Alfred Hitchcock*, *op. cit.*, p. 62), tandis que Barr note sobrement qu'il ne décèle aucune influence de la pièce, qui n'eut qu'un succès limité, sur le film (*English Hitchcock*, *op. cit.*, p. 237).

Bijou et des rues avoisinantes fut construit en grandeur réelle dans les studios de la Gaumont-British ; bien visible, l'indication apparemment précise de PLOUTHORP RD, SE5, sur le papier à lettres du Bijou, renvoie au quartier de Camberwell, sur la rive sud de la Tamise, mais l'adresse est inventée[43].

Plus profondément, la modernisation estompe l'arrière-plan idéologique de Conrad, celui de la fin du XIXe siècle, avec un mouvement anarchiste puissant et divers, dont certains représentants ne craignent pas de recourir au terrorisme (la « propagande par le fait »), mais qui bénéficie du soutien de nombreux intellectuels, et dont la figure fondatrice, Bakounine, est étroitement liée au combat contre le tsarisme, pour l'émancipation de la Pologne et l'union des peuples slaves ; en d'autres termes, une idéologie avec laquelle Conrad, avec sa « nature ultra-slave », avoue une certaine affinité, même si son « pessimisme d'aristocrate » le retient d'y adhérer :

> L'homme est un animal méchant. Sa méchanceté doit être organisée. Le crime est une condition nécessaire de l'existence organisée. La Société est essentiellement criminelle ou elle n'existerait pas. [...] Voilà pourquoi je respecte les extrêmes anarchistes : « Je souhaite l'extermination générale. » Très bien : c'est juste et qui plus est, c'est clair[44].

Procéder à une comparaison systématique du film avec le roman de Conrad n'aurait guère de sens, tant il est évident que du roman, Hitchcock n'a retenu que quelques éléments structurels et essentiels, les trois personnages de la cellule familiale, la mort « accidentelle » de Stevie et le meurtre de Verloc par sa femme, éliminant tout l'arrière-plan et la réflexion politiques, inventant une improbable idylle entre Winnie et l'inspecteur de police. Ce qui frappe chez Conrad est la noirceur presque universelle de l'atmosphère, des personnages, de leurs motivations, une noirceur superbement traduite par une écriture elle-même épaisse sinon

43 Comme le note Steven Jacobs, *The Wrong House : The Architecture of Alfred Hitchcock*, nai010 publishers, Rotterdam, 2015, p. 86. Dans sa critique du *Spectator*, Graham Greene situe le Bijou dans l'East End, sans doute à cause de son caractère décati (*The Pleasure-Dome*, *op. cit.*, p. 123), tandis que Billheimer, le confondant avec le magasin du Professeur, le place à Islington (*Hitchcock and the Censors*, *op. cit.*, p. 49).

44 Extrait d'une lettre (en français) à Cunningham Graham, citée par Jean-Jacques Mayoux, *Vivants Piliers. Le Roman anglo-saxon et les symboles*, Les Lettres nouvelles, Julliard, 1960, p. 143.

opaque, poisseuse et répétitive. Dans un décor londonien nocturne, brumeux et suintant, les anarchistes apparaissent dans leur variété, idéalistes inefficaces, profiteurs ou fanatiques, mais les personnages qui fréquentent les clubs et les salons, diplomates, hauts fonctionnaires ou politiciens, ne sont pas au service de plus nobles causes et ne sont pas traités avec plus d'indulgence. Ancien meneur ouvrier devenu informateur et agent provocateur au service de la Russie, le Verloc de Conrad fait écho, par le nom et la carrière, au personnage historique de Vidocq, le bagnard qui devint policier. Son patron russe lui enjoint de commettre un attentat spectaculaire qui, attribué aux anarchistes, les discréditera et convaincra l'Angleterre de Victoria de cesser de leur accorder l'asile politique. Comme l'observe Charles Barr, les motivations du Verloc de Hitchcock demeurent beaucoup plus nébuleuses[45]. Hitchcock a édulcoré certains aspects de Conrad, qu'il s'agisse du personnage de Stevie, qui est un handicapé mental, de l'évocation insistante de la « bouillie » à laquelle la bombe a réduit son corps, ou de la fin du récit : après la mort de Verloc, Winnie, éperdue, suicidaire, est « consolée » par l'anarchiste Ossipon, mais celui-ci, comprenant que c'est elle qui a tué Verloc et disciple de Lombroso, en conclut qu'à l'instar de son jeune frère, elle n'est qu'une « dégénérée » ; lui faisant croire qu'il va fuir en France avec elle, il la déleste de son argent et l'abandonne ; elle se suicide en se jetant du bateau qui la conduisait en France. Il reste néanmoins des traces éparses de l'original dans l'adaptation de Hitchcock : le rôle du « Professeur », fabricant de bombes qui, dans le film, regrette de « ne plus être en première ligne » et de devoir se contenter de fournir des munitions à ceux qui le sont, comme s'il était le survivant d'une génération anarchiste passée de mode et désormais manipulée par l'Allemagne nazie plutôt que par la Russie tsariste ; la dévotion aveugle, filiale, de Stevie pour Verloc ; et surtout sans doute le leitmotiv du *carving knife*, du couteau à viande qui ne cesse d'être mentionné au fil des longues pages dans lesquelles Conrad fait monter la tension – le *suspense* – jusqu'à ce que Winnie passe à l'acte.

Grâce à ses scènes de suspense, en particulier celle du meurtre de Verloc, ainsi qu'à la qualité de ses interprètes et à sa construction symétrique (à la séance de cinéma interrompue par le sabotage initial fait écho celle qu'interrompt l'explosion de la seconde bombe, qui efface toute trace du

45 Barr, *English Hitchcock*, *op. cit.*, p. 170.

meurtre, « innocentant » Winnie, et permet une – très relative – happy end), *Sabotage* demeure un des films anglais de Hitchcock les plus connus et appréciés. Des deux côtés de l'Atlantique, la critique est élogieuse, voire enthousiaste. Dans *The Nation* du 13 mars 1937, Mark Van Doren juge que Hitchcock lui « semble prouver à nouveau qu'il est le meilleur cinéaste actuellement en activité » ; il a « raconté son histoire avec la caméra », et « une analyse du film révèlerait non seulement qu'il est plein de détails excellents, mais qu'il est entièrement constitué de tels détails » ; on a l'impression qu'un maître a décidé de nous montrer sa virtuosité, et pourtant l'effet final n'est pas celui d'une virtuosité [gratuite][46] ».

Graham Greene lui-même, tout en rappelant ses réserves passées sur Hitchcock producteur et scénariste, estime que *Sabotage* est une réussite, peut-être, précise-t-il méchamment, parce que le réalisateur a laissé à d'autres le soin d'écrire le scénario (alors que Hitchcock a certainement mis la main au scénario de Charles Bennett, alors son collaborateur habituel). Si le film ne restitue pas l'atmosphère à la fois passionnée et misérabiliste de Conrad, il garde quelque chose de son caractère impitoyable. Greene loue particulièrement la scène de la projection de « Who Killed Cock Robin ? » et bien entendu celle du meurtre de Verloc, juge les dialogues « admirables » et l'interprétation de qualité, à deux exceptions près : dans le rôle du détective qui tombe amoureux de Winnie, John Loder ne lui paraît pas convaincant, et il trouve insupportable l'accent anglais de Desmond Tester, l'interprète de Stevie, qui est censé être américain[47].

Curieusement, dans ce concert d'éloges, l'avis de Chabrol et Rohmer détonne. À leurs yeux, « *Sabotage* est le film d'Hitchcock que préfèrent ceux qui n'aiment pas Hitchcock », c'est une œuvre que le cinéaste aurait réalisée pour qu'elle réponde « à l'idée que l'on se faisait de lui », un film « académique, froid et truqué », même la « scène fort admirée » du meurtre de Verloc « [utilisant] en fait une suite de trucs tape à l'œil, fort éloignés des trouvailles originales et puissantes » des films précédents[48].

On aura compris que je ne partage nullement cette opinion. La seule véritable réserve qu'on peut faire à *Sabotage* est en effet la faiblesse de

46 Repris dans Kaufmann et Henstell, *American Film Criticism*, *op. cit.*, p. 356. Je traduis.
47 *The Spectator*, 11 décembre 1936, repris dans Greene, *The Pleasure-Dome*, *op. cit.*, p. 122-123. Barr fait la même remarque à propos de l'accent de Stevie (*English Hitchcock*, *op. cit.*, p. 171).
48 Rohmer et Chabrol, *Hitchcock*, *op. cit.*, p. 52-55.

John Loder dans le rôle du détective Ted Spenser. Beau garçon mais acteur médiocre, il remplaça au pied levé Robert Donat (Hannay dans *Les Trente-Neuf Marches*) pour qui le rôle était prévu et qui était tombé gravement malade. Loder déséquilibre complètement le film en faveur de Sylvia Sidney et de Homolka, même si Truffaut va trop loin en suggérant que la sympathie du spectateur va plutôt à Verloc qu'au policier[49]. La présence de Sylvia Sidney, actrice hollywoodienne, mérite en revanche qu'on s'y arrête. Comme l'attention prêtée aux recommandations et aux injonctions des censeurs hollywoodiens, elle témoigne de la dépendance du cinéma anglais au marché américain. Déjà, dans *Secret Agent*, l'un des « quatre de l'espionnage », le véritable espion allemand, était incarné par l'acteur américain Robert Young, et le scénariste américain Jesse Lasky, Jr, avait été engagé pour veiller à l'authenticité des dialogues du personnage. La présence de ces acteurs américains désigne aussi l'une des raisons probables de l'exil hollywoodien de Hitchcock : le sentiment que ceux-ci étaient non seulement susceptibles d'attirer le public, américain et anglais, mais dans certains cas étaient des interprètes plus nuancés, plus subtils que ceux dont Hitchcock disposait en Angleterre[50].

LA DÉNONCIATION DE L'*APPEASEMENT* ET DE MUNICH

Une femme disparaît (*The Lady Vanishes*, 1938) est dans l'œuvre anglaise un des films les plus connus et les plus aimés par la critique et par le public. Rothman le qualifie de « thriller classique des années trente » à l'instar des *Trente-Neuf Marches* ; pour Spoto, c'est le film anglais le plus célèbre de Hitchcock ; pour Yacowar, le sommet de la période britannique[51]. Déjà Rohmer et Chabrol y voyaient « très exactement la somme de la série Gaumont-British », un « excellent film anglais, un

49 Truffaut, *Le Cinéma selon Hitchcock*, *op. cit.*, p. 78-79.

50 Pour Gérard Legrand, pendant la période anglaise « l'ingéniosité constante des procédés » dont fait preuve Hitchcock se heurte « à la médiocrité radicale de la plupart des interprètes, surtout masculins » (« Petit diptyque pour "Sir Alfred" », *op. cit.*, p. 8). Jugement excessif et injuste, mais partiellement fondé.

51 Rothman, *The Murderous Gaze*, *op. cit.*, p. 7 ; Spoto, *The Life of Alfred Hitchcock*, *op. cit.*, p. 172 ; Yacowar, *Hitchcock's British Films*, *op. cit.*, p. 184.

excellent film d'Hitchcock[52] ». Lors de la sortie du film aux États-Unis, le critique de cinéma (et futur scénariste de John Ford) Frank S. Nugent avait salué avec enthousiasme « le dernier-né des films d'action classiques [*melodramatic classics*] réalisés par le plus grand cinéaste anglais » et noté avec perspicacité que « s'il ne s'agissait pas d'un film d'action [*melodrama*] aussi brillant, on pourrait le définir comme une brillante comédie[53] ». Seule note discordante, celle du critique anglais J. Danvers Williams, qui interviewe Hitchcock à la même époque. S'il apprécie la qualité d'*Une femme disparaît* en tant que divertissement, il regrette que le récit d'espionnage tende à devenir une formule mécanique et que Hitchcock n'applique pas son talent et son expérience à des sujets plus sérieux (ce qui prouve que le – très sérieux – « message » idéologique du film lui a échappé). Il est rassuré d'apprendre de Hitchcock qu'il n'a pas l'intention de réaliser un nouveau film d'espionnage « avant très longtemps[54] ».

Si *Sabotage* était la transposition d'un roman signé d'un nom prestigieux, *The Lady Vanishes* est l'adaptation d'un roman qu'on peut considérer comme plaisant mais assez insignifiant, *The Wheel Spins* d'Ethel Lina White[55]. Pour l'essentiel, le récit est relaté du point de vue de l'héroïne, Iris, une jeune Anglaise plutôt frivole et superficielle, en villégiature dans un cadre de montagnes alpestres, dans un pays non nommé, à quelques heures de train de Trieste. C'est justement dans le train de Trieste, première étape obligée du retour en Angleterre, qu'Iris fait la connaissance de Miss Froy, demoiselle d'une cinquantaine d'années, qui a gardé quelque chose d'enfantin et avec laquelle elle sympathise. Miss Froy disparaît mystérieusement et lorsqu'Iris s'en inquiète auprès des autres passagers, ceux-ci nient l'avoir vue, puis prétendent qu'Iris l'a

---

52 Rohmer et Chabrol, *Hitchcock*, *op. cit.*, p. 59.

53 *The New York Times*, 26 décembre 1938, repris dans Kaufmann et Henstell, *American Film Criticism*, *op. cit.*, p. 364-365. Je rappelle qu'à l'époque *melodrama* désigne souvent non ce que nous appelons mélodrame [*romantic drama*], mais des films d'action dont l'intrigue comporte de nombreux rebondissements, notamment des films d'espionnage ou de gangsters (par exemple *Manhattan Melodrama* [*L'Ennemi public n° 1*] de W. S. Van Dyke, 1934). Pendant les années 1930 et 1940, la critique, qu'elle soit anglaise ou américaine, désigne habituellement les films de Hitchcock comme des *melodramas*.

54 « The Censor Wouldn't Pass It », *Film Weekly*, 5 novembre 1938, p. 5-6, repris dans Gottlieb, *Hitchcock on Hitchcock*, *op. cit.*, p. 196-201. Dans l'entretien, Hitchcock affirme qu'il a toujours souhaité réaliser des films ayant un contenu de description sociale mais que « la censure [anglaise] ne le permettant pas », il a été contraint de se rabattre sur la fiction. Il reviendra au film d'espionnage dès *Foreign Correspondent* (1940).

55 Roman publié sous le titre du film dans *Les Romans qui ont inspiré Hitchcock*, 1, *op. cit.*

confondue avec une Mlle Kummer, habillée comme l'était Miss Froy mais qui ne lui ressemble nullement. Iris a l'intuition d'une conspiration ourdie par une imposante baronne et par un médecin qui accompagne un patient défiguré couvert de bandages, mais, personne ne prêtant crédit à son récit, elle finit presque par se laisser convaincre qu'elle a été victime d'une hallucination provoquée par une insolation. Un indice incontestable (le nom de Miss Froy écrit sur une vitre embuée) lui ouvre les yeux et lui fait comprendre que Miss Froy a bien été kidnappée et que c'est elle qui sous les bandages est prisonnière du médecin, qui a l'intention de la tuer une fois qu'ils seront à Trieste ; avec l'aide d'un jeune Anglais présent dans le train, Max Hare, Iris déjoue le complot.

Dès la parution du roman en 1936, Edward Black, patron de la Gainsborough, décida de le porter à l'écran. Frank Launder et Sidney Gilliat écrivirent le scénario et la réalisation fut assignée à Roy William Neill, un cinéaste américain d'origine irlandaise, alors actif en Angleterre. Mais le projet prit du retard, notamment en raison de l'expulsion de Yougoslavie de l'équipe qui y tournait des extérieurs, avant d'être abandonné. C'est alors seulement que Hitchcock le récupéra, séduit par un scénario auquel il apporta peu de retouches (il modifia l'ouverture et étoffa la dernière partie, riche en rebondissements) et tournant le film en un temps record. Le cinéaste n'est donc pas, *stricto sensu*, à l'origine du « plus célèbre des films anglais de Hitchcock ». Du roman, on voit bien ce que Launder, Gilliat et Hitchcock ont conservé : la trame du complot, de l'enlèvement et de la substitution de Mme Kummer à Miss Froy, le décor du train. Éléments essentiels certes, mais profondément transformés par de très nombreux ajouts et modulations. Élagué des scènes qui montraient un autre point de vue que celui d'Iris (celui des vieux parents de Miss Froy, qui comptent les heures avant son retour, celui de Miss Froy elle-même, enfouie sous ses bandages), le roman est aussi considérablement étoffé, qu'il s'agisse de son prologue (dès lequel le spectateur découvre les personnages de Miss Froy et de Gilbert, lui-même étoffement de Max Hare) ou des scènes d'action de la dernière partie (le wagon détaché du train et son attaque par les nervis en uniforme du pays non identifié). Il en va de même des rôles secondaires, parmi les passagers du train : plusieurs sont supprimés, le couple illégitime des Todhunter est conservé, le père de famille est étoffé en magicien italien, les deux sœurs Flood-Porter, fades et snobs, deviennent le duo Charters et Caldicott (Basil Radford et Naunton Wayne), Anglais de caricature qui ne s'intéressent qu'aux matches de cricket et création mémorable qui reparaîtra dans d'autres films, notamment *Train de nuit pour Munich* de Carol Reed (*Night Train to Munich*, 1940).

Toutes ces inventions ne sont pas heureuses (le long prologue situé dans l'hôtel me paraît constituer globalement un pastiche plutôt laborieux de Lubitsch) mais leur combinaison a deux conséquences importantes. D'une part, sans que ce soit forcément à l'initiative de Hitchcock lui-même[56], elles rapprochent le récit d'un « modèle » hitchcockien, qui est une fois de plus celui de *The 39 Steps* : mélange parfaitement dosé d'action et de comédie, hostilité initiale entre le héros et l'héroïne qui se transforme en coopération et en engagement amoureux, décor du train, sans oublier la phrase musicale (celle du music-hall / celle de l'air folklorique) qu'on entend dans l'introduction et dans la conclusion des deux récits et qui dans les deux cas est liée à la résolution du MacGuffin. D'autre part et surtout, elles confèrent au récit une dimension d'allégorie politique dépourvue de toute ambiguïté, et totalement absente du roman-source. Dans *The Wheel Spins*, il y a bien complot, mais il s'agit d'une affaire strictement locale, la suppression d'un témoin gênant qui aurait pu invalider l'alibi d'un potentat qui a éliminé un rival. Miss Froy est ce témoin accidentel, et son personnage n'a rien, ni de près ni de loin, d'une espionne. Comme l'a bien noté Rohmer (on sait que c'est lui qui a rédigé les pages consacrées au film), le film en revanche dénonce, de manière implicite mais parfaitement claire, la politique anglaise d'« apaisement » de Hitler, culminant à Munich (30 septembre 1938)[57]. La nationalité exacte du Dr Hartz (interprété par Paul Lukas, acteur d'origine hongroise, naturalisé américain) et de la baronne est laissée dans le vague (Hartz se dit Tchèque), mais il est évident que les conjurés sont allemands ou sous influence allemande. L'allégorie consiste avant tout à démontrer l'inanité du neutralisme et la nécessité de s'opposer frontalement au nazisme. Croyant naïvement qu'il peut négocier avec les assaillants, Todhunter agite son mouchoir blanc et se fait immédiatement abattre.

56 Comme l'observe justement Barr, qui formule l'hypothèse que les scénaristes aient pu être influencés « indirectement » par le modèle des films précédents de Hitchcock (*English Hitchcock*, *op. cit.*, p. 191).

57 Rohmer et Chabrol, *Hitchcock*, *op. cit.*, p. 59.

En revanche Charters et Caldicott, d'abord décrits comme des insulaires invétérés, ignorants des coutumes du Continent et indifférents aux événements qui s'y déroulent, ont un réflexe à la fois patriotique et chevaleresque et s'associent aux « résistants » assiégés. Miss Froy incarne pour sa part la lucidité d'un Foreign Office qui, sous la direction d'Anthony Eden (démissionnaire en 1938), s'était vainement opposé à la politique de Chamberlain.

FIG. 23 – *The Lady Vanishes* : la mort du neutraliste (Cecil Parker).

Curieusement, cette lecture politique claire et guère contestable n'a pas fait l'unanimité. Yacowar la juge excessive, sans apporter d'arguments[58]. En revanche on jugera excessive et anachronique la lecture de François Niney, qui ne craint pas d'affirmer « que se trouve au cœur du thriller de Hitchcock ce qui allait devenir après-guerre tristement célèbre sous le nom de "négationnisme"[59] ». Il n'est pas nécessaire de prêter à Hitchcock d'improbables facultés de prémonition pour observer que le titre *The Lady Vanishes* s'entend en trois sens distincts : la disparition de Miss Froy ; l'escamotage du numéro de magie du Signor Doppo, « Vanishing Lady », qui en constitue comme la mise en abyme ; et enfin, plus subtilement, l'effacement graduel, dans le personnage d'Iris, de la *Lady* que son mariage annoncé la vouait à devenir, en faveur de la partenaire

58 Yacowar, *Hitchcock's British Films*, *op. cit.*, p. 196.

59 François Niney, « Alfred, Marcel et "l'homme qui ne voulait pas le savoir" », dans « Regards sur Marcel Ophuls », *Perspectives. Revue de l'Université Hébraïque de Jérusalem*, n° 24, 2017, p. 187.

juvénile et joyeuse de Gilbert le musicologue[60]. Le finale brillamment enlevé du film explicite ce trait : les survivants arrivent à la gare de Victoria. Charters et Caldicott sont dépités d'apprendre qu'en raison des inondations, le test match de cricket auquel ils espéraient assister est annulé. Hitchcock passe sur le quai. Le fiancé d'Iris, qui est censé l'attendre, n'est pas là. Soudain Iris le repère, caricature d'aristocrate à petite moustache, « Sir Charles Fotheringale ». Iris improvise alors son propre *escamotage*, elle se précipite et se cache dans le taxi qu'allait prendre Gilbert, ils s'embrassent et demandent au chauffeur de les conduire au Foreign Office. Gilbert n'arrive pas à se rappeler la phrase musicale que Miss Froy lui a demandé de mémoriser ; c'est la Marche nuptiale de Mendelssohn qui lui vient à l'esprit à sa place. Mais voici qu'ils entendent la phrase codée, jouée au piano par Miss Froy en personne, qui *reparaît* donc dans cette conclusion, dans sa triple fonction d'agent secret héroïque, de diplomate sagace et de bonne fée qui préside à l'union de ses jeunes adjuvants.

Au couple de Robert Donat et Madeleine Carroll dans *Les Trente-Neuf Marches* a succédé celui également talentueux de Michael Redgrave et Margaret Lockwood. La comparaison des deux films me semble confirmer la supériorité du premier en ce qui concerne la structure et l'économie narratives et l'invention visuelle, mais le second l'emporte évidemment sur le plan du message politique, quasiment explicite, qui sera repris et modulé dans *Foreign Correspondent*, *Saboteur*, *Lifeboat* et (plus en sourdine) *Notorious*.

LA DÉNONCIATION DU PACIFISME

Foreign Correspondent (1940), distribué en France sous les titres alternatifs de *Correspondant 17* ou de *Cet homme est un espion*, est le deuxième film que Hitchcock réalise à Hollywood, juste après le succès de *Rebecca*.

60 Attentif à la polysémie des titres de Hitchcock, Gottlieb va jusqu'à écrire que le renvoi de « The Lady » à Iris et non seulement à Miss Froy « introduit astucieusement ce qui à certains égards est le vrai sujet du film » – *Hitchcock on Hitchcock*, *op. cit.*, p. 236-237. Sur la manière dont Gilbert permet à Iris d'échapper à un « faux destin voué à l'ennui », à un « engagement mortifère », on lira avec profit Aimé Agnel, *Hitchcock et l'ennui. Une psychologie à l'œuvre*, Ellipses, 2011, p. 28-34.

Il nous intéresse à plusieurs égards, car il s'agit, comme *Rebecca*, d'une sorte d'hybride anglo-américain, mais différemment : non seulement plusieurs des personnages et de leurs interprètes sont anglais, une bonne partie de l'action étant censée se dérouler à Londres, mais le propos même du film concerne la relation entre l'Angleterre et l'Amérique à l'époque de sa réalisation.

L'action commence en 1939 à New York, dans les bureaux d'un grand quotidien fictif, le *New York Morning Globe*[61], dont le rédacteur en chef, exaspéré par les dépêches insipides qu'il reçoit de son correspondant à Londres, décide d'y envoyer un journaliste (Jones = Joel McCrea) qui de son propre aveu ne connaît rien à la situation en Europe à la veille de la guerre, mais est un vrai reporter. À Londres, Jones assiste à un congrès organisé par l'organisation pacifiste que préside Fisher (Herbert Marshall), rencontre brièvement Van Meer (Albert Basserman), un diplomate hollandais très courtisé qui doit y prendre la parole, drague une jeune femme qui s'avère être la fille de Fisher (Laraine Day). L'intervention de Van Meer ayant été annulée, Jones se rend en Hollande où le diplomate doit prendre la parole ; mais Van Meer, qui bizarrement ne reconnaît pas Jones, est assassiné par un faux photographe. Commencé dans l'esprit des comédies américaines qui ont des reporters pour héros (type *The Front Page* [1928], pièce de Ben Hecht et Charles MacArthur, plusieurs fois portée à l'écran), le film a basculé dans le récit d'espionnage, un récit qui n'est pas exempt d'humour et de romance, une fois de plus sur le modèle des *Trente-Neuf Marches*, mais qui comporte aussi de nombreuses scènes de violence, de suspense, de torture, des rebondissements feuilletonesques qui soulignent la parenté et la rivalité de Hitchcock avec celui qui se considérait comme le vrai « maître du suspense », Fritz Lang. À certains égards *Foreign Correspondent* fait figure de plus langien des films de Hitchcock, pendant de *Ministry of Fear* (*Espions sur la Tamise*, 1944) qui comme l'indique son titre français est censé se dérouler à Londres et qui pourrait être qualifié de plus hitchcockien des films de Lang.

Si *Foreign Correspondent* souffre du caractère feuilletonesque et des invraisemblances de son scénario, ce défaut est compensé par la qualité exceptionnelle de quelques morceaux de bravoure : la fuite de l'assassin du faux Van Meer, filmée en plongée, ne montrant sous la pluie qu'un

61 Il a bien existé un journal qui avait pour nom le *New York Globe* ou le *New York Evening Globe*, mais le titre a disparu en 1923.

puzzle de parapluies, pareil à la formation en tortue de l'armée romaine, que parcourt le frémissement de l'onde presque imperceptible qui dénote la fuite du tueur invisible ; les scènes situées à l'intérieur du moulin à vent où le vrai Van Meer est retenu prisonnier, scènes d'inspiration visiblement piranésienne et qui constituent l'esquisse magistrale des images de désorientation spatiale qu'on retrouvera par exemple dans *Vertigo* ; et la longue séquence de la tentative d'assassinat à laquelle échappe Jones. À ce moment le spectateur sait ce que le héros ignore encore : que Fisher est un agent allemand, et son organisation pacifiste la façade présentable et trompeuse d'un réseau d'espions sans scrupules. Fisher, prétextant la nécessité de protéger Jones, lui adjoint un ange gardien d'apparence joviale, Rowley (Edmund Gwenn), qui bien entendu est chargé de le supprimer. L'Américain naïf échappe à une première tentative de meurtre, puis se laisse convaincre qu'ils sont suivis et doivent se réfugier dans la cathédrale de Westminster (cathédrale catholique, de style néo-byzantin, qu'il ne faut pas confondre avec l'abbaye de Westminster, anglicane et médiévale)[62]. À défaut d'être un garde du corps fiable, Rowley s'avère un cicerone érudit et empressé, expliquant à Jones que dans la cathédrale se déroule une messe de requiem (on entend le *Dies irae*), l'invitant une fois qu'ils sont parvenus sur la plate-forme d'observation, en haut du clocher, à se pencher pour repérer les sites touristiques, attendant le moment propice pour le précipiter dans le vide. On voit la silhouette d'un corps qui tombe, puis on revient à l'entrée de la cathédrale, au niveau de la rue : à nouveau retentissent les sombres accents du *Dies irae*, les nonnes qu'on a vues auparavant – des Saint-Vincent-de-Paul, à la spectaculaire et bien reconnaissable cornette – se signent. C'est bien en quelque sorte à une messe imprévue de funérailles qu'assiste le spectateur, celles, naturellement, du nervi jovial, Rowley, et non de Jones, dans une atmosphère de solennité catholique, dépourvue de satire sinon d'ironie, qui signe l'affiliation religieuse de Hitchcock, patente dans *La Loi du silence*[63] et dans *Le Faux Coupable*, la présence des sœurs

62 Confusion commise par un carton français (dans le DVD de StudioCanal) montrant la page d'un journal, correctement légendée « Un homme tombe de la tour de la cathédrale de Westminster – Étrange accident », mais illustrée d'une photo de la façade bien connue de Westminster Abbey, avec ses deux tours ; et répétée dans le récent et monumental ouvrage dirigé par Bernard Benoliel, *Hitchcock la totale*, E/P/A, 2019, p. 512.

63 Dans *La Loi du silence*, film situé et filmé à Québec, le *Dies irae* qu'on entend distinctement pendant les premières séquences renvoie bien sûr au meurtre de Vilette, mais

renvoyant en amont à la fausse nonne (néanmoins repentante) de *The Lady Vanishes* et préfigurant celle dont le surgissement mettra fin à la carrière de Judy dans *Vertigo*.

FIG. 24 – *Foreign Correspondent* : un moulin piranésien.

FIG. 25 – *Foreign Correspondent* :
Joel McCrea face à Herbert Marshall et Edmund Gwenn.

La comparaison entre les deux films « londoniens » de Hitchcock et de Lang respectivement fait ressortir l'attachement du cinéaste anglais

constitue aussi, avec la masse austère du château Frontenac, toujours vu à contrejour, et les multiples églises de la ville, le « corrélatif objectif » d'un catholicisme archaïque, minéral et implacable.

à un minimum de couleur locale sinon de réalisme. À la différence de l'adresse fictive du Bijou de *Sabotage*, celle du repaire où les espions sadiques torturent Van Meer, 242 Charlotte Street, près de la station de métro Goodge Street, est « authentique ». Fisher, benoîtement, soutire au vieil homme la révélation du MacGuffin, la clause secrète d'un traité international. La guerre est bientôt déclarée, incitant les principaux personnages (Jones et Carol Fisher, dont les yeux sont désormais dessillés sur le rôle de son père, mais aussi Fisher lui-même) à prendre l'avion pour New York et à chercher l'abri de la neutralité américaine. À nouveau, Hitchcock rivalise avec le feuilletonesque langien : l'avion est abattu par un destroyer allemand, une scène de noyade permet à Fisher de se racheter en se sacrifiant après qu'il a fait à sa fille la confession de son engagement patriotique auprès de sa patrie allemande, dont elle ignorait tout. Les survivants sont recueillis par un navire américain donc « neutre », qui leur interdit toute communication autre que familiale. Jones roule le capitaine dans la farine, détaillant le récit de ses aventures rocambolesques à son « oncle », le rédacteur en chef du *New York Morning Globe*. Une ellipse d'un an environ permet d'enchaîner sur Jones qui, de retour à Londres, témoigne en direct, pour la radio américaine, du Blitz qui s'abat sur la capitale anglaise et invite ses compatriotes à jouer leur rôle dans la défense de la démocratie menacée :

> Partout s'éteignent les lumières – sauf en Amérique.
> Ne laissez pas ces lumières s'éteindre ! Protégez-les avec l'acier des canons ! Protégez-les avec un cercle de cuirassés et de bombardiers. Amérique, ne laisse pas tes lumières s'éteindre ! Ce sont les seules qui brillent encore dans le monde[64] !

Le message est encore plus explicite que celui qui émanait de *The Lady Vanishes* : dans les circonstances actuelles, lutter contre l'agression nazie est le devoir de toutes les démocraties, qu'elles se sentent directement menacées ou non. Face à un tel ennemi, le pacifisme, l'isolationnisme, qu'il soit sincère ou hypocrite, est une illusion mortelle. La différence

---

64 Écrite par Ben Hecht en un temps record, cette scène a été rajoutée au film début juillet 1940, au retour de Hitchcock d'un bref voyage en Angleterre, alors que le pays s'attendait avec raison à l'imminence d'une attaque aérienne allemande. Elle est souvent, un peu abusivement, décrite comme prophétique, le Blitz proprement dit (bombardements massifs de Londres) n'ayant commencé qu'en septembre – Spoto, *The Life of Alfred Hitchcock*, *op. cit.*, p. 233-235.

avec le film précédent est bien sûr que le message s'adresse non plus à des Anglais tentés par l'*appeasement* munichois, mais à des Américains susceptibles de céder aux sirènes de l'*America First Committee*, implicitement désigné comme germanophile et un allié au moins « objectif » des nazis. Rappelons qu'en 1940, l'opinion américaine, divisée, reste très majoritairement hostile à une intervention directe dans le conflit.

Foreign Correspondent a été produit par Walter Wanger, à qui Selznick avait prêté, ou plutôt loué pour une somme considérable, les services de Hitchcock, qui lui était lié par contrat. Ce producteur indépendant, cultivé et attentif aux enjeux politiques internationaux, est un des rares à Hollywood à avoir appelé, de manière plus ou moins voilée, à la solidarité avec les démocraties européennes menacées par le fascisme et le nazisme. En 1938, il produit *Blockade*, qui traite (assez confusément) de la guerre d'Espagne ; *Foreign Correspondent* est plus explicite, même si Charles Bennett (qui avait suivi Hitchcock à Hollywood) évoque la prudence de Wanger pendant l'écriture du scénario, sa crainte que les nazis soient reconnaissables et le film considéré comme de la « propagande américaine contre l'Allemagne[65] ». En décembre 1940, Wanger signe un portrait enthousiaste et pittoresque de Hitchcock, « le grand cinéaste anglais », qu'il décrit comme « une combinaison de Sherlock Holmes et de Balzac s'empiffrant au Ritz ». Il évoque le perfectionnisme du cinéaste, sa maîtrise « de l'atmosphère, du mystère et des frissons », les libertés qu'il prend avec la logique « ennuyeuse », en donnant pour exemple la séquence de la cathédrale de Westminster, qu'il analyse longuement, et se garde bien de faire la moindre allusion au message politique du film sorti fin août[66].

On l'a dit, le message est clair, mais certaines de ses modalités n'en sont pas moins curieuses. La filiation avec l'œuvre anglaise de Hitchcock revêt plusieurs aspects : le décor londonien, le recours au scénariste Charles Bennett, la reprise assumée de diverses situations des *Trente-Neuf Marches*[67], la présence de deux acteurs que le réalisateur

65 Bennett cité par Matthew Bernstein, *Walter Wanger. Hollywood Independent* [1994], The University of Minnesota Press, 2000, p. 159.

66 Walter Wanger, « Hitchcock – Hollywood Genius. A Profile of the Great English Director by One of America's Outstanding Producers », *Current History and Forum*, 22 décembre 1940, vol. 52, n° 6, p. 13-14.

67 Spoto, *The Life of Alfred Hitchcock*, *op. cit.*, p. 226-227 ; Bernstein, *Walter Wanger*, *op. cit.*, p. 159.

avait dirigés à Elstree. Herbert Marshall, le Sir John Menier de *Murder !* (1930), devient Stephen Fisher, apparence, diction et courtoisie de parfait gentleman et père aimant, mais aussi chef d'un réseau d'espions qui tuent et torturent, donc une sorte de développement du Professeur Jordan des *Trente-Neuf Marches*, tandis qu'Edmund Gwenn, excellent acteur de composition au physique râblé et à l'expression volontiers matoise, est Rowley, le tueur de la cathédrale de Westminster ; il avait joué un des principaux rôles de *The Skin Game* (1931) et celui de Strauss père dans *Waltzes from Vienna* (1933), et sera le mémorable Capitaine de *Mais qui a tué Harry ?* Que ces acteurs si évidemment anglais jouent des rôles de nazis jette un certain trouble, même si le procédé du « déguisement » parfait, y compris linguistique, était présent chez Buchan et chez Conrad et s'il a été utilisé par Lang dans un autre film antinazi et anti-isolationniste, *Chasse à l'homme* (*Man Hunt*, 1941), dans lequel George Sanders joue un dignitaire nazi curieusement nommé Quive-Smith[68].

Au moment même où les cinéastes européens actifs à Hollywood étaient accusés par les isolationnistes de vouloir entraîner les États-Unis dans un conflit lui aussi « européen » qui ne les concernait pas, une polémique inverse éclatait en Angleterre, où le producteur Michael Balcon reprochait aux cinéastes britanniques restés à Hollywood, Hitchcock tout particulièrement, d'avoir « déserté » leur pays en temps de guerre. Tout, dans l'attaque de Balcon, était violent et visait à blesser : le titre infamant, « DÉSERTEURS », le média et le moment choisis, une page entière du *Sunday Dispatch* du 25 août 1940, en pleine bataille d'Angleterre, le rappel que « certains de ces déserteurs » devaient leur carrière à Balcon, l'allusion transparente et insultante au « jeune et replet technicien inexpérimenté » à qui Balcon avait fait gravir tous les échelons et qui, devenu un des plus célèbres cinéastes anglais, se trouvait en sécurité à Hollywood, alors que ses collègues restés à Londres en nombre restreint, dont Balcon lui-même, s'efforçaient de mettre le cinéma au service du grand effort national ; ultime injure, Balcon concluait en « ne citant pas le nom de cet homme car [il avait] décidé de ne citer le nom d'aucun de

---

68 Dans *Foreign Correspondent*, en revanche, Sanders, qui a souvent endossé des rôles ambigus ou négatifs (tel celui de Favell, le « cousin préféré » de Rebecca, dans le film de Hitchcock), incarne Scott ffoliott, journaliste descendant d'une vieille famille aristocratique qui est l'efficace adjuvant de l'Américain Jones.

ces déserteurs[69] ». Dès le lendemain Hitchcock répliqua à cette attaque *ad hominem*, rappelant que, comme tous les cinéastes anglais, il s'était mis à la disposition de son gouvernement, que la manière dont il aidait son pays en guerre ne regardait pas Balcon, et accusant celui-ci d'être motivé non par le patriotisme, mais par la jalousie et par sa haine de Hollywood, où il n'avait subi que des échecs[70].

D'autres observateurs, plus perspicaces, étaient sensibles au potentiel de propagande de films comme *Foreign Correspondent*, qu'ils s'en réjouissent ou qu'ils le déplorent. C'est ainsi que Goebbels, qui admirait le cinéma hollywoodien et souhaitait que le cinéma allemand en imite les formules, note dans son journal personnel, le 22 janvier 1942 :

> Je viens de voir aussi le nouveau film provocateur américain *Foreign Correspondent.* C'est une œuvre de première classe, présentée comme un thriller policier, qui aura sûrement un grand effet auprès du public dans les pays ennemis. Il est caractéristique que ce film à forte tendance anti-allemande a pu être représenté pendant plusieurs mois en Suède. Les Suédois et les Suisses jouent avec le feu[71].

ÉPILOGUE
Le « film de Hitchcock » sur les camps de concentration

Depuis quelques années a graduellement refait surface un film inachevé et oublié, un documentaire de propagande produit par le Ministère de l'Information britannique immédiatement après la Seconde Guerre mondiale, *German Concentration Camps Factual Survey*, qui constitue une addition problématique, à la fois mineure et importante, à la filmographie de Hitchcock. Problématique et mineure, parce que la participation de

69 Spoto, *The Life of Alfred Hitchcock*, *op. cit.*, p. 235 ; Kerzoncuf et Barr, *Hitchcock Lost and Found*, *op. cit.*, p. 121-122.

70 « Hitchcock Replies to "Deserter" Charge » [« Hitchcock répond à l'accusation d'avoir "déserté" »], *New York World-Telegram*, 27 août 1940, cité par Spoto, *The Life of Alfred Hitchcock*, *op. cit.*, p. 235-236.

71 Cité par Paul Lesch dans son excellent « L'antinazisme dans les films d'Alfred Hitchcock (1938-1944) », *Three Spotlights on Hitch*, Cinémathèque municipale de Luxembourg, novembre 1999, p. 25.

Hitchcock à l'entreprise fut limitée dans le temps et que son impact est difficile, voire impossible à mesurer avec précision. Importante, à cause de l'intérêt propre du sujet – qui pose implicitement la question du négationnisme – et de l'éclairage que cette participation apporte sur la constance de l'engagement antinazi de Hitchcock, mais aussi sur certains aspects de l'œuvre ultérieure, qu'il ne faut ni surestimer ni négliger.

L'histoire de ce qu'on appelle abusivement « le film de Hitchcock sur les camps de concentration » est presque aussi compliquée qu'un scénario d'espionnage de Charles Bennett, et fort instructive. Vieil ami de Hitchcock, un des fondateurs de la London Film Society en 1925, patron d'un réseau de trente-cinq salles de cinéma avant la guerre, Sidney Bernstein est pendant celle-ci un des responsables du cinéma au Ministère de l'Information. Dans cette capacité, il travaille à plusieurs reprises avec Hitchcock, qui remonte deux films du Ministère pour leur diffusion aux États-Unis et en réalise lui-même deux autres destinés à la France libérée, *Bon Voyage* et *Aventure malgache* (1944)[72]. Un an plus tard, Bernstein, qui appartient aussi à l'état-major allié que dirige Eisenhower, est horrifié par les images prises lors de la libération des camps. Il se rend à Bergen-Belsen et demande qu'on filme le maximum de documents qui attesteront la réalité de l'« incroyable » et qui serviront de preuves de la culpabilité de l'Allemagne et des Allemands. Deux monteurs et deux journalistes/scénaristes (dont Richard Crossman, qui deviendra une figure importante de la gauche du Parti travailliste) sont chargés de donner une forme et un sens à la masse des matériaux filmés par les opérateurs militaires britanniques, américains et (rarement) soviétiques, auxquels s'ajoutent des documents d'archives allemandes. Insatisfait par le caractère chaotique du film en chantier, Bernstein appelle Hitchcock à la rescousse. Celui-ci abandonne provisoirement la préparation de *Notorious* (*Les Enchaînés*, film dont le sujet est la persistance d'un réseau nazi au Brésil après la guerre) et prend le bateau pour Londres, où il passe six semaines en juin-juillet 1945. Vivement frappé à son tour par le matériau qu'il visionne, il s'entretient avec Bernstein ainsi qu'avec un des monteurs et les deux scénaristes, et formule plusieurs recommandations, dont la principale est la nécessité de faire ressortir le caractère véridique et irréfutable de ce qui est montré, grâce au choix de travellings

72 Sur ces premières collaborations entre Hitchcock et Bernstein, on se référera à Kerzoncuf et Barr, *Hitchcock Lost and Found*, *op. cit.*, p. 126-170.

et de panoramiques passant clairement, dans la même prise de vue, sans manipulation par le montage, des témoins identifiables aux monceaux de cadavres des victimes. D'autres suggestions jouent à l'inverse sur le montage, qu'il s'agisse d'une succession de plans montrant les accumulations d'objets ayant appartenu aux victimes ou d'opposer l'horreur des camps au paysage pastoral idyllique dans lequel ils sont insérés.

Hitchcock envisageait aussi de montrer le film à des Allemands qui avaient vécu à plus ou moins grande proximité des camps, puis d'enregistrer leurs réactions et de les intégrer au film. Mais celui-ci est resté inachevé, sa sixième bobine n'étant pas montée. Plusieurs raisons expliquent cet abandon : le contexte politique a vite changé, la résistance militaire pronazie qu'on craignait ne s'est pas matérialisée, les Britanniques, qui occupent la partie de l'Allemagne la plus dévastée, se rendent compte qu'ils ne peuvent à la fois culpabiliser les Allemands et les faire coopérer à la reconstruction ; de manière plus générale, la naissance de la guerre froide incite les Occidentaux à ne pas insister outre mesure sur la culpabilité des Allemands. À quoi on a pu ajouter côté anglais l'hypothèse que la décision d'arrêter le film ait été motivée par la crainte qu'il ne sensibilise l'opinion publique à la cause sioniste alors que la Palestine est encore sous mandat britannique.

Déposé à l'Imperial War Museum en 1952, *German Concentration Camps Factual Survey*, littéralement « Camps de concentration allemands, enquête factuelle » est oublié jusqu'en 1984 où il est montré au festival de Berlin, et l'année suivante sur la chaîne de télévision publique américaine PBS sous le titre *Memory of the Camps*. De 2010 à 2014, il fait l'objet d'une restauration par l'IWM : les images sont remastérisées, quelques effets sonores (bruits de foule) sont ajoutés (très peu du matériau original comportait du son synchrone), la sixième bobine est montée « en suivant le scénario » et le commentaire d'origine, qui était entièrement rédigé, fait l'objet d'un nouvel enregistrement[73] ».

73 La version restaurée de *German Concentration Camps*, montrée à la Cinémathèque française le 6 janvier 2020, est plus complète que la version intitulée *Memory of the Camps*, disponible sur Internet. Sur *German Concentration Camps*, Kerzoncuf et Barr, qui écrivent avant d'avoir eu accès à la version restaurée de 2014, n'en offrent pas moins une excellente synthèse (*Hitchcock Lost and Found*, *op. cit.*, p. 182-192). Ils notent entre autres qu'avant la biographie de McGilligan (2003), l'épisode, qui fait aujourd'hui l'objet de nombreuses gloses, a été entièrement ignoré tant par le biographe « autorisé » de Hitchcock, John Russell Taylor (1978), que par son biographe iconoclaste, Daniel Spoto (1983), et créditent Robin Wood

Le film restauré commence, un peu comme *Une vie cachée* de Terrence Malick (2019), par un montage d'archives qui évoquent l'arrivée triomphale d'Hitler au pouvoir et son assurance lors d'un grand meeting où, sans cesse acclamé par la foule, il apparaît comme un dirigeant calme et déterminé qui restaurera la grandeur et la prospérité de l'Allemagne. Les conquêtes successives, Autriche, Tchécoslovaquie, Pologne, Norvège, France, sont brièvement évoquées, puis on passe aux images des camps, d'abord, longuement, celles de Bergen-Belsen : aux images de détenues qui accueillent les libérateurs, souriantes et d'apparence « normale », ne tardent pas à succéder celles d'un vaste terrain vague encombré de détritus et surtout celles insoutenables de monceaux de cadavres émaciés, entièrement ou partiellement nus, certains montrant des plaies, que les anciens responsables du camp, SS hommes et femmes, vont devoir charger sur des camions ou traîner jusqu'à des fosses communes ; et les images des détenus, hommes, femmes, enfants, trop faibles pour se nourrir, victimes de la famine, de sévices, du typhus apporté par les poux, qu'il faut nourrir, désinfecter, soigner. Images qui seront répétées avec des nuances dans une succession de camps, Dachau près de Munich venant juste après Bergen-Belsen (Crossman avait été un des premiers officiers britanniques à y entrer), puis beaucoup d'autres, très connus (Auschwitz) ou moins connus.

Dès Bergen on assiste aux scènes terribles mais sobres où les notables locaux sont contraints de contempler les monceaux de cadavres et de façon générale ce qui se passait dans le camp et ne semblait pas les préoccuper malgré l'odeur pestilentielle qui en émanait (on voit aussi, ici ou ailleurs, des civils « ordinaires » forcés de défiler devant ces preuves accablantes, certaines femmes portent un mouchoir à leur visage pour se boucher le nez). L'un des procédés rhétoriques très efficaces est de faire d'emblée contraster la campagne riante qui entoure Bergen (arbres, vaches…) avec l'horreur du camp voisin. Le procédé du contraste entre le cadre idyllique et l'horreur du camp est repris de façon encore plus explicite et efficace à propos du camp d'Ebensee, annexe de Mauthausen, située en Haute Autriche, avec son décor de lac alpestre et ses personnages quasi folkloriques, dont des couples d'amoureux en costume traditionnel.

---

pour avoir, dès 1965, fait le lien entre le film (alors inaccessible) et l'œuvre ultérieure de Hitchcock, en l'occurrence *Psycho*. On trouve aussi un bon résumé dans Samuel Blumenfeld, « Hitchcock face à l'horreur des camps », *Le Monde*, 10 janvier 2015, p. 3. Auparavant Vincent Lowy avait été un des rares historiens à évoquer le film de Bernstein et sa visée pédagogique dans *L'Histoire infilmable. Les camps d'extermination à l'écran*, L'Harmattan, 2001, p. 47-50.

Au fur et à mesure de l'exploration successive des divers camps (dont il faut bien dire qu'elle revêt un caractère souvent répétitif), l'accent est mis principalement : d'abord, sur les chambres à gaz et sur le caractère systématique et *industriel* de l'extermination (les quotas de morts quotidiens à respecter, comme si la famine et le typhus avaient été une façon trop lente de mettre à mort) ; ensuite, sur le caractère lui aussi industriel de la récupération (les amoncellements de chaussures, dentiers, lunettes, vêtements… qui ne peuvent pas ne pas faire penser à *Nuit et Brouillard* [1956]) ; enfin, sur le fait que l'industrie allemande a bénéficié de cette entreprise d'extermination industrielle, en fabriquant et en *signant* chambres à gaz, fours crématoires, zyklon, etc. Il s'agit avant tout de marteler l'idée que les Allemands de « l'extérieur » ne pouvaient pas ignorer à quoi « servaient » les camps ; un autre effet, peut-être moins délibéré, en tout cas plus implicite, est celui du gouffre béant entre l'apparence de « rationalité » de l'entreprise, avec son caractère planifié et son architecture fonctionnelle, et la démence de ses objectifs et de ses résultats, évidente dans les monceaux de cadavres suppliciés, mais aussi, tout simplement, dans les images « anarchiques » de la décharge de Bergen.

Les commentaires des restaurateurs et des historiens contemporains notent le flou induit par la non-distinction entre deux types de camps, de concentration et d'extermination, le fait que certains chiffres ou d'autres indications factuelles sont erronés, le fait que l'accent est très peu mis sur le nombre de victimes juives et sur le ciblage spécifique qui les visait. Ils expliquent ces approximations ou ces ellipses par la bonne foi (les recherches ultérieures ayant apporté des informations factuelles plus précises) et par la volonté de Bernstein d'insister sur la multiplicité des nationalités et des confessions religieuses enfermées dans les camps plutôt que sur les Juifs en particulier. C'est ainsi que le commentaire évoque par exemple la présence dans tel camp de « luthériens, catholiques, juifs[74] ».

On conclura par une remarque sur la forme du film, qui a quelque chose de bancal. La première partie, consacrée à Bergen-Belsen, a une vraie cohérence et se suffit à elle-même. La seconde, même si elle apporte des éléments à charge nouveaux, souffre de son caractère énumératif et au moins partiellement redondant. En d'autres termes, même en dehors

74 Cette observation relativise l'hypothèse que l'abandon du film ait été dû à la crainte de susciter des sympathies sionistes parmi le public britannique, auquel d'ailleurs le film n'était pas prioritairement destiné.

du contexte politique de la guerre froide et du changement de pied par rapport aux Allemands de l'Ouest, la structure du film restait problématique, et c'est peut-être un facteur qui a contribué à son inachèvement.

L'OMBRE PORTÉE DE *GERMAN CONCENTRATION CAMPS* SUR L'ŒUVRE ULTÉRIEURE

La découverte ou la redécouverte de la collaboration de Hitchcock au « film sur les camps de concentration » (il est crédité comme « consultant script » [*treatment adviser*] au générique de *Memory of the Camps*) a suscité de nombreuses spéculations sur l'impact que cette expérience avait pu avoir sur l'œuvre ultérieure du cinéaste. Certains de ces rapprochements paraissent évidents mais superficiels (le meurtre de Gromek, l'Allemand de l'Est, dans un « four à gaz » domestique, dans *Le Rideau déchiré*) ou trop généraux pour être probants (la « déshumanisation systématique » subie par Balestrero dans *Le Faux Coupable*). D'autres sont plausibles mais semblent dépendre de la sensibilité propre de l'analyste (ou du spectateur) et de la valeur qu'il attache à l'œuvre analysée. C'est ainsi que Robin Wood voyait dans *Psychose* « une des œuvres majeures de notre temps » parce que l'intensité et l'horreur de son traitement de la sexualité appartenaient clairement à « une époque confrontée d'un côté aux découvertes de la psychologie freudienne et de l'autre aux camps de concentration nazis[75] ». Pour ma part je ne suis absolument sûr ni de la valeur cardinale de *Psycho* ni de la pertinence d'identifier le génocide nazi à une psychopathologie individuelle.

Deux films en particulier ont fait l'objet de telles spéculations, ce qui se justifie d'autant mieux qu'ils ont tous deux été produits par Sidney Bernstein, confirmant les liens d'amitié durable entre les deux hommes : il s'agit de *La Corde* (*Rope*, 1948) et des *Amants du Capricorne* (*Under Capricorn*, 1949). Le cas de *La Corde* apparaît comme le plus évident : d'une part, le film met en scène des personnages qui se considèrent comme des surhommes non soumis à la loi morale commune et s'autorisent à éliminer

---

75 Robin Wood, *Hitchcock's Films Revisited*, *op. cit.*, p. 150 (passage repris de *Hitchcock's Films*, 1965, et cité par Kerzoncuf et Barr, *Hitchcock Lost and Found*, *op. cit.*, p. 188-189).

ceux qu'ils regardent comme inférieurs ; d'autre part, il est surtout connu pour sa prouesse technique, qui donne l'impression qu'il est constitué d'un plan unique, tourné d'un seul tenant, et ce recours au plan-séquence, qu'on retrouvera sous une forme atténuée dans *Les Amants du Capricorne*, reproduirait en quelque sorte l'exigence et l'attestation d'authenticité qui caractérisaient les séquences « d'un seul tenant », non montées, de *German Concentration Camps*. C'est ainsi que pour Kerzoncuf et Barr, les personnages de la pièce-source de Patrick Hamilton, créée en 1929, « préfiguraient la Jeunesse hitlérienne et les officiers des camps de concentration », avec les deux types psychologiques du « chef amoral » et de l'« acolyte hésitant qui est trop faible pour ne pas acquiescer » ; Hitchcock, en situant l'action au présent, dans l'immédiat après-guerre, établit un lien entre les assassins et Hitler ; le cinéaste reprend même la stratégie qu'il avait conseillée pour *German Concentration Camps*, et sa caméra « traque les assassins sans relâche jusqu'à ce que leur culpabilité soit révélée[76] ».

L'avouerai-je ? La lecture « antinazie » de *Rope* me paraît séduisante, mais plus astucieuse que vraiment convaincante. La pièce de 1929, qui évoque le Surhomme nietzschéen mais bien sûr pas les camps de concentration, se prêtait certainement à une sorte d'aggiornamento, qui n'aurait d'ailleurs nullement contredit les sympathies de Hamilton, dont le roman *Hangover Square* (1941) atteste qu'il partageait l'antifascisme de Hitchcock[77]. Mais force est de reconnaître que cette mise en contexte est minimale : une brève référence à Hitler, dont se dissocie l'assassin esthète Brandon (John Dall), qui le qualifie de « sauvage paranoïaque », ajoutant pour faire bonne mesure que « tous les Surhommes fascistes sont des meurtriers sans cervelle » ; une autre à la bravoure dont a fait preuve Rupert Cadell pendant la guerre, ce qui est vrai de l'acteur qui joue son rôle, James Stewart, contribue à rendre ce personnage ambigu plus sympathique, et permet inversement à l'acteur d'amorcer une évolution vers des rôles plus complexes. On trouve bien, dans les dialogues d'Arthur Laurents, de nombreuses répliques à double sens, tantôt pleines d'ironie dramatique, tantôt renvoyant à ce qui en 1948 est impossible à désigner clairement dans une production hollywoodienne : l'homosexualité des assassins, dont

76 Kerzoncuf et Barr, *Hitchcock Lost and Found*, *op. cit.*, p. 191-192.

77 Antifascisme qui disparaît tout à fait de l'adaptation hollywoodienne de *Hangover Square* (par John Brahm, 1945, avec musique de Bernard Herrmann), qui situe l'action à la fin du XIXe siècle et s'inscrit dans le sillage gothique victorien de *The Lodger* (aussi de John Brahm, 1944).

le passage à l'acte initial (éludé dans la pièce de Hamilton) est assimilé à une jouissance sexuelle, préfigurant à cet égard la psychopathie de *Frenzy*[78]. Ce texte homoérotique constamment sous-jacent interdit ou du moins entrave la présence d'un autre texte, qui serait politique.

Mais c'est surtout le rapprochement par le biais des plans-séquences qui me semble une fausse bonne idée. Dans *German Concentration Camps*, l'emploi du plan-séquence vise à affirmer le statut de document, de bande d'actualité (de l'anglais *actuality picture*, littéralement film enregistrant des événements réels, non fictionnels), tandis que dans *La Corde* ce recours vise au contraire à souligner qu'on a affaire à un huis clos dans un décor unique, à *faire théâtre* et non à *faire documentaire*. À l'attestation de véracité se substitue la prouesse technique, une démonstration de virtuosité, « mon film le plus excitant », selon Hitchcock lui-même[79], un film dans lequel, plus on le revoit, plus s'impose l'évidence d'une manipulation, grâce à la combinaison longuement répétée et minutieusement réglée de décors mobiles, des mouvements de la caméra et des acteurs, d'un cyclorama à l'éclairage changeant, bref tout le contraire d'une attestation de réalité brute.

FIG. 26 – *Rope* : John Dall, James Stewart, Joan Chandler et Sir Cedric Hardwicke devant le panorama de Manhattan.

78 Arthur Laurents évoque longuement ce thème de l'homosexualité, non nommé (sinon sous la forme de « *it* ») mais omniprésent, dans le bonus « Making of » de Laurent Bouzereau qui accompagne le DVD de *La Corde* (Universal, 2000). Il laisse entendre que Cary Grant et Montgomery Clift ont refusé les rôles qui leur étaient proposés pour ne pas risquer d'associer leur image à ce thème sous-jacent.

79 Hitchcock, « My Most Exciting Picture », *Popular Photography*, novembre 1948, repris dans Gottlieb, *Hitchcock on Hitchcock*, *op. cit.*, p. 275-284.

Le film de Hitchcock comme la pièce de Hamilton s'inscrivent dans diverses traditions. La principale est sans doute celle du paradoxe qui entend célébrer l'assassinat comme un des beaux-arts, pour reprendre le titre d'un essai célèbre de Thomas de Quincey (1827, 1854) ; dans l'Angleterre de la fin du XIXe siècle, le Mouvement esthétique, dont le représentant le plus éloquent est Oscar Wilde (*Le Portrait de Dorian Gray*, 1890), réaffirme la supériorité de l'esthétique sur la morale. Dans *La Corde*, Brandon (John Dall) décrit le meurtre qu'il vient de commettre comme un « chef-d'œuvre », auquel la mise en scène du coffre-cercueil transformé en table d'autel confère l'ultime touche, la « signature » de l'« artiste ». À son tour, son maître à penser Rupert Cadell (James Stewart), reprenant l'expression de De Quincey, fera l'éloge de l'« assassinat [*murder*] comme un art[80] ». Mais Brandon a aussi décrit son geste comme « *a killing for the experiment of killing* », justifié par sa seule audace, réservée aux êtres d'élite, ce qui renvoie plutôt à l'« acte gratuit » de Lafcadio dans *Les Caves du Vatican* d'André Gide (1914). Enfin la thématique propre de *La Corde*, avec le professeur et théoricien partiellement responsable du passage à l'acte de ses anciens étudiants, reprend celle du roman à thèse de Paul Bourget *Le Disciple* (1889).

Le goût pour la forme ramassée du huis clos théâtral est commun à Hitchcock et Hamilton. Après *La Corde*, l'autre pièce connue de Hamilton est le huis clos « gothique » *Gas Light, A Victorian Thriller in Three Acts* (1938), porté à l'écran sous le titre de *Gaslight* en Angleterre par Thorold Dickinson (1940), puis à Hollywood par Cukor (1944). Hitchcock reviendra à cette forme dans *Le crime était presque parfait* (*Dial « M » for Murder*, 1954), d'après la pièce de Frederick Knott, dont l'action est censée se dérouler à Londres. *La Corde* en revanche substitue au cadre londonien d'origine, Mayfair, celui d'un penthouse de Sutton Place, quartier chic de Manhattan, d'où l'on peut voir « les gratte-ciel de l'Empire State, du Chrysler et du Woolworth ; la cathédrale Saint-Patrick, Radio City Music Hall, et des centaines de monuments de l'extraordinaire panorama de

80 Contemporain de la pièce de Hamilton, le roman de Francis Iles *Préméditation* (*Malice Aforethought*, 1931) a pour personnage principal Edmund Bickleigh, un médecin de campagne qui, humilié par une femme tyrannique, se rêve en grand séducteur et se lance dans plusieurs projets d'assassinat. Bickleigh se réfère explicitement tant au Surhomme nietzschéen qu'à De Quincey et au meurtre comme œuvre d'art. Hitchcock, qui a envisagé de porter ce roman à l'écran, a adapté un autre récit du même auteur, *Complicité* (*Before the Fact*, 1932), sous le titre de *Soupçons* (*Suspicion*, 1941).

New York[81] ». Les protagonistes deviennent, logiquement, américains. Cependant deux personnages sont interprétés par des acteurs anglais issus du théâtre et fixés à Hollywood : Sir Cedric Hardwicke dans le rôle de Mr Kentley, le père de la victime, intellectuel fin et discret qui résiste aux sophismes de Cadell, et l'imposante et exubérante Constance Collier dans celui de sa belle-sœur (invention du film). Hitchcock avait déjà dirigé Sir Cedric dans *Suspicion* (1941) ; Constance Collier, amie d'Ivor Novello, avait écrit avec lui la pièce *Downhill*, portée à l'écran par Hitchcock en 1927.

SOUVENIRS DES CAMPS ?

De façon plus inattendue, une des images les plus insoutenables de *German Concentration Camps* resurgit dans *Les Amants du Capricorne*, la seconde entreprise de Hitchcock et Bernstein dans le cadre de la compagnie de production qu'ils avaient fondée et nommée Transatlantic Pictures. Appellation appropriée puisque *Under Capricorn* a été tourné à Elstree, où Hitchcock n'avait pas travaillé depuis *Jamaica Inn* en 1938, et à Hollywood, sur le plateau de la Warner, qui distribuait le film. Il s'agit, on le sait, d'un des rares films en costumes de Hitchcock, l'action s'en déroulant en Australie en 1831. Le roman-source est l'œuvre de Helen Simpson, écrivaine australienne fixée en Angleterre, décédée en 1940, qui n'était pas inconnue de Hitchcock, puisqu'elle était la co-auteure de *Enter Sir John* dont le cinéaste avait tiré *Murder !* (1930) et qu'elle avait participé à l'écriture des dialogues de *Sabotage*. La distribution pourrait être qualifiée de typiquement hollywoodienne, avec Joseph Cotten et Ingrid Bergman dans les rôles principaux, si les autres acteurs n'étaient tous anglais (Michael Wilding, Margaret Leighton, Cecil Parker – « Todhunter » dans *Une femme disparaît*) ou irlandais (Denis

81 Hitchcock, « My Most Exciting Picture », dans Gottlieb, *ibid.*, p. 278. Par sa splendeur majestueuse, ce panorama évoque la célèbre photo de Stieglitz *City of Ambition* (1910) et la vue qu'on a du bureau de Wynand dans *Le Rebelle* de King Vidor, presque exactement contemporain (1949). Mais le cyclorama peint et ses modèles réduits bénéficient en outre des attraits chatoyants de la couleur, modulée par un « orgue de lumière » (Gottlieb, p. 277-278).

O'Dea). Britanniques aussi, le directeur de la photo Jack Cardiff et le dramaturge écossais James Bridie, qui collabora à l'adaptation.

FIG. 27 – *Under Capricorn* : le gouverneur (Cecil Parker) et son cousin (Michael Wilding).

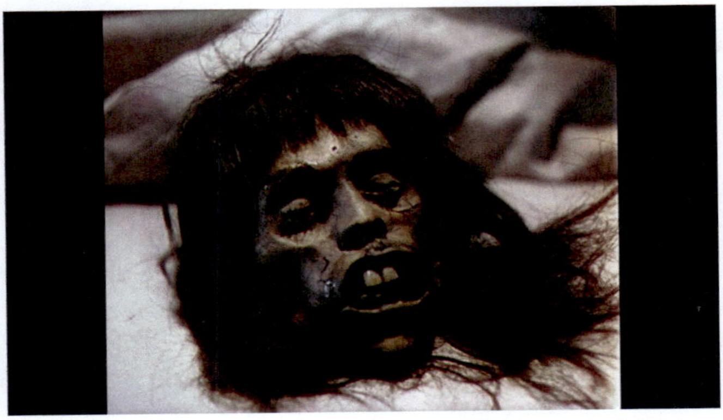

FIG. 28 – *Under Capricorn* : la tête réduite.

Milly, la gouvernante (Margaret Leighton), considère sa maîtresse aristocratique Lady Henrietta (Bergman) comme une intruse dans ce nouveau monde où Milly pense avoir sa place naturelle aux côtés de Flusky, l'ancien forçat qui a épousé Henrietta (Cotten). Elle entreprend de terroriser sa maîtresse, de la persuader qu'elle est folle et sujette à des hallucinations. Le personnage rappelle celui de Mrs Danvers, la gouvernante de *Rebecca*

(Judith Anderson), qui s'efforce de pousser au suicide la « seconde Madame de Winter » (Joan Fontaine), et il confère au récit une dimension gothique qu'accentue encore la présence d'Ingrid Bergman, puisque celle-ci reprend son rôle de victime potentielle d'une machination comparable, après *Notorious* mais aussi l'adaptation de *Gaslight* par Cukor. Pour terroriser Henrietta, Milly a recours entre autres à une tête réduite momifiée, semblable à deux têtes qu'on voit dans *German Concentration Camps*, au sein d'un macabre cabinet de curiosités nazi rassemblant aussi des morceaux de peaux de détenus, découpées et tannées, porteuses de tatouages « intéressants ». Selon le commentaire du film, les têtes seraient celles de deux prisonniers polonais évadés et repris. La parenté inattendue et scandaleuse des deux images, l'une documentaire et contemporaine, l'autre fictive et renvoyant à un exotisme colonial, semble d'abord rapprocher le sadisme et le fétichisme nazis d'une « barbarie » primitive, à ceci près que c'est un personnage d'ascendance européenne et « civilisée » qui manipule la tête réduite, et qu'on sait par ailleurs, ou qu'on devrait savoir, que le nazisme, « mal absolu », n'a pas le monopole de tels « raffinements » de cruauté, qu'ont beaucoup pratiqués les coloniaux. Si bien qu'on repense à la momie de Mrs Bates dans *Psycho* et à ses orbites vides, et qu'on est tenté d'accorder quelque crédit au rapprochement lui aussi scandaleux que, sans avoir vu *German Concentration Camps*, Robin Wood établissait entre ce qu'il appelait lui aussi les « camps de concentration » et *Psychose*, « peut-être le film le plus obscur d'Hitchcock », dans lequel « la part d'ombre ne cesse de s'accroître, [...] soumettant le film entier à la charge d'une extrême opacité symbolique », pour reprendre la description qu'en a donnée Raymond Bellour[82].

La tête réduite reparaît dans la présentation par Hitchcock d'un des épisodes les plus connus de la série télévisée *Alfred Hitchcock Presents*, « Back for Christmas » (1956), qu'il a réalisé lui-même. Dans cette présentation, il tient à la main une tête réduite à la longue chevelure, se dit collectionneur de têtes réduites, et conclut que, « comme le spectateur l'a deviné », l'objet n'a aucun rapport avec le récit qui va suivre. Au terme de celui-ci, il découvre que sous le socle de la tête est inscrite la mention « Fabriqué au Texas, avec des New-Yorkais ». Laborieux, l'humour attribue à l'Amérique contemporaine des pratiques habituellement associées à des peuplades « primitives ». La tête réduite semble en effet ne pas

82 Raymond Bellour, « *Psychose* », *Dossiers du cinéma*, Films II, Casterman, 1972, p. 141.

entretenir de rapport direct avec « Back for Christmas ». Un couple anglais s'apprête à partir en voyage aux États-Unis. Le mari évoque un long séjour, peut-être définitif, tandis que la femme assure à leurs amis qu'en tout état de cause, ils seront « de retour pour Noël ». Excédé par cette épouse perfectionniste et autoritaire, le mari flegmatique creuse méthodiquement dans sa cave un trou qu'il dit destiné à une cave à vin. La femme fait allusion à une « surprise » qu'elle a préparée pour son mari. Celui-ci assomme sa femme et l'enterre dans le trou. Son plan se déroule à la perfection. Il traverse l'Atlantique, débarque à New York, traverse les États-Unis en voiture, s'installe à Los Angeles où il écrit à ses amis que « sa femme et lui » vont certainement prolonger leur séjour en Californie. On lui distribue du courrier adressé à sa femme, dans lequel il apprend que la « surprise » de celle-ci consistait à avoir organisé l'installation d'une cave à vin dans leur maison, installation qui doit être achevée « pour Noël » et mènera donc fatalement à la découverte du cadavre.

Si « Back for Christmas » se conforme au schéma habituel des épisodes de la série, avec une chute finale qui vient ruiner le plan méticuleux d'un criminel sympathique, il présente au moins deux motifs d'intérêt. D'abord, l'interprétation délicieuse de John Williams, acteur anglais fixé à Hollywood, habitué des films de Hitchcock, dans lesquels il incarne des figures d'autorité, réelle (un avocat du *Procès Paradine*, l'inspecteur de *Dial « M » for Murder*) ou supposée (l'assureur de *La Main au collet*). Dans l'ouverture anglaise, il est habillé de façon élégante et traditionnelle, avec un gilet de laine de couleur claire qui fait de lui un sosie de James Joyce. En Californie, il sera en chemisette, buvant de la bière dès le matin, assis devant sa machine à écrire, ce qui lui donne l'allure d'un écrivain. En deuxième lieu, il est difficile de ne pas voir dans le projet du héros une sorte de réécriture fantasmatique de l'exil hollywoodien de Hitchcock en 1939, opposant le désir du mari de s'installer définitivement en Californie « pour y jouir de la vie » (*the good life*) aux réticences de l'épouse et à son obsession d'être de retour en Angleterre « pour Noël ». Dans le couple Hitchcock, si l'on en croit Spoto, les rôles avaient été plutôt inverses, la certitude d'Alma Reville que les États-Unis allaient devenir leur résidence permanente compensant le manque d'engagement de Hitchcock[83].

83 Spoto, *The Life of Alfred Hitchcock*, *op. cit.*, p. 188.

FIG. 29 – *Back for Christmas* (présentation) : Hitchcock et la tête réduite.

FIG. 30 – *Back for Christmas* : John Williams en sosie de James Joyce.

VRAIS ET FAUX COUPABLES

Autres films criminels

De longue date, on a remarqué l'importance dans l'œuvre de Hitchcock des personnages de faux coupables et du thème du transfert de la culpabilité d'un coupable à un innocent ou supposé tel, les exemples cardinaux étant, dans la période hollywoodienne, ceux de *L'Inconnu du Nord Express*, de *La Loi du silence* et du *Faux Coupable*. On a vu que plusieurs de ces schémas sont mis en action dès la période anglaise, notamment dans *The Lodger* et dans *Les Trente-Neuf Marches* ainsi que, dans une moindre mesure, dans *Quatre de l'espionnage* ; on n'y reviendra pas, et on se penchera ici sur les autres films « criminels » de cette période, au sens le plus large, en commençant par *Chantage* et *Meurtre*, qui sont des titres importants à plusieurs égards. Ils marquent le passage de Hitchcock du muet au parlant, et montrent que le cinéaste, obsédé par le désir de raconter en faisant appel aux images, n'en a pas moins d'emblée reconnu l'intérêt du nouveau médium et s'est employé à en explorer les ressources[1]. Il existe deux versions de *Chantage* (*Blackmail*, 1929), d'abord tourné comme un film muet avant que l'on décide d'en faire un film parlant, et Hitchcock a profité de la nouvelle technique pour faire doubler, en direct, la voix de son actrice, la Tchèque Anny Ondra, par celle de l'Anglaise Joan Barry[2]. Dans *Meurtre* (*Murder !*, 1930), une séquence célèbre montre le héros,

1 Je n'oublie pas que le muet pouvait parfaitement se combiner avec des effets sonores, qu'ils soient audibles physiquement ou intérieurement. Ainsi le premier plan de *The Lodger*, un très gros plan du visage d'une femme qui a la bouche ouverte (photo et commentaire dans Truffaut, *Le Cinéma selon Hitchcock*, *op. cit.*, p. 33), donne évidemment à « entendre » le hurlement de terreur de la victime. Dans la version sonore de *Blackmail*, le même cri servira à passer d'un plan de l'héroïne, Alice, à un plan de la logeuse découvrant le cadavre de Crewe.

2 Truffaut, *ibid.*, p. 48-49. Dans son chapitre sur *Blackmail*, Charles Barr procède à une comparaison minutieuse des deux versions du film, sonore et muette, qui ont l'une et l'autre fait l'objet d'une distribution commerciale, ainsi qu'à une brève mais utile comparaison entre le film et la pièce-source de Charles Bennett (*English Hitchcock*, *op. cit.*, p. 78-97).

Sir John (Herbert Marshall), qui, en même temps qu'il se rase et qu'on entend le prélude de *Tristan et Isolde* de Wagner à la radio, récite un « monologue intérieur » sans bouger les lèvres. À l'envi, Hitchcock a à la fois minimisé l'originalité de cette invention, soulignant que le monologue (censément) intérieur est un procédé courant au théâtre, notamment chez Shakespeare, et insisté à son habitude sur la grande difficulté technique qu'il lui avait fallu surmonter puisqu'à l'époque, comme dans le cas du « doublage » d'Anny Ondra, il était nécessaire de procéder à l'enregistrement *simultané*, en direct, de la voix de Herbert Marshall et du morceau de Wagner, joué hors champ par un orchestre de trente musiciens[3].

Or ces précisions techniques ne sont pas sans intérêt, loin de là, mais elles risquent d'avoir pour effet d'obnubiler le commentateur et de le rendre moins attentif aux mérites propres des deux œuvres, indépendamment du contexte. Commençons par *Blackmail* et son extraordinaire ouverture, muette, en tout cas dépourvue de dialogue synchronisé, qui montre l'arrestation d'un suspect, allongé sur son lit, une cigarette au bec, lisant un journal qui cache son visage. Il voit, dans une glace, le reflet des deux policiers qui viennent l'arrêter, la cendre tombe de sa cigarette, il avance lentement la main vers un revolver, posé sur la table de nuit, mais il est maîtrisé par les deux policiers. On est dans un quartier populaire, avec des enfants dans la rue, des gens du peuple qui manifestement n'ont aucune sympathie pour la police ; ces images ont un côté griffithien. De là on passe à New Scotland Yard, quartier général de la police londonienne, dûment signalé par une plaque de cuivre, avec une suite de scènes quasi documentaires, le suspect, dans une longue rangée d'hommes, étant soumis à la séance d'identification, identifié par une femme, menotté. Cette scène d'*identification parade* reparaîtra dans le *Faux Coupable* hollywoodien de 1957. Puis les deux policiers, parmi de nombreux autres, se retrouvent à la fin de leur journée devant les lavabos où ils se lavent les mains, ces scènes entièrement masculines faisant néanmoins écho aux scènes entièrement féminines qu'on a vues par exemple dans les coulisses du music-hall au début de *The Lodger*.

3 Truffaut, *Le Cinéma selon Hitchcock*, *op. cit.*, p. 55.

FIG. 31 – *Blackmail* : les policiers implacables.

Ces scènes d'ouverture, qui se concluent par une des plus amusantes apparitions du cinéaste (dans le métro, il est aux prises avec un garnement qui lui enlève son chapeau), semblent d'abord n'avoir qu'un rapport ténu avec la suite du récit, qui se focalise sur Frank (l'un des policiers qui ont procédé à l'arrestation du suspect) et sa fiancée Alice (Anny Ondra). Au restaurant, le couple se chamaille, si bien qu'Alice accepte l'invitation que lui a adressée Crewe, un artiste peintre, qui lui a suggéré de poser pour lui. Une première triangulation se constitue, celle du désir dont Alice, innocente mais flirteuse, est l'objet de la part de deux hommes aux milieux et aux valeurs antagonistes. L'atelier du peintre, où celui-ci se met bientôt au piano et chante pour séduire Alice avant de lui demander de s'habiller (ou plutôt de se déshabiller) en danseuse pour qu'elle prenne la pose, forme un vif contraste avec les scènes « documentaires » de New Scotland Yard, qui mettaient en évidence, comme le note Charles Barr, le caractère « oppresseur et brutal » de la loi[4]. À ceci près que les manières suaves de Crewe font place à une autre forme de violence, celle du prédateur sexuel. Dans le même temps, Hitchcock souligne indirectement l'opposition entre « la loi » et l'artiste bohème : Alice a regardé par la fenêtre de l'atelier et vu, dans un plan en plongée « à la Hopper », la silhouette rassurante d'un bobby qui passe près d'un réverbère ; le même plan sera repris non plus du point de vue d'Alice, mais d'un point de vue « neutre », alors

4 Barr, *English Hitchcock*, *op. cit.*, p. 83.

qu'Alice subit la tentative de viol de Crewe, le plan désignant dès lors l'aveuglement de la police et la futilité de croire à sa protection. La scène de la tentative de viol est justement célèbre car il s'agit d'un long plan fixe où le détail de l'action est laissé à l'imagination du spectateur, Alice et Crewe étant dissimulés par le rideau fermant l'alcôve où se trouve le lit. On devine une lutte, on voit la main d'Alice qui sort de derrière le rideau, tâtonne et trouve un couteau à pain, posé sur une petite table, dont elle se saisit, puis le rideau qui s'agite, et enfin on voit sortir de derrière le rideau la main sans vie, la paume en l'air, de la victime. Alice apparaît, le couteau à la main, l'air hagard, mais dans une pose à la Judith : elle a tué son agresseur.

Le retour d'Alice dans la boutique de ses parents la montre en proie à une suite d'hallucinations, d'abord visuelles (la main d'un policier se transforme en main du mort, une publicité lumineuse substitue au geste répété d'une main qui verse le contenu d'un shaker dans un verre à cocktail celui d'une main qui donne un coup de poignard), puis auditives : à la table du petit déjeuner, Alice n'entend plus que le mot KNIFE sans cesse répété par une cliente qui commente le meurtre à l'arrière-plan ; son père lui demande de couper du pain ; elle se saisit du couteau à pain, sursaute et jette le couteau en l'air. « Tu devrais faire plus attention », lui dit son père, « tu aurais pu blesser quelqu'un ! ». La séquence est à mettre en parallèle avec celle du meurtre de Verloc, dans *Sabotage* : le leitmotiv auditif, rappel traumatique du meurtre commis par Alice, y deviendra leitmotiv visuel, figurant la motivation progressive du meurtre que s'apprête à commettre Winnie.

À la triangulation du désir s'est superposée, puis substituée, une autre triangulation, celle de la culpabilité. Tracy (Donald Calthrop), personnage louche et profiteur, a vu Alice en compagnie du peintre ; après le meurtre, il a trouvé un des gants qu'Alice a perdus, et entreprend de faire chanter Alice et Frank, le fiancé policier, qui a trouvé l'autre gant. Alice, la vraie coupable, est devenue l'enjeu non plus d'une rivalité amoureuse ou sexuelle, mais d'un affrontement entre le maître chanteur, qui menace de révéler sa culpabilité, et le policier qu'on croyait intègre, et qui va s'employer à faire passer Tracy pour le meurtrier de l'artiste. Affrontement où la plus grande brutalité est du côté de la « loi ». Aidé par un témoignage circonstanciel et par les antécédents peu reluisants de Tracy, Frank, après avoir paru céder aux exigences du maître chanteur, n'a pas de mal à le faire passer pour un suspect plausible ; Tracy s'affole, se sauve en sautant à travers une fenêtre vitrée ; poursuivi par la police, il quitte son taxi pour se réfugier à l'intérieur du British Museum, dont il parcourt les galeries ; surgi on ne sait d'où, il descend, suspendu à une mystérieuse corde, auprès d'une tête monumentale de Ramsès II, pénètre dans la rotonde de la salle de lecture, repasse à l'extérieur et escalade la rotonde de verre avant de glisser, de tomber à travers la verrière et de s'écraser au sol. Commencée sous une forme réaliste dans les rues de Londres, la scène de poursuite (*chase*) revêt dans le musée un caractère onirique, accentué par le gigantisme des décors architecturaux, colonnade et rotonde, et surtout de la tête colossale, qui réduisent le fugitif à une silhouette d'homme qui rétrécit[5]. Sans doute ne s'agit-il que d'une coïncidence, mais l'effet rappelle celui qu'on voit dans une scène nocturne du *Manteau* de Kozintsev et Trauberg (URSS, 1926, d'après Gogol), où le héros, errant dans les rues de Saint-Pétersbourg, se trouve soudain face à la tête d'un sphinx colossal, qui le domine du haut de son piédestal et le miniaturise.

FIG. 32 – *Blackmail* : le faux coupable au British Museum.

5 Photographe de plateau sur *Chantage*, le futur réalisateur et producteur Michael Powell assure avoir suggéré à Hitchcock l'idée de cette poursuite à travers le British Museum – *Une vie dans le cinéma* [1986], Institut Lumière / Actes Sud, 1997, p. 240. N'ayant pu tourner à l'intérieur du British Museum, Hitchcock a eu recours à l'« effet Schüfftan », qui permettait d'insérer les personnages dans des décors miniatures qui paraissaient gigantesques grâce à l'emploi d'un miroir. Hitchcock utilisera des effets similaires, par exemple dans la séquence du siège des Nations Unies, dans *La Mort aux trousses*. Quant à la tête de Ramsès II, dûment identifiée comme telle dans le film, elle ne reproduit pourtant pas celle, de dimensions beaucoup plus modestes, que possède effectivement le British Museum.

Mais la séquence du British Museum, si elle a un aspect spectaculaire et gratuit, approfondit et exacerbe aussi le thème fondamental de la culpabilité. En entrelaçant les plans généraux de la poursuite et des gros plans d'Alice, elle laisse supposer que l'héroïne est douée d'une forme de télépathie qui lui permet de visualiser cette poursuite ; par ailleurs, produisant un sentiment de cause à effet, le montage génère aussi une forme ambiguë de suspense, suggérant soit qu'Alice, si elle libère à temps sa conscience en avouant avoir tué le peintre, sauvera un innocent, certes peu recommandable, soit au contraire qu'elle se rend coupable d'un second meurtre, son silence ayant permis à Frank de détourner les soupçons vers un « innocent » qui a trouvé une mort « accidentelle ». L'intérêt vient ici du flou de ces diverses catégories : Alice est à la fois innocente (elle a tué en état de légitime défense, en tout cas pour « protéger sa vertu », elle a souhaité faire des aveux complets et disculper Tracy), coupable de meurtre et indirectement responsable d'un accident mortel ; Tracy n'a pas la conscience nette ; Frank a sciemment fait en sorte que Tracy soit chargé de la culpabilité d'Alice et participé à la traque de ce faux coupable. La conséquence de ces divers accommodements avec la rigueur de principes moraux abstraits est une fin faussement heureuse, avec une version officielle susceptible de satisfaire la police (un meurtre a été commis, le coupable a été identifié et s'est tué accidentellement en essayant d'échapper à la police), et une version privée qui laisse Alice et Frank, désormais menottés à vie, face à leurs propres consciences, elles aussi menottées par l'absence d'aveux.

Blackmail apparaît comme le triomphe de la contingence, le règne de l'ironie du sort que désigne la figure du bouffon moqueur, dans le tableau de Crewe qu'Alice a vainement lacéré de coups de couteau après le meurtre du peintre et qui resurgit à la toute fin du récit. La soirée instructive et plaisante qu'envisageait la jeune femme tourne au cauchemar. Croyant séduire une proie facile, Crewe trouve la mort, de même que l'« aubaine » que veut exploiter Tracy le mène à une chute fatale.

Deux remarques pour conclure. La première consiste à rappeler le lien discret mais direct qui mène de *Blackmail* à *Frenzy*. Dans la dernière partie de *Chantage*, Alice, résolue à avouer, se rend à Scotland Yard ; pendant qu'on la fait attendre (la contingence ne cessant de s'opposer à son désir d'avouer), elle regarde par la fenêtre, de l'autre côté de la Tamise, la majestueuse façade du London County Hall, dont la construction, commencée en 1912, est sur le point de s'achever (en 1932). Or cette façade servira de cadre à la séquence d'ouverture de *Frenzy* et au ronflant discours écologique de Sir George, démenti par la découverte du cadavre flottant au fil de la Tamise. La seconde vise à souligner une opposition assez nette entre les deux mêmes films. Sans négliger les personnages féminins (Brenda, Babs, Mrs Oxford), *Frenzy* privilégie souvent le point de vue des protagonistes masculins (Blaney, Rusk, Oxford). Il en va très différemment dans *Chantage*, où, en dehors de l'ouverture « documentaire », presque toute l'action est vue par Alice ou colorée par ses affects, y compris la traque de Tracy, à laquelle, grâce au montage alterné, elle semble assister. Je rejoins ici l'analyse de *Chantage* par Tania Modleski, qui observe avec raison que le résumé du film par Hitchcock lui-même (dans « Direction », en 1937) « fausse l'intérêt psychologique et émotionnel du film, qui est centré sur Alice et non sur le policier », Frank « devenant presque un personnage secondaire », même s'il est au cœur des conflits qui agitent Alice. Elle note encore que « dans tout le film, Hitchcock pointe constamment un doigt accusateur sur la loi en général et sur Frank en particulier, soulignant tant leur manque de compassion que leur complicité avec les criminels auxquels ils ont censés s'opposer » et conclut que, dans une large mesure, le film invite le spectateur, y compris masculin, à « éprouver de la sympathie pour une héroïne qui a enfreint la loi patriarcale et à s'identifier à elle[6] ». Un bon exemple de cette sympathie et de cette identification sous-jacentes est constitué par la fin du film, dont l'ironie grinçante a des sources et des cibles multiples. Ironie du planton de New Scotland Yard, qui voit ressortir Alice en compagnie de Frank, et demande « si elle leur a dit qui a fait le coup » (comme elle avait annoncé à son arrivée que c'est ce qu'elle allait faire) alors qu'il « sait » d'expérience que de tels témoignages ne mènent à rien, et qui poursuit en prenant pour cible non plus Alice, mais les femmes en général, « qui bientôt prendront la place des inspecteurs », si bien que Frank sera réduit au chômage mais que lui, le planton, aura le plaisir de les accueillir. Remarques sexistes ordinaires, mais reléguées à l'arrière-plan par l'ironie du cinéaste omniscient, qui force Frank à faire semblant d'apprécier et de partager l'humour déplacé du planton, puis agit de même à l'égard d'Alice, forcée de rire (jaune) en écoutant

6 Modleski, *The Women Who Knew Too Much*, *op. cit.*, p. 28-30 (je traduis) ; Hitchcock, « Direction », dans Gottlieb, *Hitchcock on Hitchcock*, *op. cit.*, p. 253-254.

les prédictions du planton, que celui-ci présente comme évidemment absurdes. Hitchcock souligne ici, en creux, la situation doublement victimaire de la femme, qui n'a échappé à l'agression sexuelle que pour rester soumise à un sexisme qu'on dirait aujourd'hui systémique.

ENTER SIR JOHN
Murder !

Reconnu par les historiens, apprécié par les amateurs de l'œuvre anglaise, *Murder*[7] *!*, à l'instar de *Blackmail*, mérite de toucher un public plus large, car il s'agit d'un des films de Hitchcock les plus riches et les plus complexes. Cette fois-ci Hitchcock adapte un roman et non une pièce de théâtre, mais le roman (œuvre de deux femmes, Clemence Dane et Helen Simpson) comme le film renvoient au théâtre, ainsi que l'indique le titre du roman, *Enter Sir John*, qui est une didascalie. Le thème du théâtre, à vrai dire de plusieurs formes de théâtre ou plus généralement de « spectacle vivant », est étroitement mêlé à celui du faux coupable, de l'enquête policière et de la rétribution judiciaire. Résumons l'intrigue. Le film commence, un peu à la manière de *Trouble in Paradise* (*Haute Pègre*, 1932) de Lubitsch, par une scène nocturne, confuse, à ceci près qu'en l'occurrence c'est non pas un simple cambriolage qui a été commis, mais un meurtre, au sein d'une troupe de comédiens ambulants, et que tout semble accuser une jeune actrice, Diana Baring, qui affirme ne se souvenir de rien. Diana est emprisonnée et jugée. Nous assistons au procès et à la longue délibération des jurés, parmi lesquels Sir John Menier (Herbert Marshall), un acteur de théâtre célèbre, qui, d'abord réticent, finit par se rendre aux arguments de la majorité. Diana

7 Le titre français *Meurtre* est récent, le film n'ayant semble-t-il pas été distribué en France avant 1976. Je rappelle que, pratique fréquente aux débuts du parlant, Hitchcock a réalisé une version allemande de *Murder !*, intitulée *Mary*, avec une distribution presque entièrement différente de la version originale, et notamment Alfred Abel (Fredersen, le maître de *Metropolis*) dans le rôle de Sir John. On trouvera une comparaison des deux versions dans Kerzoncuf et Barr, *Hitchcock Lost and Found*, *op. cit.*, p. 97-106. Cette version allemande constitue – curieusement – le bonus du DVD de *La Taverne de la Jamaïque* (Universal Pictures, 2005).

est condamnée à mort. Dans la scène déjà évoquée de son monologue intérieur, Sir John a des remords, il a le sentiment qu'un indice décisif a été négligé et se souvient avec tendresse de Diana. Il se sent doublement responsable de la condamnation de Diana, pour avoir négligé d'appeler l'attention sur cet indice, mais aussi parce que la jeune femme lui avait demandé conseil et que c'est sur sa suggestion qu'elle avait rejoint la troupe de comédiens ambulants. Avec l'aide d'un couple de cette troupe, Sir John reprend l'enquête, parvient à identifier le coupable probable et à le forcer à reconnaître sa culpabilité. Diana est donc sauvée in extremis de la potence et peut désormais jouer les premiers rôles auprès de Sir John, qui l'a épousée.

FIG. 33 – *Murder !* : le monologue intérieur de Sir John (Herbert Marshall).

Plusieurs des thèmes apparus dans *Chantage* (et dans *The Lodger*) font l'objet d'un nouveau traitement, au premier chef celui de la capacité d'aveuglement de la police et de la justice. Les implacables juges anglais à perruque, qu'on a déjà vus dans *Easy Virtue* (1927) puis dans *The Manxman* (1929) et qu'on reverra dans *Le Procès Paradine* (1947) et dans *Le crime était presque parfait* (1954), y sont montrés sous un jour peu flatteur, en tout cas peu féministe. Dans les cinq cas, c'est une femme qui est accusée ; dans trois cas sur cinq, elle est innocente, et pourtant condamnée. La description des juges s'inscrit dans la tradition satirique de Hogarth et de sa gravure *Les Cinq Ordres de Perruques* (1761). Très majoritairement masculins, fumant le cigare, la pipe ou la cigarette, les jurés de *Murder !* sont mieux traités : au moins abordent-ils des questions de fond, par exemple celle de l'irresponsabilité éventuelle de Diana, soulevée par une femme férue de psychologie, et de la crainte d'une récidive, débat qui annonce, toutes proportions gardées, celui de *M le Maudit* de Fritz Lang (1931)[8]. Il revient donc à Sir John de jouer les gentilshommes détectives et redresseurs de torts. Le personnage du détective amateur s'inscrit pour sa part dans la filiation des personnages de Poe (le Chevalier C. Auguste Dupin) et de Conan Doyle (Sherlock Holmes). Comme l'indiquent son titre, sa manière de s'habiller et de parler, sa résidence sur Berkeley Square, Sir John est à l'évidence un membre de la classe dirigeante, et Hitchcock prend un plaisir malicieux à faire contraster son aisance sociale et intellectuelle avec la gêne et les manières moins raffinées de Markham, le directeur de la troupe, et de sa femme Doucie, actrice pulpeuse, un peu vulgaire et sur le retour. La « société de classes » est dessinée d'un trait incisif, mais la solidarité des comédiens, et le souci commun de la recherche de la vérité, l'emportent sur la distance sociale qui paraissait insurmontable. Il faut ajouter que Sir John est amoureux de Diana (et réciproquement), qu'il est à l'aise dans tous les milieux, ne partage pas les préjugés de sa classe, et surtout reste avant tout et en toutes circonstances un homme de théâtre.

La suave politesse de Sir John lui est si naturelle qu'il est, pour ainsi dire, toujours en représentation, ou si l'on préfère qu'il n'est jamais aussi sincère que lorsqu'il joue. Dans ses rapports avec Markham et Doucie, puis dans la manière dont il identifie, approche et « ferre » le vrai coupable, Sir John ne cesse de « jouer la comédie », de se mettre en scène avec son titre, son costume de « ministre[9] », ses invitations, ses

8 Le jury se compose de douze personnes, neuf hommes et trois femmes. Le résultat du vote initial est de sept « coupable » et trois « non coupable », deux des jurés s'abstenant. Il est, curieusement, contredit par les images du dépouillement des bulletins, qui font clairement apparaître huit « coupable » et trois « non coupable », soit un bulletin de trop. Mrs Ward, la jurée intellectuelle et très *upper class* qui défend d'abord l'irresponsabilité de Diana en raison d'un possible dédoublement de sa personnalité, est jouée par Violet Farebrother, qui avait incarné l'étrange poétesse de *Downhill* (1927). C'est une autre jurée, d'apparence plus *middle class*, qui lui oppose l'argument de la récidive possible et du « sang qu'[elles auraient] alors sur les mains ». Au cœur des débats du jury comme du film dans son ensemble, l'appartenance à la même classe sociale apparaît comme plus pertinente que la différence sexuelle et constitue un lien très fort entre Sir John et Diana.

9 À Charles T. Samuels, Hitchcock a expliqué qu'il s'était inspiré de Sir Gerald du Maurier, acteur qu'il admirait vivement et type de l'*actor-manager* qui dirige sa propre troupe (et père de la romancière Daphné du Maurier) pour le personnage de Sir John, et que c'est

promesses, ses cadeaux. Acteur, mais aussi scénariste, metteur en scène et théoricien du théâtre, Sir John se réfère implicitement à Shakespeare, qu'il explique à Markham un peu interloqué que si l'art puise son matériau dans la vie, il a aussi pour responsabilité de critiquer la vie, ou qu'il s'inspire de l'acte III d'*Hamlet* et de « La Souricière » pour tendre un piège au vrai coupable. À la manière de Renoir dans *La Règle du jeu* et *Le Carrosse d'or*, ou de Mankiewicz dans *Ève* et *Guêpier pour trois abeilles*, et comme il s'y essaiera à nouveau dans *Le Grand Alibi* (*Stage Fright*), Hitchcock confronte le spectateur à la difficulté, voire à l'impossibilité, de distinguer nettement entre l'« art » et la « vie », entre la vie et la représentation de la vie.

Si le théâtre est partout présent, avec ses emplois, ses costumes, ses conventions, ainsi qu'on le voit, en particulier, lors du procès-spectacle de Diana auquel assistent les jurés, il revêt aussi, même en tant que spectacle *stricto sensu*, des formes variées, dont trois sont montrées ou évoquées dans le film. La prestigieuse scène londonienne dont Sir John est censé être un des monstres sacrés n'apparaît que brièvement, dans le plan final du film qui montre le rideau tomber sur la dernière scène, muette, d'une pièce de théâtre dont les vedettes sont Sir John et Diana, mais elle est implicite dans le jeu de Herbert Marshall, et elle est évoquée, de manière qu'on pourrait dire métonymique, dans le recours à la musique classique, ouverture de la Cinquième Symphonie de Beethoven pour accompagner le générique du film, prélude de *Tristan et Isolde* soulignant le pathétique amoureux du monologue intérieur de Sir John. Ces éléments empruntés au registre noble contrastent avec la manière hogarthienne dont Hitchcock dépeint les comédiens ambulants et les coulisses de leur spectacle comique, avec les changements rapides de costume et les effets de bruitage (des castagnettes servent à imiter le trot d'un cheval), une scène qui, comme le note Barr, constitue « à la fois une déconstruction et une célébration du monde illusoire du théâtre[10] ». *Murder !* apparaît dès lors comme appartenant à un genre mixte et « noble » puisqu'il subordonne la recherche du vrai coupable à l'amour

la raison pour laquelle il avait habillé Sir John « en veston noir et pantalon à rayures, comme un membre du cabinet » – *Encountering Directors*, New York, 1972, p. 241, cité par Yacowar, *Hitchcock's British Films*, *op. cit.*, p. 239.

10 Barr, *English Hitchcock*, *op. cit.*, p. 113.

que le détective amateur éprouve pour l'actrice innocente ; ce qui n'empêche pas le film, à la manière shakespearienne, de pratiquer le mélange des genres et d'intégrer des éléments carrément burlesques. Mais la dernière partie de l'ouvrage vient compliquer encore cette hybridité, en introduisant une nouvelle forme de spectacle vivant, celle du cirque, et en situant dans ce cadre un épilogue qui est tout à la fois hautement spectaculaire, hautement dramatique et hautement problématique. Quelques années après *The Ring* (1927), Hitchcock revient au milieu du cirque, un cirque à dominante indienne, avec son Monsieur Loyal, ses poneys, ses clowns, ses éléphants, ses danseuses exotiques, ses figurants enturbannés, et aussi son trapéziste, Handel Fane. Les soupçons de Sir John s'étant peu à peu portés sur cet ancien comédien ambulant, le détective amateur lui a demandé conseil pour qu'il l'aide à écrire « la fin de sa pièce » (équivalent de « La Souricière » dans *Hamlet*). Sir John, flanqué de Markham, sollicite, sur un ton impérieux, un entretien avec Fane. Imperturbable, celui-ci finit de rédiger une lettre qu'il met soigneusement sous enveloppe, et répond : « Après mon numéro ». On est ici, soudainement, transporté dans une séquence digne du célèbre film de l'Allemand E. A. Dupont, *Variétés* (1925). Fane paraît sur la piste du cirque, habillé en femme, avec un long manteau pailleté et une haute coiffure à plumets. Son manteau enlevé, Fane, moulé dans un maillot lui aussi pailleté, monte lentement à l'échelle de corde, enlève et jette sa coiffure. L'orchestre joue une musique de fanfare, puis un thème plus sentimental, mais que sa répétition rend obsédante et créatrice de suspense, pour accompagner le numéro de trapèze de Fane, qui suscite l'enthousiasme des spectateurs. Le montage brillant alterne plans rapprochés et plans généraux de Fane, plongées de son point de vue, plans de la foule et plans de Sir John et Markham, perplexes et inquiets. On revient en plan rapproché sur Fane qui semble avoir un malaise, voit en surimpression le visage de Sir John puis celui de Diana, avant de se ressaisir, de faire taire la musique, de confectionner avec sa corde un nœud coulant qu'il se passe autour du cou, puis de s'élancer dans le vide, suscitant cette fois-ci un cri d'horreur du public.

FIG. 34 – *Murder !* : Handel Fane (Esme Percy) se fait justice.

Avant de se faire lui-même justice, le coupable avait pris soin d'« écrire la fin de la pièce », confession distancée qui confirme en tous points les déductions de Sir John. En conclusion, Fane qualifie la pièce de Sir John d'« excellent mélodrame », description qui s'applique a fortiori à *Murder !* et au mélodrame visuel de son dernier acte. Demeure néanmoins une mini-énigme, concernant la motivation du meurtre qu'a commis Fane, et qui visait à cacher le secret de son identité. Ce qui est dit dans le film, comme dans le roman-source, est que Fane a tué pour éviter que la femme qu'il aimait (Diana) apprenne qu'il était « *half-caste* », un « sang-mêlé », avec du « sang noir » ; meurtre d'autant plus inutile que, comme Diana l'a confié à Sir John, elle « ne pouvait aimer » Fane, dont elle connaissait le secret. De longue date, les commentateurs se sont employés à dédouaner Hitchcock de tout soupçon de racisme et à expliquer qu'en réalité, « métis » était une sorte de mot codé pour désigner l'homosexualité de Fane. C'est ainsi que pour Rohmer et Chabrol, « il ne fait aucun doute que le véritable secret de l'assassin n'est pas d'être un métis au sens ordinaire, mais bien un métis sexuel, un pédéraste[11] ». Il y aurait beaucoup à (re)dire sur la manière dont ces auteurs amalgament homosexualité, pédérastie, travestissement et « tics féminins », et contredisent frontalement le film en affirmant que Diana aime Fane mais que celui-ci est incapable d'aimer[12]. Je me bor-

11 Rohmer et Chabrol, *Hitchcock*, *op. cit.*, p. 35.

12 Plus intéressante ou intrigante est la brève mention par Rohmer et Chabrol d'un « triptyque » « illustrant le problème de l'homosexualité » dont *Murder !* constituerait le premier

nerai à remarquer que rien n'interdit de respecter, si j'ose dire, la lettre du film et de voir en Fane un personnage doublement marginal, d'abord par son origine raciale, ensuite par son ambiguïté sexuelle. Il est un peu, pour l'Angleterre de l'époque, l'équivalent du « mulâtre tragique » de la culture américaine (voir diverses fictions dramatiques, romanesques et/ou cinématographiques comme *Show Boat*, *Imitation of Life* [*Images de la vie* / *Mirage de la vie*] ou *Band of Angels* [*L'Esclave libre*]), et il me semble illégitime de gommer cette dimension effectivement tragique du personnage, dont on peut supposer que son sang « noir » est dravidien plutôt qu'africain, ce qui expliquerait qu'il ait trouvé refuge dans un cirque « indien[13] ». Il est parfaitement exact que le personnage de Handel Fane évoque aussi un authentique circassien, l'Américain Vander Clyde, dit « Barbette », funambule et trapéziste travesti qui eut son heure de gloire à la même époque, se produisant à Paris, dans des cirques et des music-halls prestigieux (Medrano, Olympia, Moulin Rouge...) où il réalisait son numéro en femme, ne révélant son travestissement (au contraire de Fane) qu'à la fin du numéro. Jean Cocteau a demandé à Man Ray de photographier les métamorphoses successives de Barbette en femme, en être hybride, puis de nouveau, « sitôt sa perruque arrachée », en homme, et observé :

> La raison du succès de Barbette vient de ce qu'il s'adresse à l'instinct de plusieurs salles en une et groupe obscurément des suffrages contradictoires. Car il plaît à ceux qui voient en lui la femme, à ceux qui devinent en lui l'homme, et à d'autres dont l'âme est émue par le sexe surnaturel de la beauté[14].

Si Hitchcock ne théorise pas comme Cocteau la nécessité pour le comédien de sortir de son identité (sexuelle, mais aussi nationale ou sociale) pour jouer son rôle de façon convaincante, le cinéaste a néanmoins semé quelques indices qui suffisent à rappeler que le travestissement, s'il sert à dramatiser le numéro de Fane, a été et continue à être une pratique

---

volet (d'un point de vue « moral »), avant *Rope* (point de vue « réaliste ») et *Strangers on a Train* (point de vue « psychanalytique ») – *ibid.*, p. 35-36. Le point de vue de *Rope* n'est-il pas d'abord moral ?

13 Barr conteste cet escamotage du thème racial (*English Hitchcock*, *op. cit.*, p. 114-117) et note que le roman-source fait explicitement référence à un *lascar*, terme qui désignait des marins, supplétifs ou domestiques indiens travaillant pour le Raj britannique. On peut renvoyer aussi, à titre de comparaison, à la tragédie des *half-castes* anglo-indiens qui fait le sujet de *Bhowani Junction*, roman de John Masters dont l'action est située en 1947, porté à l'écran par Cukor en 1956.

14 Jean Cocteau, « Le numéro Barbette », *Nouvelle Revue Française*, n° 154, juillet 1926, p. 37.

courante au théâtre. Après avoir commis son forfait, Fane s'est déguisé en agent de police, échappant ainsi aux poursuites. Dans les coulisses du théâtre, on l'a aperçu habillé en femme. Sir John lui-même, hors champ, imite une voix de femme qui trompe la logeuse de Diana. En résumé, rien n'interdit d'imaginer que Handel Fane soit tout à la fois un métis indien et un travesti, peut-être mais pas forcément homosexuel ou bisexuel, et qu'il soit amoureux de Diana.

ÉCHOS DE *MURDER !* DANS LA PÉRIODE HOLLYWOODIENNE

Indépendamment du thème supposé de l'homosexualité, l'image du nœud coulant à l'aide duquel Fane se pend lui-même préfigure la corde de *Rope*, qui sert bien sûr à étrangler un innocent, mais qui dans la pièce de Patrick Hamilton renvoie aussi au mode de mise à mort alors habituel en Angleterre, laissant présager le sort ultime des assassins. Ce symbolisme « anglais » a été conservé dans le film de Hitchcock malgré le déplacement de l'action à New York.

On peut aussi rapprocher *Murder !*, à certains égards, d'un autre film « hybride » de la période hollywoodienne, *Le Grand Alibi* (*Stage Fright*, 1950). « Hybride » dans le sens où, même s'il s'agit d'une production de la Warner, avec une star internationale (Marlène Dietrich) et une star américaine (Jane Wyman), le roman-source est anglais, le film a été tourné à Londres, et les autres rôles principaux sont tenus par des acteurs britanniques (Michael Wilding, Richard Todd, Alastair Sim, Sybil Thorndyke, Kay White...). *Stage Fright* est surtout connu pour son emploi d'un « flash-back menteur », procédé qui a beaucoup surpris, voire choqué puisque Hitchcock y manipule le spectateur en lui faisant croire d'emblée à la culpabilité de Charlotte Inwood (Dietrich) alors que la fin du récit établira que le véritable coupable n'est autre que Jonathan Cooper (Todd), le narrateur implicite du flash-back. Hitchcock propose donc ici une nouvelle variation sur le thème du faux coupable, tout en revenant de fait, comme dans *Murder !*, au genre du *whodunit* ou récit policier à énigme, qu'il prétendait ne pas goûter. Mais c'est d'abord l'élément théâtral, affiché dès le titre original du film (au sens littéral, *stage fright* désigne d'abord le trac de l'acteur), qui invite à un rapprochement avec *Murder !* Charlotte Inwood est une célèbre actrice de théâtre et de music-hall, que son amant Jonathan Cooper, lui aussi acteur, accuse d'avoir tué son mari tout en faisant apparaître Cooper comme coupable. La jeune Eve Gill (Wyman) est étudiante à la Royal Academy of Dramatic Art, équivalent de notre Conservatoire national d'art dramatique ; amoureuse de Cooper, elle est persuadée de son innocence et l'aide à échapper à la police. Entreprenant de prouver la culpabilité d'Inwood, Eve convainc son habilleuse de lui céder sa place : l'actrice aspirante « joue » donc un rôle et se déguise. Si les parents d'Eve (Sim et Thorndyke) ne sont pas des acteurs, ils n'en « jouent » pas moins des rôles typés d'Anglais pittoresques et excentriques. Le seul personnage qui n'a rien de théâtral est le policier « Ordinary » Smith (Wilding), qui mène l'enquête tandis qu'Eve et son père mènent parallèlement leur enquête de détectives amateurs. Quoique toujours persuadée de l'innocence de Cooper, Eve se détache peu à peu de lui et tombe amoureuse du policier. Dans un théâtre, une manipulation du duo d'amateurs, destinée à piéger Inwood, réussit mais, sans innocenter entièrement celle-ci, révèle aussi la culpabilité de Cooper, qui est tué par la chute du rideau de scène, faisant écho au rideau qui se levait du début du récit.

On a donc affaire ici à un ensemble de manipulations complexes (celles des coupables, vrais ou faux, celle des enquêteurs, celle du cinéaste), dans une tradition très *British* qui est d'abord théâtrale (même si en l'occurrence, la source est un roman), une tradition illustrée entre autres par Patrick Hamilton (*Hantise*), Frederick Knott (*Dial M for Murder*) ou Anthony Shaffer (*Le Limier* [*Sleuth*], 1970) et dans laquelle s'inscrivit aussi, à plusieurs reprises, Mankiewicz (*All About Eve*, *Guêpier pour trois abeilles*, *Sleuth*). Ajoutons le caractère spéculaire, ou autoréflexif, des conversations entre Eve et son père, sur la différence entre le « mélodrame » et la « vraie vie », qui confirment le rapprochement avec *Murder !* Mais si certains aspects du récit sont très sombres (Cooper, l'étrangleur, a quelque chose d'un tueur en série, et le personnage de Charlotte Inwood est lui aussi manipulateur et plein de duplicité), ils sont aussi contrebalancés par de nombreux éléments d'aventure et de comédie, incarnés notamment par le couple naissant Eve – « Ordinary », proches de l'esprit des films de Hitchcock des années trente, comme *The 39 Steps* ou *Young and Innocent*.

UNE ŒUVRE À RÉÉVALUER
Young and Innocent

Réalisé dans la foulée des *Trente-Neuf Marches*, *Jeune et Innocent* (1937) semble en reprendre la formule et a sans doute souffert de cette proximité ; il est souvent considéré comme une œuvre charmante mais mineure quand il n'est pas purement et simplement oublié (par la critique française, en particulier). Comme dans le film précédent, un faux coupable, poursuivi par la police, est sur la piste du véritable assassin ; comme dans le film précédent, nous savons d'emblée qu'il est innocent. Ce qui diffère et saute aux yeux, c'est qu'au contraire de Pamela dans *Les Trente-Neuf Marches*, Erica Burgoyne est intuitivement convaincue de l'innocence du héros et lui vient en aide alors qu'elle est très proche de son père, qui est policier et veuf, avec quatre jeunes garçons, et que les preuves circonstancielles paraissent accabler le jeune homme, Robert Tisdall. Autre différence notable, l'évidente jeunesse de l'interprète d'Erica, Nova Pilbeam, qui, après avoir joué le rôle de l'adolescente kidnappée dans *L'Homme qui en savait trop*, n'avait que dix-huit ans. Même si *Young and Innocent* comporte plusieurs morceaux de bravoure et si la violence n'en est pas exclue, l'impression d'ensemble qui s'en dégage n'en est pas moins celle d'une comédie, d'une escapade amoureuse en automobile dans la campagne anglaise, une version solaire des films d'adolescents criminels fugitifs tels *Le Démon des armes* de Joseph Lewis ou *Les Amants de la nuit* de Nicholas Ray. Cela tient avant tout à la beauté et au charme de Nova Pilbeam et de Derrick de Marney (Tisdall) ainsi qu'au tournage en extérieurs réels, à la présence de nombreux enfants, à une scène de colin-maillard que Hitchcock considérait comme « l'essence même du film » et qui fut coupée de la version américaine[15], à l'intégration finale du faux coupable dans la cellule familiale où Erica tenait le rôle de la mère décédée.

Interviewée en 1990, Nova Pilbeam se souvenait de *Young and Innocent* comme du « film le plus ensoleillé auquel elle avait participé[16] ». C'est

15 Truffaut, *Le Cinéma selon Hitchcock*, *op. cit.*, p. 83. Propos répétés par Hitchcock à Daniel Spoto en 1976 (« la partie de colin-maillard était conçue comme un symbole délibéré », dans Spoto, *The Life of Alfred Hitchcock*, *op. cit.*, p. 164). La version américaine était intitulée *The Girl Was Young*.

16 Entretien réalisé en juin 1990, dans Brian McFarlane, *Sixty Voices : Celebrities Recall the Golden Age of British Cinema*, British Film Institute, Londres, 1992.

pourquoi je m'inscris en faux contre l'affirmation de Rohmer et Chabrol, pour qui « Hitch ne fut guère inspiré par son interprète féminine » et « Nova Pilbeam le laisse, et nous laisse, de glace[17] ». Et même contre les déclarations de Hitchcock lui-même lorsque Selznick, séduit par *Young and Innocent*, qu'il jugeait « très curieux et très intéressant », et grand découvreur d'actrices, envisagea de « faire de Nova Pilbeam une grande star internationale » et pour commencer de lui confier le premier rôle féminin de *Rebecca*, celui de « Je ». Hitchcock résista à cette suggestion, arguant de l'« immaturité » de l'actrice et de son registre trop limité et assurant méchamment que Ronald Colman, alors envisagé pour le rôle de Maxim de Winter, « n'avait pas de souci à se faire », car Pilbeam passerait inaperçue[18]. Quelles que soient les raisons de ces réticences de Hitchcock (sans doute dues à sa volonté d'imposer à Selznick sa conception du personnage, différente de celle du roman), il faut les tempérer en rappelant le goût immodéré du cinéaste pour les remarques désobligeantes sur les acteurs (« je n'ai pas dit que les acteurs étaient du bétail, j'ai dit qu'il fallait les traiter comme du bétail »), et sur le fond elles apparaissent paradoxales, car dans *Young and Innocent* le personnage d'Erica Burgoyne est certes juvénile, mais il fait preuve d'indépendance et de détermination, qualités dont l'héroïne de *Rebecca* semble d'abord dépourvue.

La violence affleure néanmoins dans plusieurs scènes, tantôt de façon aussi spectaculaire qu'invraisemblable (l'automobile du couple de détectives amateurs s'enfonçant puis s'effondrant dans le puits d'une mine désaffectée, laissant Erica, suspendue dans le vide, tenue à bout de bras par Tisdall – image qu'affectionne Hitchcock et qu'il perfectionnera dans *La Mort aux trousses*), tantôt plus subtilement : c'est ainsi qu'au début du récit, la découverte du cadavre de la victime, l'actrice de cinéma Christine Clay, sur une plage bordée de falaises et peuplée de mouettes, évoque irrésistiblement, pour le spectateur d'aujourd'hui, *Les Oiseaux* que Hitchcock réalisera un quart de siècle plus tard[19].

17 Rohmer et Chabrol, *Hitchcock*, *op. cit.*, p. 57.

18 Leonard J. Leff, *Hitchcock and Selznick* [1987], Weidenfeld & Nicholson, Londres, 1988, p. 49-51. Spoto juge « inexplicable » l'hostilité de Hitchcock à la distribution éventuelle de Pilbeam (*The Life of Alfred Hitchcock*, *op. cit.*, p. 217).

19 Ainsi que le note Barr, qui reproduit un plan de mouettes en vol tiré de *Young and Innocent* et développe même un parallèle (un peu forcé) entre les deux films (*English Hitchcock*, *op. cit.*, p. 185-186).

Guy, le meurtrier, qui n'est autre que le mari jaloux de la victime, est caractérisé, de façon assez discrète, par le tic qui agite ses yeux ; ce signe distinctif, aperçu dès la première séquence du film, reparaît de façon beaucoup plus spectaculaire, lorsqu'est enfin retrouvée la trace de Guy, devenu batteur dans un orchestre (partiellement) de *blackface* qui fait danser les clients d'un palace du bord de mer. Un long travelling avant remonte toute la longueur de la salle de bal jusqu'à cadrer le visage de Guy, ses yeux se mettant à cligner sous le maquillage, puis revient en sens inverse jusqu'à Erica et le vieux Will, le réparateur de porcelaine qui est l'autre adjuvant de la jeune fille, dans un récit qui tient du conte de fées et de ses archétypes. Prouesse technique comme les affectionne Hitchcock, la séquence est justement célèbre et a inspiré les critiques. Rohmer et Chabrol y voient « le plus beau travelling avant de toute l'histoire du cinéma », allant jusqu'à affirmer, contrairement à leur thèse habituelle de la supériorité de l'œuvre hollywoodienne, que « [m]ême le célèbre travelling sur la clé dans la main d'Ingrid Bergman (*Notorious*) est moins impressionnant que celui-ci[20] ». Autre procédé cher à Hitchcock, c'est dès le générique du film qu'on entend l'air de la chanson *The Drummer Man* (« Le Batteur »), qui ne trouvera sa justification qu'à la toute fin du récit, avec les paroles « *No One Can / Like the Drummer Man* » (« [Pour le rythme de la danse] Personne n'est à la hauteur / du batteur ») ; Yacowar rapproche le procédé de l'emploi de *La Veuve joyeuse* au générique de *L'Ombre d'un doute*, histoire d'un tueur de dames à la Landru[21]. Après Rothman, Barr décrit finement la fonction de la caméra, dont la pression inquisitive déclenche le tic révélateur de la culpabilité de Guy, de même qu'au début des *Trente-Neuf Marches* elle semblait non seulement montrer, mais activer l'allumage successif des lettres MUSIC HALL[22].

20 Rohmer et Chabrol, *Hitchcock*, *op. cit.*, p. 56-57.

21 Yacowar, *Hitchcock's British Films*, *op. cit.*, p. 179-180, p. 252.

22 Rothman, *Hitchcock – The Murderous Gaze*, *op. cit.*, p. 128-129 ; Barr, *English Hitchcock*, *op. cit.*, p. 182. Rothman parle du tic révélateur (*telltale*), expression qui renvoie au conte de Poe « Le Cœur révélateur » (« The Tell-Tale Heart »).

FIG. 35 – *Young and Innocent* : l'orchestre *blackface*.

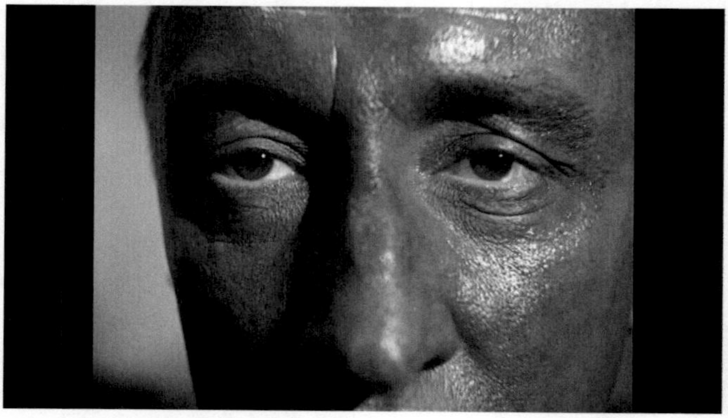

FIG. 36 – *Young and Innocent* :
au terme du travelling, les yeux du batteur (George Curzon).

On ne sera pas surpris d'apprendre qu'à l'exception de la découverte du cadavre, toutes ces scènes sont des inventions de Hitchcock et/ou de ses scénaristes, dont Charles Bennett. Du roman-source, *A Shilling for Candles* de Josephine Tey (1936), n'ont été conservés que la situation initiale et quelques personnages : la découverte du corps de Christine Clay sur la plage de Westover, les indices qui semblent accuser Tisdall, son arrestation et sa fuite, l'aide qu'il reçoit d'Erica Burgoyne, la fille du lieutenant de police, la recherche du manteau volé qui pourrait innocenter Tisdall (dans le film, ce manteau est remplacé par la ceinture d'un imperméable : le tueur hitchcockien est un étrangleur, alors que celui du roman a noyé sa victime). Cependant la narration du film diverge d'emblée de celle du roman, en introduisant la scène initiale de la querelle entre Christine et son mari, et en réduisant le rôle de l'inspecteur Grant, qui mène l'enquête dans le livre. La divergence ne fait ensuite que s'accentuer. Dans le roman, Grant étend ses investigations à tous les proches de la victime, amis, collègues, parenté, se déplace sans cesse, de Westover à Londres ou à Cantorbéry, et, dans la tradition du *whodunit*, multiplie les suspects et les fausses pistes avant de résoudre l'énigme de façon doublement inattendue. Beaucoup plus resserré, le récit hitchcockien se focalise sur les personnages d'Erica et de Tisdall, étoffe leurs aventures comico-dramatiques et surtout les constitue en couple amoureux, ce qui n'est nullement le cas dans le roman.

UNE ŒUVRE SOUS-ESTIMÉE
Downhill

Le statut mineur de *Downhill* (1927) semble suffisamment attesté par sa présence bienvenue mais discrète et incongrue en bonus du DVD Le Figaro Magazine de *Waltzes from Vienna* (*Le Chant du Danube*, 1933), film lui-même peu connu de Hitchcock que Rohmer et Chabrol qualifient avec insistance d'« exécrable[23] ». En revanche, le duo hitchcocko-hawksien décerne des éloges appuyés à *Downhill*, allant jusqu'à écrire « qu'il n'est pas interdit de le préférer à *The Lodger* » ; ils jugent que la mise en scène, « à première vue, moins brillante » mais « pas moins efficace », en « est certainement plus "pensée" et marque un pas en avant » par rapport au film qui précède immédiatement, ce qui semble tout de même excessif et paradoxal[24]. *Downhill* se situe évidemment dans la continuité de *The Lodger*, d'abord en raison de la présence d'Ivor Novello dans le rôle principal, et aussi parce qu'il s'agit d'un récit de « faux coupable », même s'il est globalement bien différent de l'atmosphère gothique ou germanique du précédent.

23 Rohmer et Chabrol, *Hitchcock*, *op. cit.*, p. 44.
24 Rohmer et Chabrol, *ibid.*, p. 17, p. 19.

Le sujet est tiré d'une pièce de Novello lui-même (en collaboration avec Constance Collier, sous le pseudonyme collectif de David L'Estrange) et l'acteur, évidemment trop âgé pour le rôle, mais très photogénique, interprète un adolescent, Roddy (Roderick), fils de famille (son père est Sir Thomas Berwick), qui est interne dans une *public school*. Son meilleur ami est Tim Wakely (Robin Irvine), dont le père est pasteur, donc peu argenté, et qui espère obtenir une bourse pour aller à Oxford. Dans le décor gothique ou néo-gothique de la *public school*, on assiste à un match de rugby et à la grande fête annuelle où sont conviées les familles. Mais l'intérêt des deux amis se concentre surtout sur l'aguichante serveuse Mabel (Annette Benson), qui tient aussi un magasin de confiserie (*tuck-shop* lié à l'école) dans lequel elle donne rendez-vous aux deux jeunes gens. Le trio flirte et danse au son d'un disque. Les plans généraux qui dominent font ressortir quelques très gros plans sur le visage sensuel et charmant de Mabel, frisettes et yeux filmés dans un léger flou ou *sfumato* très seyant. Roddy traite généreusement un gamin qui n'a qu'un demi penny à dépenser, ce qui amène une horde d'autres enfants à venir profiter de l'aubaine ; pendant que Roddy se débat avec la caisse enregistreuse, il laisse le champ libre à Tim, dont le flirt avec Mabel, dans l'arrière-boutique, est plus poussé.

Ce premier acte (« The World of Youth », « Le monde de la jeunesse ») se clôt sur l'accusation portée par Mabel contre Roddy, accusation qui n'est pas clairement explicitée et qu'on peut comprendre soit comme celle d'un vol (ainsi que le fait Truffaut à la suite de Rohmer et Chabrol[25]), soit plutôt comme celle d'un viol ou plus exactement d'une recherche en paternité (ainsi que le pensent Yacowar, Spoto et McGilligan[26]). Plus crédible, cette seconde accusation est difficile à concilier avec la chronologie rapide des événements. Quoi qu'il en soit, Mabel charge Roddy, dont le père est riche, dans une accusation dont Barr note qu'elle porte en germe des éléments du célèbre « flash-back menteur » du *Grand Alibi*[27], et Roddy, pour protéger Tim et son espoir de bourse, ne dément pas ; traité de menteur par Sir Thomas, il s'enfuit de chez lui, amorçant une descente ou une dégringolade sociale et morale (« Downhill »)

25 Truffaut, *Le Cinéma selon Hitchcock*, *op. cit.*, p. 38 ; Rohmer et Chabrol, *Hitchcock*, *op. cit.*, p. 17.

26 Yacowar, *Hitchcock's British Films*, *op. cit.*, p. 30, p. 231 ; Spoto, *The Life of Alfred Hitchcock*, *op. cit.*, p. 96 ; Patrick McGilligan, *Alfred Hitchcock : A Life in Darkness and Light*, Wiley, Chichester, 2003, p. 90.

27 Barr, *English Hitchcock*, *op. cit.*, p. 47.

immédiatement figurée par la descente littérale de l'escalier mécanique qui l'entraîne dans les profondeurs de l'Underground londonien[28].

Le deuxième acte (« The World of Make Believe », « Le monde de l'illusion ») commence de façon très spectaculaire, bien analysée par Yacowar et par McGilligan[29]. On voit Roddy en costume de soirée ; on est au bord de la mer, parmi des tables que protègent des parasols. On réalise que Roddy est non pas un mondain, mais un serveur, on le voit ramasser (voler ?) un étui à cigarette oublié sur la table par une cliente, et on réalise enfin, grâce au travelling de gauche à droite, que le « bord de mer » est en réalité situé sur la scène d'un théâtre, dont on découvre les spectateurs et à l'arrière-plan les loges (comparables à celles du Palladium qu'on verra dans *Les Trente-Neuf Marches*). On comprend aussi que, loin d'avoir « volé » l'étui à cigarettes, Roddy l'a récupéré pour la vedette, qui ne cesse de l'oublier. On a ainsi compris, de façon très économique, que Roddy est devenu le chevalier servant de la vedette de la pièce, Julia (Isabel Jeans), intrigante moins jolie mais plus raffinée que Mabel. Julia épouse Roddy, qui a hérité de sa marraine une somme importante, sans mettre fin à la liaison ostensible qu'elle entretient avec Archie (Ian Hunter, figure d'autorité massive qui rappelle celle de Sir Thomas, accentuant ainsi le parallélisme entre les deux actes). C'est dans cette partie qu'on trouve la première occurrence d'un plan subjectif célèbre, Julia allongée qui se retourne à l'entrée de Roddy et le voit à l'envers comme Ingrid Bergman qui a la gueule de bois verra Cary Grant à l'envers au début de *Notorious*[30].

Après le mariage, l'héritage de Roddy (à qui Julia et Archie ont cyniquement fait payer de nombreuses factures afin qu'il acquitte son « droit d'entrée » dans leur petit cercle théâtral, jouisseur et amoral) ne cesse de fondre, comme le montrent les cartons dans lesquels son montant est indiqué en caractères de plus en plus petits, et la déchéance de Roddy est de nouveau symbolisée ou plutôt figurée par sa descente de plusieurs étages en ascenseur.

28 Hitchcock à Truffaut : « Dans le même genre d'idée que le plafond transparent [de *The Lodger*], j'ai inventé une chose assez naïve que je ne ferais plus aujourd'hui. Quand le garçon est fichu à la porte de la maison par son père, et qu'il commence ainsi son voyage à travers la dégradation, je l'ai placé sur un escalier roulant qui descend ! » (*Le Cinéma selon Hitchcock*, *op. cit.*, p. 38).

29 Yacowar, *Hitchcock's British Films*, *op. cit.*, p. 35 ; McGilligan, *Alfred Hitchcock*, *op. cit.*, p. 92-93.

30 Toujours attentif, comme il se doit, aux effets de caméra subjective chez Hitchcock, Barr note avec raison que dans *Downhill* l'effet semble un peu gratuit, plus bizarre que « légitimement » subjectif (*English Hitchcock*, *op. cit.*, p. 47).

Cette transition introduit au troisième acte, « The World of Lost Illusions » ou « Le monde des illusions perdues », titre quasi balzacien approprié. On retrouve Roddy, désormais désargenté, à Paris, plus précisément au Moulin Rouge ; le moulin lumineux et tournant, qu'on voit dans *Moulin Rouge* d'E. A. Dupont (coproduction anglo-allemande, 1928) comme dans *Harmonies de Paris* de Lucie Derain (production Albatros, 1927), constituait un symbole international bien établi de la vie parisienne et des plaisirs plus ou moins frelatés qu'elle propose aux touristes. Comme Billy Wilder à Berlin à la même époque, Roddy est devenu danseur mondain, façon polie de désigner un gigolo. Des scènes d'une crudité étonnante montrent la patronne, Madame Michet (Barbara Gott), qui fait l'article auprès des rombières (« cinquante francs pour une danse avec un si beau jeune homme, c'est cadeau »), avant d'enfouir les billets dans son opulente poitrine. Une bizarre « poétesse » à l'allure un peu masculine semble s'apitoyer sur Roddy (« Comment êtes-vous tombé si bas ? »). Un client a un malaise, on tire le rideau et on ouvre la fenêtre, la lumière du matin et un panoramique font apparaître dans toute leur laideur les visages de ces femmes mûres et les silhouettes obèses des messieurs qui les accompagnent. Le visage de la poétesse revêt un caractère inquiétant face à la beauté mélancolique d'Ivor Novello[31].

FIG. 37 – *Downhill* : la poétesse (Violet Farebrother).

31 Hitchcock ajoute que « toujours par la fenêtre, on voit des gens qui passent, transportant un cercueil » (Truffaut, *Le Cinéma selon Hitchcock*, *op. cit.*, p. 38). Cette image, qui ne figure ni dans le DVD consulté ni dans *1000 Frames of* Downhill (« mille photogrammes de *Downhill* », The Hitchcock Zone, sur Internet), était peut-être inspirée par le plan célèbre du corbillard qu'on voit passer pendant la séquence du mariage dans *Les Rapaces* (*Greed*, 1924) d'Erich von Stroheim.

La descente aux enfers se poursuit et s'achève à Marseille, où Roddy, drogué, semble-t-il, a échoué dans un bouge où une femme et deux marins noirs (l'un des deux en *blackface*) ont suffisamment pitié de lui pour le mettre dans un bateau qui le ramène en Angleterre[32]. Sur le bateau, Roddy a des hallucinations où les visages des diverses femmes qui l'ont trahi ou exploité, Mabel, son ex-femme Julia, Madame Michet, la poétesse, alternent avec des plans de la machinerie du bateau et du disque de la danse avec Tim et Mabel[33]. La séquence signe clairement l'appartenance du film à l'avant-garde expérimentale de l'époque, en même temps qu'elle induit une certaine dichotomie entre un propos relativement simple et linéaire et une débauche d'effets visuels étonnants. Que Roddy débarque en Angleterre est suffisamment signalé par la présence d'un bobby casqué à qui une dernière hallucination de Roddy donne le visage de Sir Thomas Berwick. Dans une scène qui répète et renverse celle de leur rupture, Roddy, qui a été innocenté, est réconcilié avec son père. Dans cette scène comme dans presque tout le film, l'absence de la mère est notable, ainsi que l'absence de toute allusion à Mabel, dont le mensonge originel a déclenché la chute et l'expulsion de Roddy.

L'intérêt de *Downhill* tient d'abord aux morceaux de bravoure qu'il propose et aux expérimentations auxquelles s'est adonné Hitchcock. Auprès de Truffaut, le cinéaste s'est vanté d'avoir monté les scènes de rêves ou d'hallucinations *cut*, sans fondus ni image floue, de manière à « intégrer le rêve à la réalité, et d'une manière solide[34] ». Pourtant, selon Spoto, Hitchcock a eu recours à un procédé similaire, issu de l'éclairage des apparitions de fantômes au théâtre, en demandant que les hallucinations de Roddy soient teintées en vert clair[35].

Les images de Londres, dont celle – récurrente – de Piccadilly Circus, avec la publicité lumineuse BOVRIL, marquent aussi l'appartenance au

32 Truffaut (*Le Cinéma selon Hitchcock*, *op. cit.*, p. 38), s'appuyant sur Rohmer et Chabrol (*Hitchcock*, *op. cit.*, p. 18), évoque un cargo que Roddy croit se diriger vers l'Afrique, mais cette indication ne figure pas dans la copie que j'ai vue.

33 Rohmer et Chabrol (*ibid.*, p. 18) et Barr (*English Hitchcock*, *op. cit.*, p. 46) s'accordent tant pour reconnaître la misogynie globale de *Downhill* que pour réfuter l'hypothèse d'une misogynie habituelle de Hitchcock.

34 Truffaut, *Le Cinéma selon Hitchcock*, *op. cit.*, p. 38-39.

35 Spoto, *The Life of Alfred Hitchcock*, *op. cit.*, p. 96. Rothman évoque le symbolisme du vert chez Hitchcock (« la couleur des rêves, des fantasmes et des souvenirs ») et rapproche judicieusement les séquences teintées de *Downhill* de *Vertigo* (*Hitchcock – The Murderous Gaze*, *op. cit.*, p. 359. Malheureusement, le procédé est absent de la version que j'ai vue.

moins partielle de *Downhill* au genre des Symphonies de villes, dont on voit l'équivalent parisien dans certaines séquences de *Ménilmontant* de Kirsanoff (1926) ou d'*Harmonies de Paris* de Lucie Derain (1927) précité.

Comme dans *The Lodger*, on observe donc ici une certaine disparité, une hétérogénéité des styles, qui n'ont guère en commun que l'exploration systématique des procédés narratifs permettant de raconter le récit de façon prioritairement, voire exclusivement, visuelle. Contrastant avec l'emploi des très gros plans aussi bien qu'avec les séquences de montage, certains plans généraux jouent sur la disposition des personnages dans des espaces intérieurs (le hall carrelé en damier de la résidence Berwick) dont la profondeur de champ accentue l'impression d'immensité, comme dans *L'Éventail de Lady Windermere* de Lubitsch (États-Unis, 1924). On pense aussi à Lubitsch lorsqu'on voit Roddy miniaturisé devant une porte qui paraît gigantesque (à Paris, à la fin du deuxième acte) ; le procédé sera repris jusque dans *Rebecca*, pour souligner le désarroi de « Je » intimidée par les dimensions majestueuses de Manderley. Ce style statique et retenu est bien distinct du *Kammerspiel* expressionniste qui inspire les séquences où l'on voit Roddy dans sa chambre parisienne ou dans le bouge marseillais.

Ce caractère disparate des styles s'accompagne pourtant d'une recherche d'unité et de sens dont Rohmer et Chabrol ont bien eu l'intuition lorsqu'ils remarquent « qu'intervient ici, pour la première fois, la notion d'itinéraire, que l'on retrouvera souvent [...]. La déchéance du héros suit une direction : du Nord au Sud. Littéralement, il descend ». Rappelant ensuite que Hitchcock « explique qu'il conçoit un film comme "*une forme : des lignes en mouvement dans une certaine direction*" », ils notent « que dans *Down Hill* [*sic*], le collège est traité en travelling-avant horizontal, la boîte de nuit en une série de panoramiques exprimant une stagnation, et le port de Marseille en travelling vertical de haut en bas ». La démonstration est trop systématique pour être probante, mais elle est juste sur le fond, lorsqu'elle caractérise la mise en scène de Hitchcock comme l'« illustration, par la virtuosité technique, d'une idée psychologique et morale, exemple excellent de l'interdépendance de la forme et du fond[36] ».

Il faut en effet voir au-delà de la « virtuosité technique » parfois ostentatoire de Hitchcock ainsi que des faiblesses incontestables de

36 Rohmer et Chabrol, *Hitchcock*, *op. cit.*, p. 18-19.

l'intrigue, et s'interroger sur le « fond » qui affleure dans *Downhill.* Pour ma part, je rejoins le jugement de Yacowar, qui, au terme d'une longue analyse des formes mais aussi des implications idéologiques du film (le poids patriarcal de la *public school* et du père, la facilité avec laquelle un incident isolé peut déclencher une « dégringolade » dégradante et presque irrémédiable, la fragilité des conventions sociales qui semblent assurer sécurité et confort...), conclut fort logiquement au « pessimisme » foncier de Hitchcock sur la « nature humaine » (dont la maquerelle de la boîte de nuit parisienne se flatte d'être un « bon connaisseur ») et sur le caractère « important et personnel » de *Downhill*[37]. Plus succinctement, Rothman à son tour tient à signaler l'intérêt du film « avec ses tentatives expérimentales de filmer l'imaginaire et son étude de l'amitié, de l'humiliation, et de la culpabilité[38] ».

37 Yacowar, *Hitchcock's British Films*, *op. cit.*, p. 36.

38 Rothman, *Hitchcock – The Murderous Gaze*, *op. cit.*, p. 353.

COMÉDIES ET MÉLODRAMES DU REMARIAGE

Le concept de « comédie du remariage » a été forgé par le philosophe américain Stanley Cavell pour désigner et caractériser tout particulièrement un petit ensemble de sept films hollywoodiens des années trente et quarante, de *New York-Miami* (*It Happened One Night*) de Capra à *Madame porte la culotte* (*Adam's Rib*) de Cukor :

> Il ne s'agit plus, comme dans la comédie classique, d'unir un jeune homme et une jeune fille et de les conduire au bonheur malgré des difficultés extérieures, mais de ré-unir un homme et une femme après une séparation, dans la recherche d'un bonheur nouveau et différent, en dépit d'obstacles intérieurs[1].

Procéder à un réexamen d'une partie du corpus hitchcockien à la lumière de ce concept cavellien peut paraître surprenant, voire farfelu ; je crois néanmoins la démarche justifiée, et j'y vois plusieurs avantages. Elle permet d'abord de rappeler que Hitchcock a réalisé, certes en petit nombre et avec une inégale réussite, des films qui sont des comédies (de *The Farmer's Wife* et *Champagne* à *To Catch a Thief* et *The Trouble with Harry*). Elle invite à affiner l'analyse des films d'aventure et d'espionnage, dans lesquels la critique s'est très tôt plu à saluer une « formule » combinant suspense, romance et humour : pour ne prendre qu'un exemple, si le couple de *Young and Innocent* répond à la définition de la comédie classique (un jeune homme et une jeune fille sont conduits au bonheur malgré des difficultés extérieures), la définition s'ajuste moins bien aux couples de *The 39 Steps* et de *The Lady Vanishes* (les personnages de Madeleine Carroll et Margaret Lockwood doivent aussi surmonter des obstacles *intérieurs*) et elle est tout à fait inappropriée au couple de *North by Northwest* : Cary Grant n'est pas

1 Je cite ici la 4e de couverture de la première édition française de Stanley Cavell, *À la recherche du bonheur. Hollywood et la comédie du remariage* [1981], Éditions de l'Étoile / *Cahiers du Cinéma*, 1993. Une nouvelle édition a été publiée par Vrin en 2017.

jeune, Eva Marie Saint n'est pas innocente, et on pourrait défendre la thèse qu'au-delà des péripéties aussi spectaculaires que feuilletonesques qui émaillent le film et en constituent l'attrait premier, le propos « profond » ou sous-jacent est bien celui d'un couple qui se constitue d'emblée, se défait et se reconstitue, en dépit d'obstacles extérieurs évidents et nombreux, mais aussi d'obstacles *intérieurs* liés à leurs passés amoureux respectifs et à leur crainte d'un nouvel engagement. Cela ne fait pas de *La Mort aux trousses* une comédie du remariage, mais la comparaison est éclairante. Enfin, de même que le cinéma hollywoodien classique offre des exemples de « mélodrames du remariage », homologues dramatiques du genre défini par Cavell (citons *Ceux de la zone* [*Man's Castle*, 1933] de Borzage), on verra que Hitchcock a réalisé plusieurs drames ou mélodrames que l'on peut inclure dans cette catégorie, selon des acceptions plus ou moins proches de celle du philosophe américain.

JOIES ET DÉCEPTIONS MATRIMONIALES

Troisième film réalisé par Hitchcock à Hollywood, après *Rebecca* et *Correspondant 17*, *Joies matrimoniales* (*Mr and Mrs Smith*, 1941) répond en tous points tant à la définition de la comédie du remariage cavellien qu'à celle plus générale et plus familière aux historiens du cinéma de la *screwball comedy* ou comédie loufoque florissante dans les mêmes décennies. Cette appartenance est attestée entre autres par la présence dans le rôle principal de Carole Lombard, dont la prestation de *screwball dame*, de « fille un peu cinglée », dans *Train de luxe* (*Twentieth Century*, 1934) de Hawks, est censée être à l'origine du nom donné au genre, ainsi que par celle du scénariste Norman Krasna, précédemment auteur d'une des réussites du genre loufoque, *Jeux de mains* (*Hands Across the Table*, 1935) de Mitchell Leisen. Au contraire des personnages et des décors de *Rebecca* et même de *Correspondant 17*, tout ici est américain : les personnages et leurs interprètes, les décors de New York et de Lake Placid, la problématique d'un couple marié, amoureux mais chamailleur, qui se dispute avant de se réconcilier « dans la chambre à coucher ». Conformément à une de ces situations aussi improbables que fréquentes dans le genre loufoque, le couple apprend qu'en raison d'un vice de forme, il n'est pas vraiment marié ; Ann Smith (Lombard), au tempérament volcanique, prend la mouche parce que David (Robert Montgomery) ne lui propose pas immédiatement et spontanément de la « ré-épouser » ; celui-ci, en avant recours à des moyens divers (la rendre jalouse, l'attendrir, la faire rire, et même la brusquer physiquement), entreprend de reconquérir sa femme et de la détacher de son nouveau chevalier servant (Gene Raymond). Il y parvient d'autant plus aisément que son rival a été caricaturé en gentilhomme sudiste à la politesse impeccable mais de qui ne se dégage aucune énergie sexuelle. Mr et Mrs Smith pourront donc reprendre leur conversation amoureuse, à la fois intellectuelle et sexuelle.

Le film comporte quelques scènes amusantes, mais souffre de la comparaison avec les chefs-d'œuvre de la comédie du mariage analysés par Cavell, tels *L'Impossible Monsieur Bébé* de Hawks ou *Cette sacrée vérité* de McCarey, et le talent et le charme incontestables des protagonistes, Carole Lombard et Robert Montgomery, ne font qu'accentuer le sentiment de déception. *Mr and Mrs Smith* a ses défenseurs, dont Rohmer et Chabrol, qui s'évertuent à nous convaincre que la gêne du spectateur vient de ce que Hitchcock a procédé à un « essai de mise en scène subjective » alors que « [l]a comédie américaine tire en général ses effets d'un postulat d'observation objective : elle est un constat de folie[2] ». L'argument est subtil, mais guère fondé, car le film ne comporte ni plus ni moins de « scènes tournées d'un point de vue subjectif » que les chefs-d'œuvre précités du genre. La réalité est plus banalement que *Mr and Mrs Smith* fait partie de ces comédies qui, sur le papier, rassemblent tous les atouts d'une réussite, mais, pour des raisons qui restent difficiles à cerner, échouent à nous faire rire. Cavell, qui consacre quelques lignes au film de Hitchcock, semble expliquer son échec relatif par un manque de familiarité entre le metteur en scène et le genre :

> D'ailleurs, si le genre était décisif par lui-même, *Mr. and Mrs. Smith* (Alfred Hitchcock, 1941), qui se livre à de brillantes variations à l'intérieur du genre, nous semblerait plus vivant que ce qu'il ressort de ses plaisirs un peu froids. Toute réponse quant au degré de participation d'un film à un genre donné doit intégrer l'autorité dont le metteur en scène dispose sur le genre, sa manière de s'y sentir indigène, ou d'y être soumis, le metteur en scène et le genre sachant ainsi obtenir le meilleur l'un de l'autre[3].

2 Rohmer et Chabrol, *Hitchcock*, *op. cit.*, p. 71, p. 69-70.

3 Cavell, *À la recherche du bonheur*, *op. cit.*, p. 223.

LAQUELLE DES TROIS ?

Si rétrospectivement tout paraît justifier le statut de *The Lodger* comme « premier film de Hitchcock », il s'agit pourtant, au moins pour une part, d'une illusion, car les débuts de la carrière anglaise du cinéaste sont marqués par une grande variété de sources, qu'elles soient romanesques ou dramatiques, et par la diversité des genres, comédie, mélodrame, ou encore leur combinaison, auxquels appartiennent les films. En d'autres termes, l'œuvre témoigne d'une grande plasticité, qualité qu'elle conservera, de manière plus discrète et sporadique, même au fil de la carrière hollywoodienne.

C'est ainsi que *Laquelle des trois ?* (*The Farmer's Wife*, 1928), film qui ne présente a priori aucun caractère spécifiquement hitchcockien, n'en mérite pas moins d'être réévalué pour ses qualités propres. Il s'agit de l'adaptation d'une comédie, œuvre d'un auteur oublié, Eden Phillpotts, qui, d'abord produite à Birmingham en 1916, connut un grand succès sur la scène londonienne en 1924-1927[4], et qui, sous ses allures de grosse comédie, de farce et de satire, traite de façon assez subtile et retorse du féminisme et plus généralement des rapports entre les sexes. La pièce de Phillpotts et le film de Hitchcock peuvent être qualifiés de « comédies du remariage », mais dans un sens qui n'est pas celui de Cavell. Phillpotts situe l'action dans la campagne du Devon, non loin de Plymouth. Le fermier Samuel Sweetland, veuf depuis peu, a deux filles à marier. Anticipant le départ prochain de ses filles, il décide lui-même de se remarier, consulte 'Minta [Araminta], la sage gouvernante de la ferme, une sorte de Mrs Danvers bénéfique, et établit avec elle une liste de trois femmes qui leur paraissent des partis acceptables : une veuve, Louisa Windeatt ; une vieille fille, Thirza Tapper ; la receveuse des postes, Mary Hearn. À cette liste, Sweetland ajoute un quatrième nom, celui de Mercy Bassett, tenancière d'un pub à Dawlish, que Minta ne connaît pas. Très sûr de lui en raison de sa situation sociale et de son physique qu'il croit avantageux, Sweetland présente sa demande

4 J'emprunte ces précisions à Barr, *English Hitchcock*, *op. cit.*, p. 223, qui note aussi que deux des actrices du film, Maud Gill (« Thirza Tapper ») et Olga Slade (« Mary Hearn »), y reprennent les rôles qu'elles avaient tenus sur scène.

successivement aux trois femmes ; très étonné de leur refus, il se met chaque fois en colère, devient insultant et attire l'attention sur les défauts physiques ou moraux des trois dames. De retour de Dawlish, où il a fait la même proposition de mariage à Mercy Bassett, dont la réponse ne cesse d'osciller entre l'acceptation et le refus, Sweetland se désespère et s'humilie jusqu'à demander à Minta de l'épouser ; celle-ci accepte. Le troisième acte de Phillpotts pourrait s'intituler le triomphe de Minta : tour à tour, Mercy Bassett, Mary Hearn et Thirza Tapper reviennent sur leur refus, mais il est trop tard, Sweetland ayant réalisé qu'il avait près de lui la compagne idéale la plus susceptible de remplacer sa première épouse. La pièce de Phillpotts se conclut par une réconciliation générale et par l'annonce des trois mariages simultanés de Sweetland et de ses deux filles.

L'adaptation de la pièce par Eliot Stannard, collaborateur habituel de Hitchcock de *The Pleasure Garden* (1926) à *The Manxman* (1929), est très fidèle à son modèle, qu'elle se borne à alléger en éliminant l'intrigue secondaire concernant les demoiselles Sweetland, Petronell très sûre d'elle et la douce et serviable Sibley, et leurs soupirants respectifs. Dans le film, Sweetland n'a qu'une fille, dont le mariage a lieu au début de l'action, déterminant le père veuf à se remarier. Mais les cartons du film reprennent les dialogues de la pièce, notamment la conviction erronée de Sweetland que Louisa Windeatt accueillera sa demande « *like a lamb to the slaughter* », avec la docilité d'un agneau qu'on mène à l'abattoir, expression qui résonne d'autant plus curieusement qu'elle servira de titre à un des plus célèbres épisodes de la série *Alfred Hitchcock Presents*, « Lamb to the Slaughter », adaptation par Roald Dahl de sa nouvelle du même titre (« Coup de gigot » en français), mise en scène de Hitchcock, dans laquelle la femme (Barbara Bel Geddes) assomme son mari odieux avec un gigot d'agneau qu'elle sert ensuite à ses collègues policiers (1958).

La version filmique de *The Farmer's Wife* se distingue de la version théâtrale sur trois autres points. Tout d'abord, elle confirme le recours de Hitchcock à des modèles picturaux divers, mais spécifiquement anglais. Le paysage idyllique dans lequel est située Applegarth, la ferme de Sweetland, rappelle, avec ses collines boisées et ses prairies, ceux qu'on peints Samuel Palmer et les préraphaélites ; la description de la noce évoque le pittoresque méticuleux d'artistes victoriens comme William Powell Frith (*Derby Day*, « Le jour du Derby », 1856-1858) ; le chapeau extravagant que porte Mary Hearn et que Sweetland traite de « cauchemar » semble sorti d'une caricature de Rowlandson. Ce pittoresque permet aussi d'« aérer » la pièce, de « faire cinéma », en montrant Sweetland qui sur son trente et un part à cheval faire sa demande, ou en introduisant une scène de chasse au renard, cliché de l'Angleterre rurale traditionnelle, qui ne joue aucun rôle dans l'action principale.

FIG. 38 – *The Farmer's Wife* : une comédie du remariage burlesque (Olga Slade et Jameson Thomas).

En deuxième lieu, Hitchcock nuance le rapport au féminisme qui chez Phillpotts s'apparente à une démonstration et à une dénonciation en bonne et due forme. Dans la pièce, la satire vise d'abord Sweetland lui-même, dont la fatuité, la maladresse, le sexisme d'abord inconscient puis explicite braquent à juste titre les femmes auxquelles il propose le mariage. Mais ces femmes, à l'exception de Louisa, la veuve qui veut sauvegarder son indépendance, sont à leur tour la cible de cruels traits satiriques. Thirza organise une réception aussi prétentieuse que grotesque, exigeant que Sweetland lui prête son valet de ferme « en livrée » pour qu'il annonce l'arrivée des invités ; Mary Hearn est une hystérique qui ne cesse d'éclater en crises de sanglots incontrôlables ; Mercy Bassett est dépeinte comme incapable de prendre une décision et de s'y tenir. La manière dont le troisième acte renverse systématiquement la situation en faveur de Sweetland semble justifier ses invectives antérieures, doublement : parce que les femmes seraient trop sottes pour savoir ce qu'elles veulent et ce qui est bon pour elles, et parce qu'un brin de réflexion les amènerait à se soumettre, y compris à quelqu'un d'explicitement sexiste. Ce machisme n'est pas démenti par le portrait des deux personnages féminins qui sont donnés en exemple, Minta et Sibley Sweetland, parangons de femmes aimantes, dévouées et avant tout soumises à leurs futurs compagnons. Hitchcock prend soin, dès le début de l'action, de mettre en valeur les qualités de Minta, son énergie, son efficacité, mais aussi sa capacité d'écoute et d'empathie, sans oublier la beauté « classique » de Lilian Hall-Davis, sa brune interprète. Ce portrait idéalisé de Minta s'oppose évidemment aux diverses caricatures des autres personnages féminins, mais a aussi pour effet de souligner et de dramatiser l'aveuglement de Samuel Sweetland, qui apparaît tantôt pathétique, tantôt ridicule. Le jeu des deux acteurs principaux, Jameson Thomas et Lilian Hall-Davis, mais surtout la manière dont ils sont cadrés et filmés, contribuent à un rééquilibrage du propos, qui estompe la démonstration mécanique à laquelle procédait Phillpotts dans son troisième acte.

Ce rééquilibrage nuance aussi l'appartenance du film au genre comique. Non que la caricature, voire le burlesque, aient disparu : à ce registre appartiennent sans conteste non seulement les interprètes de Thirza Tapper et de Mary Hearn, l'une et l'autre empruntées à la distribution de la version scénique, mais aussi le personnage de Churdles Ash (Gordon Harker), type appuyé du *country bumpkin* ou péquenaud de farce grossière. La longue séquence de la réception chez Thirza Tapper est tout entière placée sous le signe d'un burlesque en folie : vieille fille qui se pomponne avant de trembler comme la gelée qu'elle apporte sur un plateau et de s'effaroucher de recevoir la demande en mariage de Sweetland, Ash en livrée poussiéreuse et pantalon qui tombe, serveuse au grand nez dont les glaces fondantes se déversent sur le sol, hôtes qui s'empiffrent, pasteur accompagné de sa mère invalide en petite voiture… on se croirait dans une comédie politiquement incorrecte de Blake Edwards, par exemple dans *Elle* (« *10* », 1979), lorsque Mrs Kissel, la vieille servante du pasteur, zigzague lentement à travers le salon avec son plateau de thé avant de lâcher un pet qui fait fuir le chien. Mais la mélancolie de Minta, manifestement amoureuse de Sweetland, l'aveuglement de Sweetland à cette évidence, sa dépression consécutive aux refus qu'il a essuyés, l'image récurrente du fauteuil vide de l'épouse morte, près de la cheminée, et des femmes qu'on y voit assises en surimpression, la symbolique des vêtements, par exemple l'opposition entre le costume formel que met Sweetman lorsqu'il fait ses demandes et la veste simple et confortable qu'il porte habituellement chez lui et que lui apporte Minta à la fin du récit, cet ensemble de touches visuelles, présentes au fil du film, culmine dans la conclusion, à laquelle il confère une qualité mélodramatique, une émotion bien différentes de la fin heureuse et unanimiste de la pièce.

Cette symbolique des vêtements concerne aussi Minta, qui s'habille de sa plus belle robe, celle que lui a donnée la première épouse de Sweetland, et apparaît donc, selon une logique familière au mélodrame, comme la réincarnation de la morte. *The Farmer's Wife* se révèle alors comme un récit à double fond, la satire des quatre tentatives successives de remariage de Sweetland débouchant *in fine*, de façon sous-jacente ou subliminale, sur la révélation d'un mélodrame du remariage, où l'âme de la première épouse aurait migré dans le corps de Minta. Même si on peut la considérer comme humoristique, la note religieuse sur laquelle se conclut l'action ne contredit pas cette interprétation. Dans la pièce de Phillpotts, à Minta qui s'étonne de la soudaineté de la proposition de Samuel, celui-ci répond qu'il en va ainsi de toutes les « conversions ». Hitchcock et Stannard ont supprimé cette allusion à la tradition paulinienne et puritaine mais ont conservé la suite de la réplique, qui attribue la révélation longtemps retardée de Samuel à une intervention divine : « le Seigneur agit avec la vitesse de l'éclair ».

À L'AMÉRICAINE

Juste après *Laquelle des trois ?*, Hitchcock, toujours avec Stannard comme scénariste, réalise *À l'américaine* (*Champagne*, 1928), qui est aussi une comédie, mais bien différente de la précédente par son milieu et ses personnages, l'Amérique cosmopolite de Fitzgerald et des années folles succédant au Devon rural du début du siècle. On s'accordera avec Rohmer et Chabrol ainsi qu'avec Barr pour reconnaître qu'il s'agit d'une œuvre expérimentale et déroutante, plutôt mineure dans la filmographie de Hitchcock[5].

5 Rohmer et Chabrol, *Hitchcock*, *op. cit.*, p. 24-25 ; Barr, *English Hitchcock*, *op. cit.*, p. 62-67. Hitchcock dit à Truffaut que « c'est probablement ce qu'il y a de plus bas dans ma

L'ouverture du film, soigneusement décrite et illustrée par Barr[6], est aussi frappante qu'intrigante. On voit successivement un homme d'âge mûr, cigare au bec, qui lit le journal (Gordon Harker, le valet de ferme de *Laquelle des trois ?*, métamorphosé en millionnaire yankee) ; la une du journal qu'il lit et qui nous apprend qu'il a une nouvelle fois été défié par sa fille (Betty Balfour, en photo à la une), qui a affrété un avion pour rejoindre son amant sur un paquebot transatlantique ; puis plusieurs plans qui montrent l'ouverture d'une bouteille de champagne et le point de vue subjectif du buveur inconnu, lui aussi d'âge mûr (Theo von Alten, fine moustache de suave séducteur), qui vide sa coupe, à travers laquelle il voit un couple sur une piste de danse, dans une salle de restaurant. Trois des personnages principaux, désignés dans le film sous les noms génériques du Père, de la Fille et de l'Homme, sont ainsi introduits et bientôt rejoints par l'amant (le Jeune Homme : Jean Bradin) et par la Fille elle-même. Le paquebot conduit la Fille et le Jeune Homme, toujours suivis et observés de près par l'Homme, à Cherbourg, l'action se déplaçant ensuite à Paris, ici synonyme d'une vie insouciante de *flappers* qui telle la Fille dansent en robe courte, boivent du champagne et inventent de nouveaux cocktails. Le Père rejoint la Fille à Paris et lui apprend qu'il est ruiné ; le Jeune Homme a disparu, confirmant le Père dans sa conviction qu'il s'agissait d'un coureur de dot. La Fille cherche du travail, répond à une annonce pour une publicité pour un dentifrice, se trompe d'adresse et se fait embaucher comme entraîneuse dans un restaurant-dancing où elle doit montrer ses jambes plutôt que ses dents et est en butte à diverses formes de harcèlement sexuel. L'Homme, toujours présent, s'adresse courtoisement à elle et la met en garde « paternellement » avant de l'agresser violemment – mais il s'avère qu'il ne s'agit que d'un fantasme ou d'une hallucination de la Fille. De nouveau le Jeune Homme l'abandonne, la prenant pour une *gold digger*, une aventurière. On apprend enfin que le Père n'est nullement ruiné (il voulait simplement mettre la Fille et le Jeune Homme à l'épreuve) et que l'Homme est un ami du Père, à qui celui-ci a confié

production », mais nous savons qu'il ne faut pas prendre ce genre de déclaration au pied de la lettre. Curieusement, Truffaut lui-même est plus indulgent, rapprochant le film des scènes de comédie de Griffith et le jugeant plein de gags et « plein d'inventions » (*Le Cinéma selon Hitchcock*, *op. cit.*, p. 42-44).

6 Barr, *English Hitchcock*, *op. cit.*, p. 62-64.

le rôle de veiller sur elle… y compris, le cas échéant, en la séduisant. Tout s'arrange *in fine* ; dans des images qui répètent celles de l'ouverture, l'Homme vide à nouveau sa coupe de champagne, à travers laquelle il voit un couple de danseurs, qui n'est autre que celui de la Fille et du Jeune Homme.

Le titre français du film, *À l'américaine*, est tout à fait approprié : si l'action se déroule, pour l'essentiel, sur un transatlantique et à Paris, les personnages principaux sont tous censés être américains, et à plusieurs égards *Champagne* évoque tant la comédie loufoque (fertile en scénarios d'« héritières fugitives » rebelles à l'autorité du père, par exemple *New York-Miami* de Capra) que les films d'un maître de la comédie américaine avec qui Hitchcock semble vouloir rivaliser ici, Ernst Lubitsch : la description du Père en ponte de Wall Street, appuyant sur tous les boutons à la fois pour convoquer tous ses secrétaires et autres collaborateurs, fait irrésistiblement penser au Roi des huîtres, lui aussi américain, du film allemand de Lubitsch *La Princesse aux huîtres* (1919). On voit donc qu'à l'instar de Lubitsch, Hitchcock semble éprouver la tentation de l'Amérique, et signe ici un film qui se présente ostensiblement comme une « comédie américaine ».

Champagne laisse pourtant sur une impression de malaise. Pour deux raisons au moins, les faiblesses et les invraisemblances du scénario et le jeu énergique mais limité de Betty Balfour dans le rôle de la Fille. Barr en ajoute une troisième, la proximité du Père et de l'Homme, prédateur sexuel au moins potentiel, comme le confirme la formulation singulière du mandat qui lui est confié par le Père (« Empêche-la à tout prix de se marier, au besoin enlève-la toi-même ! »). Barr va peut-être trop loin en esquissant l'hypothèse d'une « double narration : en apparence, une comédie ensoleillée, et en même temps un film beaucoup plus sombre traitant de la psychologie du rapport Père/Fille », mais il a raison d'observer que les images de l'ouverture et du fantasme d'agression sexuelle comptent parmi les plus fortes du film et que les profondeurs psychologiques qu'explore le film ont quelque chose de « troublant[7] ».

7 Barr, *ibid.*, p. 67, p. 62.

UNE *TEMPÊTE* SHAKESPEARIENNE *Rich and Strange*

Rich and Strange (1931) s'ouvre sous un double signe, violemment contradictoire, au moins en apparence : celui de Shakespeare et de sa pièce la plus fantasmagorique, *La Tempête*, à laquelle renvoie le titre du film[8] ; celui de King Vidor, cinéaste américain auteur de *La Foule* (1928), dont Hitchcock pastiche ouvertement une séquence célèbre, à la fois réaliste et stylisée, en la transposant dans un décor londonien. Dans un grand bureau, des dizaines d'employés remplissent des livres de comptes ; à six heures du soir, ils sortent tous en même temps, se coiffent de leurs identiques chapeaux melons, se précipitent vers l'ascenseur où leur flot rencontre celui symétrique des employées, sortent et ouvrent mécaniquement leurs parapluies, deux par deux, en cadence, sauf le héros (Fred : Henry Kendall), qui n'y parvient pas et bloque le trafic. Dans le métro bondé, Fred, debout, est bousculé et bouscule, se raccroche au chapeau d'une dame assise auquel il arrache puis restitue une fanfreluche, essaie d'ouvrir son journal et de le déployer, donne des coups avec son parapluie inutile[9].

Il rejoint sa femme (Emily : Joan Barry) dans leur petit appartement ; exaspéré par la routine de son existence et la médiocrité de leur train de vie, il arrache et déchire la robe qu'Emily était en train de confectionner avec soin sur sa machine à coudre Singer. La logeuse apporte à Ted une lettre de son oncle, qui a décidé de le faire bénéficier de son héritage sans attendre sa mort et lui propose de s'offrir un voyage pour découvrir le monde. Apparaît alors un carton avec la citation de *La Tempête* qui donne son titre au film ; après quoi une série d'épisodes est introduite par autant de cartons : pour aller en France, il faut traverser la Manche ;

8 Tirée du célèbre « chant d'Ariel », la citation renvoie au cadavre supposé d'Alonso, le roi de Naples, que la mer a transformé en matières précieuses, corail et perles, faisant de celui-ci « quelque chose de riche et étrange » (*La Tempête*, I, 2, 400-406). L'expression *sea-change* est passée dans la langue courante pour désigner un changement radical, une métamorphose.

9 Dans le documentaire de Simsolo *Alfred Hitchcock films de jeunesse*, Bernard Eisenschitz ajoute à juste titre que la séquence du métro reprend une scène de *Tricheuse* (*Manhandled*, 1924) de Dwan, avec Gloria Swanson.

pour aller aux Folies Bergère, il faut traverser Paris ; pour aller dormir, il faut traverser le hall de l'hôtel. Chaque vignette comporte son lot d'aléas, voire de périls : lors de la traversée de la Manche, la mer est agitée, Fred n'arrive pas à cadrer correctement la photo qu'il veut prendre d'Emily, puis il a le mal de mer (leitmotiv hitchcockien, déjà présent dans *Champagne*, et que le cinéaste voudra introduire dans *Rebecca*, à l'agacement compréhensible de Selznick). Non moins convenue, mais plus spectaculaire, la séquence des Folies Bergère montre des danseuses exotiques, un négrillon musicien, des *girls* costumées en Walkyries, des vues de Pigalle et du Moulin Rouge, sans la noirceur de *Downhill*. Dans la scène du retour à l'hôtel, Fred et Emily, plus ou moins éméchés, appellent l'ascenseur ; en caméra subjective, Fred a une vue floue du cadran des étages, qu'il prend pour une horloge et sur lequel il règle sa montre. Le couple enfin parvenu dans sa chambre, Fred offre à Emily un déshabillé transparent et très affriolant ; sa femme réagit en observant que si elle reçoit et porte ce genre de cadeau, personne ne croira qu'ils sont mariés.

Le voyage se poursuit sur un grand paquebot que le couple prend à Marseille, porte de l'Orient. L'accent est mis tantôt sur la machinerie moderniste du paquebot, la beauté de la technique, tantôt sur le pittoresque des marins qui, torse nu, jouent aux cartes, tandis que l'un d'entre eux joue de l'accordéon. La barcarolle d'Offenbach accompagne l'apparition du capitaine Gordon (Percy Marmont, qui sera le faux coupable de *Secret Agent*), un célibataire d'âge mûr devenu planteur en Malaisie, aux manières impeccablement courtoises, avec lequel Emily sympathise. Dans le rôle d'Emily, Joan Barry, en blonde ébouriffée, est très jolie, sensuelle, drôle et naturelle, à la Marilyn Monroe ou Mimsy Farmer. De son côté, Fred est tombé sous le charme de la Princesse, une brune capiteuse qui parle avec un accent étranger (Betty Amann). Une première escale, à Port-Saïd, esquisse le Maroc de la version hollywoodienne de *L'Homme qui en savait trop* : pour reprendre le mot de Rohmer et Chabrol, « la satire va bon train », mais en l'occurrence ceux qui en font les frais sont les touristes anglais, notamment la *gossip woman*, commère à grosses lunettes qui drague Fred et essaie les tapis d'Orient en les piétinant.

Le bateau emprunte le canal de Suez. Le Carnaval est l'occasion de déguisements orientaux très suggestifs pour Fred, torse nu sous son gilet, et pour la Princesse, enveloppée d'un voile léger et diaphane. Fred en « Cheikh d'Arabie » doit ôter ce voile pour parvenir à ses fins et embrasser la Princesse, avant que, délaissé par celle-ci, il se retrouve en compagnie de la commère, déguisée en bergère de pastorale, grotesque avec robe bouffante et bâton. À cette nuit carnavalesque succède une nouvelle escale, à Colombo (Ceylan, aujourd'hui Sri Lanka). Un carton nous informe qu'Emily – visiblement sous le charme de Gordon, et témoin de l'infidélité de Fred – est désormais plus intéressée par les personnes que par les lieux : en d'autres termes, elle a pris conscience des limites du voyage lointain, du dépaysement, de l'exotisme. Conversant avec Fred, la Princesse se compare sans vergogne à du champagne, tandis qu'Emily ne serait que de l'eau plate : répétant l'antinomie supposée entre mariage et érotisme, Hitchcock sacrifie ici à un symbolisme traditionnel, qui oppose la brune séductrice à la blonde amoureuse et fidèle.

Singapour est le terme de la croisière. À la fureur de Fred, Emily revient auprès de lui. Elle n'est pas partie avec Gordon, respectueux de sa décision de rester fidèle à son mari, même s'il lui a dit tout le mal qu'il pensait de Fred, un être superficiel et faible qui s'illusionne sur lui-même, et lui a appris (comme on s'en doutait un peu) que la Princesse, fille d'un teinturier berlinois, n'en était pas une. Il s'avère d'ailleurs que la « Princesse » a pris le train pour Rangoon, délestant Fred de mille livres, car ils faisaient bourse commune. Dans une longue scène de cinéma colonial émaillée de touches « comiques » (un serviteur malais ouvrant la porte à plusieurs reprises et se faisant renvoyer par Fred), Emily, en larmes, laisse apparaître un certain masochisme du personnage, qui reste attaché à Fred alors que celui-ci la traite de façon insultante et indigne.

Le couple, qui n'a pas vraiment le choix, a décidé de rentrer en Angleterre sur un bateau qui n'a rien de luxueux. Cette seconde partie du récit s'oppose en tous points à la première, même si l'on peut considérer qu'aux clichés orientalistes, colonialistes et impérialistes de celle-ci succède une sorte de caricature ou de pastiche paroxystique du film d'aventures ou de ce qu'on appellerait aujourd'hui film catastrophe. La croisière se déroulait dans un monde d'illusions et de tentations qui paraissaient sans danger, dans la sécurité d'un paquebot faisant escale successivement à Port-Saïd, à Colombo et à Singapour, soit trois bastions d'un Empire britannique alors au sommet de sa puissance.

Mais le retour s'effectue sur des rafiots et dans des mers de Chine qui ne semblent soumises à aucune loi. Dans la brume, le bateau de Fred et Emily entre en collision avec un autre navire, invisible. Fred, blessé, est soigné par Emily. Le couple pense être prisonnier dans sa cabine, mais au matin s'aperçoit qu'il peut s'échapper par le hublot. Emily est en petite tenue (écho de l'hôtel parisien), ils mettent des vêtements de marins qu'ils trouvent sur le bateau mystérieusement désert (à part un chat noir) ; au bar, ils ont l'embarras du choix d'une boisson. Mais le navire s'enfonce inexorablement. Alors apparaît une jonque, pleine de Chinois peu loquaces qui pillent l'épave et rapportent leur butin sur la jonque, où Fred et Emily réussissent à se réfugier. En essayant de passer du bateau dans la jonque, un des Chinois se retrouve tête en bas, le pied pris dans un cordage, et se noie dans l'indifférence générale. Renonçant aux baguettes, le couple mange avec appétit, à pleines mains, le contenu de deux bols qu'on leur a apportés, avant de voir la peau du chat noir clouée sur une cloison et, réalisant ce qu'ils ont mangé, de vomir hors champ (écho de la traversée de la Manche). Sur la jonque, on assiste à la naissance d'un bébé. Le couple s'embrasse : il est de retour à Piccadilly, « le cœur de l'Empire », le soir, avec les publicités lumineuses caractéristiques (ici, entre autres, pour Cross & Blackwell) qu'affectionne Hitchcock. De retour dans leur *home*, ils retrouvent leur chat noir comme celui du navire et le chromo du bateau à voile qui faisait rêver Fred d'aventures maritimes. Ils envisagent d'avoir un enfant mais recommencent immédiatement à se disputer : tandis que Fred pense qu'il y a assez de place pour un landau, Emily juge qu'il leur faut déménager dans un logement plus grand.

Le film dans son ensemble a donc une structure circulaire en même temps que la croisière initiale et le retour, partiellement ellipsé, en Angleterre constituent une sorte de diptyque contrasté. A-t-on affaire ici, comme dans *Laquelle des trois ?* ou dans *Champagne* selon Barr, à une « double narration », mais successive plutôt que simultanée, où des fantasmes primitifs (naufrage, abandon, mort par noyade, nourriture répugnante, série catastrophique qui se conclut néanmoins par une nouvelle naissance) succéderaient aux clichés d'un exotisme de pacotille dont ils seraient comme l'envers caché[10] ? On peut s'interroger aussi sur

10 Dès *The Pleasure Garden* (1926), premier film réalisé par Hitchcock, l'envers de l'exotisme colonial apparaît avec le personnage de Levet (Miles Mander), quasi-bigame qui noie sa

le sens exact de la référence à *La Tempête* de Shakespeare annoncée par le titre, référence qui a disparu pour le public américain, le film ayant été exploité sous le titre *East of Shanghai*. Dans la pièce de Shakespeare, la tempête qui jette sur le rivage de l'île de Prospéro plusieurs de ceux qui l'ont trahi et l'ont contraint à l'exil a lieu dès le début de l'action ; isolé, le fils du roi de Naples, Ferdinand, croit que son père a péri dans le naufrage, tandis que le roi, Alonso, croit que son fils est mort. C'est à Ferdinand qu'Ariel, « esprit de l'air » et « infaillible agent du pouvoir magique de son maître » Prospéro[11], explique que la mer a métamorphosé son père en « quelque chose de riche et étrange », sa noyade ayant transformé ses os en corail et ses yeux en perles ; le texte poétique très connu fait donc allusion à une mort par noyade qui a quelque chose de splendide mais qui est illusoire[12]. Le rapprochement pourrait suggérer que la tempête du film constitue elle aussi, mais tardivement dans le récit, une sorte de mort symbolique du couple de Fred et Emily, mort suivie d'une « renaissance » elle aussi symbolique. On pourrait encore s'interroger sur l'équivalent possible du personnage de Prospéro dans le film. Deux hypothèses viennent à l'esprit, dont la première paraît quelque peu forcée : en permettant à son neveu, héros médiocre mais qui se rêve séducteur et aventurier, d'effectuer ce voyage lointain, l'oncle de Fred aurait agi en Prospéro invisible et mal avisé, ou au contraire très avisé, puisqu'il aurait permis à son neveu d'acquérir une sorte de sagesse à la Candide et de se satisfaire de son sort « ordinaire », plutôt enviable en dernière analyse. L'autre hypothèse est si évidente qu'elle donne le sentiment de céder à la facilité : de même que Prospéro est souvent apparu comme une figure de Shakespeare lui-même, car

> La première merveille de cette tempête est qu'elle n'existe que dans l'esprit de ses victimes et aussi des spectateurs qui, comme Miranda, sont témoins de leurs cris de détresse. Mais comment faire le départ entre réalité et illusion sur la scène d'un théâtre ? Le magicien Shakespeare cache habilement son jeu derrière celui du magicien Prospéro[13].

jeune maîtresse indigène avant d'être la proie d'hallucinations dans lesquelles le fantôme de celle-ci lui apparaît et lui demande de tuer aussi sa femme légitime, qu'il poursuit avec un sabre.

11 Jean-Marie et Angela Maguin, *William Shakespeare*, Fayard, 1996, p. 619.

12 Dans le tissage serré de références littéraires que constitue (entre autres) *The Waste Land* (1922), T. S. Eliot fait plusieurs allusions à ce même passage de *La Tempête*.

13 Jean-Marie et Angela Maguin, *William Shakespeare*, *op. cit.*, p. 620.

Féru de trucages et d'effets spéciaux, Hitchcock se campe ici, au moins implicitement, en Prospéro du XXe siècle, magicien et illusionniste, à mi-chemin entre Méliès et Greenaway (*Prospero's Books*, 1991).

On remarquera pour finir que *Rich and Strange* peut être considéré, techniquement, comme une comédie du remariage. Le couple se sépare, ou devrait se séparer, lorsque Fred cède à la tentation de la séductrice, que Gordon décrit comme une vulgaire aventurière, et que Fred lui-même, dépité et mesquin, qualifiera de prostituée (*streetwalker*). En revanche Emily, sage et charmante, si elle n'est nullement insensible à l'attrait et à l'intelligence de Gordon, décide en conscience de ne pas tirer un trait sur huit ans de mariage et de revenir au mari qui, non content d'avoir été lui-même infidèle, ose lui demander « jusqu'où elle est allée » avec Gordon. Le personnage d'Emily, qu'on peut juger masochiste, donne à Hitchcock l'occasion de dessiner un attachant portrait de femme, une femme fidèle à la foi jurée à son mari, animée peut-être moins par l'amour dans un sens romantique que par le *care* si à la mode aujourd'hui, le « prendre soin », jusqu'à la perspective d'avoir un enfant avec lui, rompant ainsi avec les exigences de la comédie du remariage selon Cavell. En un sens, elle montre la même détermination qu'avait montrée Kate, l'héroïne de *The Manxman* ; mais, tandis que celle-ci bravait les conventions sociales, Emily les respecte (même si ce respect n'est pas ce qui la motive).

LES MÉLODRAMES DU REMARIAGE

Entre 1927 et 1931, pas moins de quatre films de Hitchcock peuvent être considérés comme des mélodrames du remariage, dans des sens divers : *The Ring* et *The Skin Game* répondent grosso modo à la définition cavellienne (à l'issue d'une crise, les deux partenaires se « remarient », confirmant ainsi leur mariage) tandis que les héroïnes d'*Easy Virtue* et (dans des circonstances très différentes) de *The Manxman* se « remarient » après l'échec traumatique d'un premier mariage. Cependant l'accent mis sur le personnage de la femme partagée entre deux hommes rapproche *The Ring*, qui est un des rares sujets originaux de Hitchcock, et *The*

Manxman, adaptation d'un roman alors célèbre qui avait très tôt fait l'objet de plusieurs adaptations théâtrales. En termes de popularité et d'évaluation, *The Ring* et *The Manxman* font partie des œuvres muettes de Hitchcock qui sont relativement connues et jouissent d'une grande estime parmi les spécialistes, tandis que *Easy Virtue* et *The Skin Game* restent généralement inconnues et sous-estimées car réduites à leurs sources théâtrales. J'examinerai ces quatre œuvres dans l'ordre chronologique.

EASY VIRTUE

Adaptation d'une pièce de Noel Coward alors toute récente, *Easy Virtue* (*Le passé ne meurt pas*, 1927) mérite mieux que son exécrable réputation (Rohmer et Chabrol le traitent de « pensum » et assurent que « [r]ien n'intéressait Hitch dans cette histoire de divorcée qui ne parvient pas à refaire sa vie », tandis que Truffaut reconnaît qu'il n'a jamais pu le voir)[14], mais souffre d'autant plus de la qualité médiocre de la copie disponible que le film est plein de touches visuelles qui mériteraient un meilleur sort[15]. Le récit s'ouvre de façon très frappante sur une image mystérieuse qui s'avère être un gros plan vu en plongée de la perruque d'un juge, un juge par ailleurs si myope qu'il lui faut à plusieurs reprises recourir à son monocle pour identifier le plaignant, l'accusée, les avocats et les jurés. Ayant modifié la structure de la pièce, qui se déroule dans un décor unique, Hitchcock et Stannard mènent ici de front, avec brio, un double scénario. La procédure de divorce que Filton a engagée contre sa femme (Larita : Isabel Jeans) permet de combiner la description du procès « en direct » et le rappel dans une série de flash-backs des événements qui le motivent. Les transitions entre le présent et le passé se font avec souplesse et habileté, à l'aide d'une série d'objets (une carafe, une lettre) qui apparaissent comme pièces à conviction. De ces témoignages, il ressort que Filton était un mari jaloux, porté sur la boisson et violent. Que

14 Rohmer et Chabrol, *Hitchcock*, *op. cit.*, p. 19 ; Truffaut, *Le Cinéma selon Hitchcock*, *op. cit.*, p. 39.

15 Cette copie, restaurée à partir des copies 16 mm du British Film Institute et du Museum of Modern Art, a été éditée en DVD par Elephant Films (2014). Elle comporte aussi certaines lacunes.

Larita posait pour un jeune artiste, Claude, qui peignait son portrait et qui était manifestement amoureux d'elle. Que Filton, persuadé que sa femme le trompait, a fait irruption dans l'atelier de l'artiste lors d'une de ces séances de pose, attaquant à violents coups de canne Claude, qui s'est défendu et a blessé le mari d'un coup de revolver.

De ce qui nous est montré, on ne peut rien inférer d'absolument indubitable. Sans doute peut-on imaginer que Larita, mariée à un homme violent, n'ait pas été insensible à l'amour que lui vouait l'artiste, voire qu'elle ne l'ait pas découragé ; mais la présence insistante à l'arrière-plan d'une statue de la *Venus pudica* laisse entendre que Larita n'est nullement coupable d'adultère. À cette absence de certitude s'oppose le « deuxième scénario », celui du fonctionnement de la justice. Les premiers plans nous ont clairement désigné, dans la tradition satirique de Hogarth, la justice anglaise comme archaïque (la perruque), lointaine et manquant d'acuité visuelle (le monocle). Plus subtilement, on observe que l'avocat du mari (interprété par Ian Hunter), habile rhéteur, renverse les arguments qui paraissent militer en faveur de Larita en autant d'éléments à charge : mariée à un homme violent et alcoolique, n'était-il pas logique qu'elle cherche à se consoler dans les bras d'un autre ? D'ailleurs, le codéfendeur n'a-t-il pas établi un testament en faveur de l'accusée ? Ce qui importe est avant tout la loi, que Larita a enfreinte en trompant son mari, comme les jurés unanimes, emmenés par une forte femme à l'opinion vite arrêtée, ne manqueront pas de le confirmer dans leur verdict. Ici s'esquisse une revendication féministe tacite mais complexe et ambiguë : le mari et la femme ne sont pas traités sur un pied d'égalité ; les femmes qui ont intériorisé leur statut inégal sont les premières à vouloir punir celles qui, comme Larita, protestent contre cette injustice. On verra que la suite du film développe cette thématique : tandis que certaines femmes (Larita au premier chef) sont montrées ou du moins perçues comme des rebelles qui constitueraient une menace publique contre l'ordre social établi et que celui-ci s'emploie à humilier et à briser, faisant d'elles des victimes, d'autres femmes tirent leur pouvoir de la domination domestique qu'elles exercent sur leurs maris et leurs fils.

Le divorce prononcé à ses torts exclusifs, et le peintre s'étant, semble-t-il, suicidé, Larita entreprend en effet de refaire sa vie, quitte l'Angleterre pour la côte d'Azur, cadre idyllique qu'on retrouvera dans le prologue de *Rebecca* et dans *La Main au collet* ; elle y change de nom et ne tarde pas à faire la connaissance d'un jeune homme, John Whittaker (Robin Irvine), qui tombe immédiatement amoureux d'elle et souhaite l'épouser. Échaudée par son récent divorce, consciente (toujours tacitement) d'être plus âgée que John, Larita, d'abord réticente, finit par se laisser convaincre au terme d'une longue conversation téléphonique, scène célèbre dans laquelle Hitchcock nous fait imaginer les hésitations de la jeune femme, l'insistance de John et le consentement final de Larita en se bornant à nous montrer les mimiques successives par lesquelles la standardiste, la curiosité piquée par le sujet de la conversation, exprime tour à tour son intérêt, sa satisfaction, son inquiétude, sa grande inquiétude, et enfin son propre contentement, quasi extatique.

John ramène ensuite Larita en Angleterre, plus précisément dans la demeure familiale de Peveril, dans le Norfolk, où une lutte d'abord feutrée puis ouverte s'engage entre la bru et sa belle-mère (Violet Farebrother), sorte de dragon hystérique qui (non sans raison) croit reconnaître Larita, finit par l'identifier comme la « scandaleuse Mrs Filton » qui a défrayé la chronique naguère et s'emploie avec succès à la séparer de son fils chéri. Il semble clair que la motivation de Mrs Whittaker est double : sur le plan explicite, elle est persuadée que Larita est une intrigante, une femme « à la vertu facile », une croqueuse d'hommes qui a jeté son dévolu sur son fils et ne tardera pas à aller voir ailleurs. Mais la très réelle motivation du conformisme social en cache mal une autre, plus intime, le désir de reprendre le contrôle de son fils, voire une jalousie d'autant plus vive que Larita, plus âgée que John, fait figure de rivale directe de la mère. On a pu parler de relation quasi incestueuse entre Mrs Whittaker et son fils ; je crois néanmoins que Charles Barr va trop loin quand il voit dans cette relation mère-fils la préfiguration de celle de *Psychose*[16]. Ajoutons l'ambiguïté persistante du personnage de Larita, dont la psychologie pourrait elle aussi être analysée à deux niveaux : esprit libre, rebelle, croyant pouvoir tirer un trait sur son passé, elle sous-estime évidemment la capacité de nuisance de l'ordre social et « patriarcal » établi (je mets « patriarcal » entre guillemets puisqu'il apparaît clairement que Mrs Whittaker en est la gardienne la plus farouche), mais aussi sa propre tendance à se livrer à des actes qui seront nécessairement ressentis comme autant de provocations, nous invitant à constater et à conclure qu'à l'instar de tant de personnages féminins

16 Barr, *English Hitchcock*, *op. cit.*, p. 50.

de Hitchcock, elle porte en elle une sorte de masochisme, une tendance à l'auto-immolation, en d'autres termes le désir inconscient d'être une victime. Femme élégante, *flapper* ou garçonne, avec ses accessoires, grand collier de perles en sautoir, grand éventail de plumes, ses robes courtes et ajustées, acceptant volontiers de boire de l'alcool et fumant sans cesse, son image, le vieillissement et les épreuves aidant, se dégrade peu à peu au fil du récit.

La caractérisation des personnages et le choix des interprètes relie le film, en amont, à *Downhill* en même temps qu'ils annoncent *The Skin Game.* Dans le deuxième « acte » de *Downhill*, l'actrice Julia (Isabel Jeans) épousait le héros (Ivor Novello), censément beaucoup plus jeune qu'elle, tout en poursuivant sa liaison avec son amant Archie (Ian Hunter). Dans *Easy Virtue*, la même interprète, Isabel Jeans, incarne Larita, qui épouse un très jeune homme, John Whittaker, dont le rôle est joué par Robin Irvine, qui dans le film précédent était l'ami pour lequel se sacrifie Roddy Berwick (Novello). Ian Hunter joue l'avocat de Filton, le premier mari de Larita, et reparaît lors de la « reconnaissance » de Larita et de sa confrontation finale avec sa belle-mère. Enfin celle-ci est interprétée par Violet Farebrother, qui avait dans *Downhill* le rôle secondaire mais mémorable de la poétesse dont les traits usés sont cruellement révélés à la lumière du jour. Dans *The Skin Game*, si l'on ne retrouve aucun des acteurs d'*Easy Virtue*, la description des Gilchrist, la famille aristocratique, rappelle celle des Whittaker : le père est bienveillant mais inefficace, sous l'emprise d'une femme implacable, dont le snobisme de classe ostracise avec une violence particulière la jeune bru de la famille rivale, les Hornblower.

Le récit d'*Easy Virtue* se conclut comme il avait commencé, avec cette pulsion de répétition fataliste inhérente au mélodrame et bien distincte de celle, libératoire, de la comédie : le même juge Halstead à perruque et lorgnon, la même procédure de divorce, cette fois-ci « non contestée », la même conclusion prévisible, la même meute de photographes à la sortie du tribunal, Larita, vêtue de noir, prenant une pose à la manière de Marlène Dietrich dans *X 27* (*Dishonored* de Sternberg, 1931), et le célèbre carton final, jouant sur le double sens de *shoot*, « photographier » ou « filmer », mais aussi « tirer » : *Shoot, there's nothing left to kill !*, qu'on pourrait rendre par « Tirez ! Je suis déjà morte[17] ».

---

17 Interrogé par Truffaut, Hitchcock, qui semble télescoper l'ouverture du film et sa conclusion, qualifie curieusement et injustement cet intertitre de « plus mauvais titre

THE RING

Réalisé juste après *Easy Virtue* et sorti la même année (1927), *The Ring* entrelace étroitement la description du milieu de la boxe et un triangle amoureux. Cet entrelacement est d'ailleurs résumé par le titre original, qui renvoie à la fois au ring des matches de boxe et à l'alliance nuptiale ([*wedding*] *ring*) qui unira deux des protagonistes, et encore, moins littéralement mais de façon assez évidente, au bracelet en forme de serpent que le rival a offert à la jeune femme. Les divers titres français du film, *Le Masque de cuir*, dont on suppose qu'il renvoie au casque de protection que portent les boxeurs à l'entraînement, *La Piste* et *L'Arène*, non seulement ne rendent pas compte de cette polysémie, mais sont notoirement inappropriés.

The Ring commence, à la manière de *The Lodger* et de bien d'autres films de Hitchcock, par un morceau de bravoure, une éblouissante démonstration de virtuosité visuelle qui a son unité propre et est donc en quelque sorte détachable de la suite du récit, mais qui n'est ni gratuite (elle introduit à cette suite et fait partie intégrante du récit) ni purement visuelle, car on vérifie ici une fois de plus que le cinéma muet ne saurait se passer d'effets sonores, implicites ou explicites. Cette séquence de montage s'ouvre sur le plan d'une grosse caisse, indiquant clairement qu'elle décrit et constitue elle-même une sorte de « parade », au sens du tableau de Seurat, invitant les badauds à jouir des attractions de la fête foraine en même temps qu'elle invite les spectateurs à entrer dans le récit par le biais d'une ouverture visuelle et musicale, « la fête foraine », qui globalement évoque un film de cirque plutôt qu'un film de boxe à proprement parler[18]. Au plan de la grosse caisse succèdent ceux de tourniquets de balançoires, d'une fille extatique sur sa balançoire, de l'aboyeur, des gros plans sur sa bouche grande ouverte, le stand de tir aux pipes d'argile, d'autres cibles du tir, un Noir qu'on fait tomber de sa chaise, deux gamins qui jettent

que j'aie jamais écrit, à tel point que j'ai même honte de vous le raconter » (*Le Cinéma selon Hitchcock*, *op. cit.*, p. 17). Le générique de *Easy Virtue* a pour fond d'image le dessin stylisé d'un appareil photo.

18 La « Parade de cirque » de Seurat est exposée au Metropolitan Museum de New York. Dès 1917, le mélodrame et film de cirque danois d'A. W. Sandberg, *Le Clown* (*Klovnen*) s'ouvre sur la « parade » d'un trio de musiciens qui évoque le tableau de Seurat.

sur lui des œufs crus, des spectateurs (types populaires, parfois édentés), un bobby riant… Le décor d'un divertissement populaire (dans les deux sens du terme), non dépourvu d'une certaine cruauté, que *L'Inconnu du Nord-Express* explicitera beaucoup plus tard, est ainsi planté.

L'action se concentre sur le stand où le boxeur « One Round » Jack Sander (Carl Brisson) met au défi les volontaires de tenir plus d'un round face à lui. Une action ostensible (trois clients se font successivement défaire par Jack) va de pair avec la mise en place graduelle du triangle amoureux, amical et conflictuel, essentiellement par le jeu des regards. La caissière, désignée dans le film comme « la Fille » (Lilian Hall-Davis, la jolie brune qui sera Minta dans *Laquelle des trois ?*), occupe une position stratégique, attirant le chaland, l'invitant à relever le défi, mais elle a aussi, grâce à un morceau de toile découpé, la possibilité de voir ce qui se passe à l'intérieur du stand de toile (et éventuellement d'être vue). La Fille a engagé un personnage encore inconnu (« Bob » : Ian Hunter, vu précédemment dans *Downhill* et dans *Easy Virtue*) à se mesurer avec Jack, mais il a refusé ; c'est seulement après qu'il a vu la Fille en compagnie de Jack qu'il se décide à « y aller », comme mû par la jalousie, ou comme si la Fille était l'enjeu véritable de la compétition. Bob semble d'ailleurs stimulé par la Fille, qu'il aperçoit à travers sa petite « fenêtre » découpée dans la toile. Non seulement Bob tient au-delà du premier round, mais il est vainqueur. La situation de base est ainsi durablement établie, dans une contradiction fondamentale : d'une part, Bob Corby, qui est en fait un boxeur professionnel, champion d'Australie, l'a emporté sur « One Round » Jack, réduit à devenir son sparring-partner s'il ne veut pas se retrouver au chômage ; de l'autre, la Fille, qui était plus ou moins promise à Jack (qui ne faisait ce « métier » que pour gagner assez d'argent pour épouser la Fille), non seulement a aguiché Bob, mais est visiblement attirée par lui, et pourtant reste non moins manifestement attachée à Jack (elle semble triste lorsqu'il est battu par Bob et elle le soigne après sa défaite). Le film va ensuite dérouler le récit de la rivalité entre les deux hommes, rivalité à la fois professionnelle et amoureuse, dont l'enjeu sera évidemment la « possession » de la Fille, que les intermittences de son cœur portent tantôt vers l'un tantôt vers l'autre.

En cachant son identité, Bob a gagné « par surprise », de façon qu'on peut juger un peu déloyale, et marqué ainsi un premier point, mais cet avantage n'est pas décisif. La rivalité se poursuit, par le biais d'objets symboliques (le bracelet, cadeau de Bob, que la Fille s'efforce de cacher à Jack, mais aussi un jeu de cartes où la force et la richesse du roi de carreau [Bob] s'opposent à l'amour du roi de cœur [Jack]) ; gagnant le match qui lui permet de devenir le second de Bob, Jack pousse son avantage et épouse la Fille. Ce mariage ne semble pas changer radicalement la situation, au contraire : la Fille se détache peu à peu de Jack, ayant l'impression d'être davantage appréciée par Bob, de se trouver avec lui en compagnie plus riche et plus élégante, et elle finit par tromper ostensiblement Jack. L'opposition des deux hommes est désormais frontale. Mais Jack, aiguillonné par son imprésario, qui le motive en faisant appel à sa jalousie, gravit les échelons professionnels jusqu'à se poser en challenger du champion, amolli dans les délices de Capoue. Le duel se réglera au sommet, dans un match spectaculaire qui a pour cadre l'immense salle de concert de l'Albert Hall ; longtemps indécis, le combat semble tourner à l'avantage de Bob, jusqu'à ce que la Fille (devenue ostensiblement la maîtresse de Bob) prenne parti pour Jack et encourage celui-ci, qui retrouve sa vigueur et rafle la mise, remportant le combat et reconquérant sa femme légitime : mélodrame du remariage. La Fille a rompu le charme qui l'envoûtait et que figurait le bracelet serpentin, enlevé et abandonné sur le sol de l'Albert Hall.

Cette longue séquence finale, aussi improbable que prévisible, est à l'évidence le sommet dramatique du film en même temps qu'elle en constitue la résolution implicite et satisfaisante, puisqu'elle renverse le résultat, lui aussi inattendu et prévisible, du premier affrontement entre les deux boxeurs, déclencheur des hésitations amoureuses de la Fille. Trois points méritent d'être soulignés. D'abord, bien sûr, le cadre du Royal Albert Hall, célèbre salle de concert londonienne (qui figurera comme telle dans les deux versions de *L'Homme qui en savait trop*), mais susceptible aussi d'accueillir des matches de boxe, comme on le voit ici, ou encore des avant-premières de films. Manifestement fasciné par ce monument en forme de cirque cher aux Londoniens, Hitchcock procède ici à une sorte de rodage ou de banc d'essai de la séquence de suspense musical qu'il peaufinera quelques années plus tard, s'attachant d'ores et déjà à multiplier les plans d'indications directionnelles (STALLS, GALLERY avec flèche ascendante) qui facilitent la circulation à l'intérieur d'une sorte de Colisée ou de Cirque d'hiver[19]. Ensuite, le personnage de la Fille, qui présente

19 Fréquentes chez Hitchcock, ces indications ont plusieurs fonctions, qu'elles peuvent cumuler : attester la réalité (supposée) d'un lieu ou d'un décor, comme c'est le cas ici, dans *Blackmail* (TO

plusieurs facettes des héroïnes hitchcockiennes : un côté innocemment aguicheur, comme l'héroïne de *Chantage*, l'hésitation entre deux hommes qui par bien des côtés se ressemblent et sont amis autant que rivaux, comme celle de *The Manxman*, une forme d'amour qui a quelque chose de maternel et dans laquelle tend à dominer la pitié, l'empathie pour les blessés, les souffrants, comme ce sera le cas d'Emily dans *Rich and Strange*.

FIG. 39 – *The Ring* : Lilian Hall-Davis.

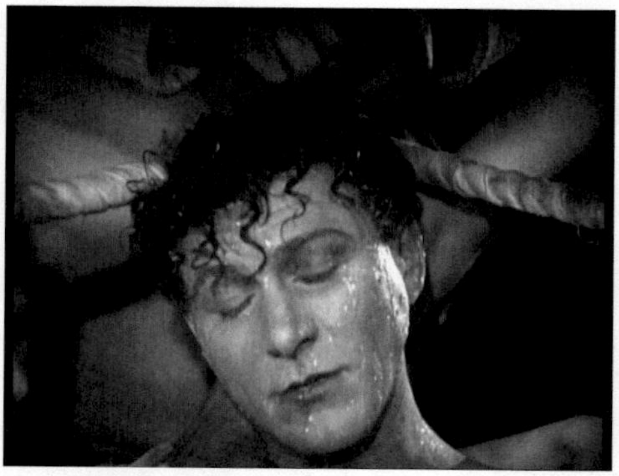

FIG. 40 – Carl Brisson en figure christique.

THE BRITISH MUSEUM) ou dans *Sabotage* (TO THE ZOO) ; revêtir une signification symbolique, comme on l'a vu dans *Downhill* ou au début de *The Ring*, lorsque le marin se fait « sortir » par « One Round » Jack, sous l'indication EXIT. Leur caractère normalement « rassurant » pour le personnage et pour le spectateur peut devenir déroutant lorsque ces indications se multiplient jusqu'à produire un effet labyrinthique, comme dans l'ouverture de *La Loi du silence* à Québec ou dans le générique de *La Mort aux trousses*, dû à Saul Bass et Bernard Herrmann.

Mais ce qui frappe le plus, à considérer l'ensemble de *The Ring*, est sans doute le recours assumé de Hitchcock au mélange des genres, car la séquence la plus soigneusement agencée du film, en dehors de la Parade d'ouverture et de la conclusion dramatique, est celle du mariage de la Fille et de Jack, séquence essentiellement burlesque, mais chargée de signes avant-coureurs inquiétants qui l'inscrivent dans la thématique dominante du mélodrame ; nouveau chef-d'œuvre de montage, mais d'un montage lent et délibéré, source de *slow burn*, plutôt que de montage brillant et rapide, à la russe, comme dans la Parade initiale, et qui nous invite une fois de plus à reconnaître, chez le Hitchcock de la fin du muet, un maître inattendu et oublié de la comédie burlesque. Le point de vue est d'abord celui qu'on a en entrant dans l'église, face au chœur et au triple vitrail du chevet. Le bedeau, sans doute effrayé par ces circassiens marginaux, est d'emblée montré comme grotesque. On voit (de dos) arriver successivement divers invités, à commencer par des sœurs siamoises (on est toujours dans un film de cirque) qui se chamaillent, l'une voulant s'asseoir à droite, l'autre à gauche[20]. Ensuite, vus de face (le point de vue étant donc renversé, depuis le chœur où se tient le bedeau), le forain moustachu, muguet à la boutonnière, et la Fille, remontant longuement et lentement l'année centrale. Nouveau renversement du point de vue : vus de dos, le marié et son entraîneur, légèrement en retard, qui se hâtent. Le bedeau fait signe à tous de se lever, ce que tous font, sauf l'entraîneur (autre type burlesque, joué par Gordon Harker, qui aura un rôle similaire dans *Laquelle des trois ?*). Ayant recours au langage corporel mimétique, le bedeau fait une flexion rapide et se relève ; au lieu de répondre à cette nouvelle invitation à se lever, l'entraîneur imite le geste du bedeau, comme s'il s'agissait d'un mouvement de gymnastique qu'il lui faut reproduire. Après un moment de confusion, les quatre personnages forment la rangée souhaitée, soit (de dos) le forain – la Fille – Jack – l'entraîneur.

Tandis que le prêtre prononce les paroles sacramentelles, en anglais archaïque (et en caractères gothiques dans les intertitres), on ne voit jamais la Fille répondre explicitement ; son expression est plutôt neutre ; au beau milieu de cette scène, on voit arriver Bob et son agent, vus de face et de loin. Nouvelle et longue scène burlesque avec l'entraîneur

20 On retrouvera des siamoises toujours en désaccord parmi les circassiens de *Cinquième Colonne* (*Saboteur*, 1942).

qui se met le doigt dans le nez, ne trouve pas l'alliance, la cherche par terre, sort un bouton au lieu de l'alliance, faisant s'esclaffer lourdement plusieurs des invités. En gros plan, Jack parvient enfin à passer l'alliance au doigt de la Fille ; le bracelet-serpent, cadeau de Bob, glissant du bras de la Fille, tombe pour former une deuxième alliance au-dessus de la première ; Jack repousse le bracelet vers le haut du bras et le hors champ. On ne saurait mieux signifier ce qu'on pourrait appeler une bigamie mélodramatique de la Fille, à qui Jack a forcé la main pour qu'elle l'épouse, mais sans parvenir à écarter son rival, qui « fait retour » en pleine cérémonie par le biais du bracelet après avoir clairement exprimé le peu de considération qu'il avait pour ce mariage burlesque en bâillant ostensiblement pendant l'échange des promesses entre la Fille et Jack.

FIG. 41 – *The Ring* : un mariage, deux alliances.

THE MANXMAN

Comme l'a observé Bernard Eisenschitz, la dimension sociale est plus en évidence dans l'œuvre anglaise de Hitchcock que dans l'œuvre hollywoodienne[21]. Elle est en filigrane dans *The Ring*, où la boxe apparaît clairement mais tacitement comme un moyen de promotion

21 Dans le film de Simsolo, *Alfred Hitchcock Films de jeunesse.*

sociale : la réussite de Jack Sander, même avant sa victoire finale sur Bob Corby, lui permet de vivre dans un luxueux appartement d'où une grande baie vitrée donne sur un panorama londonien, avec ses publicités lumineuses, qui rappelle celui qu'on voit à la fin de *The Lodger* et préfigure le panorama new-yorkais de *Rope* ; cette ascension est aussi figurée par le passage du stand de boxe de la fête foraine au cadre de l'Albert Hall, avec ses spectateurs dont beaucoup sont en habit de soirée.

Ce thème social est au cœur de *The Manxman* (rarement traduit comme *L'Homme de l'île de Man*[22]), dernier film muet de Hitchcock (1929) et nouveau récit d'un triangle amoureux dans lequel l'héroïne, Kate Cregeen (Anny Ondra, qu'on reverra dans *Chantage*), oscille entre l'amour de deux hommes, Pete Quilliam (Carl Brisson, le Jack Sander de *The Ring*) et son meilleur ami Philip [Phil] Christian (Malcolm Keen). Si la ressemblance avec l'argument de *The Ring* peut paraître frappante, on est ici très loin d'un sujet original : d'abord, parce que Hitchcock et Stannard adaptent le roman d'un auteur de best-sellers extrêmement connu à l'époque, Sir Hall Caine, anobli par George V en 1918, et dont la spécialité était les récits de « couleur locale » situés sur l'île de Man, entre Angleterre et Irlande du Nord ; ensuite, parce que ce roman très populaire, publié en 1894, avait immédiatement fait l'objet de trois adaptations théâtrales différentes, s'échelonnant de 1895 à 1916, et d'une première adaptation cinématographique, en 1916 ou 1917[23]. À lire le roman de Hall Caine, on réalise très vite la double, voire la triple difficulté qu'il présentait au scénariste : la complexité d'une intrigue qui, avant de se concentrer sur les personnages principaux, détaille longuement les événements familiaux qui ont affecté les deux générations précédentes (conflits entre un patriarche et ses deux fils, mésalliance, héritier déshérité, enfant illégitime…) et qui « expliquent » la situation présente et le statut contrasté des deux amis, qui sont cousins germains, mais par la main gauche ; le style touffu de Hall Caine, qui, dans la tradition de Balzac et de naturalistes comme

22 Par Marcel Lapierre, *Les Cent Visages du cinéma*, Bernard Grasset, 1948, p. 561.

23 J'emprunte ces informations à Barr, *English Hitchcock*, *op. cit.*, p. 224, qui précise que le premier film tiré de *The Manxman* (aujourd'hui considéré comme perdu) était signé par l'Américain George Loane Tucker, l'auteur du remarquable *Traffic in Souls* de 1913, et qu'il n'a pu établir si Hitchcock avait vu ce film ou l'une ou l'autre des adaptations théâtrales du roman.

Mirbeau, abonde en comparaisons assimilant les divers personnages, leur apparence physique, leurs gestes, mais aussi leur façon d'agir et de penser, à autant d'animaux domestiques ou sauvages ; circonstance aggravante, faisant partie intégrante de la couleur locale, le roman comporte de très nombreux dialogues, émaillés de tournures dialectales et d'un lexique emprunté au mannois, l'ancienne langue celtique locale. Disons d'emblée que Stannard a sagement sacrifié tout l'arrière-plan familial, ne conservant que la nette différence sociale entre les deux amis d'enfance, qui se considèrent comme des frères, Pete Quilliam, le marin-pêcheur, et Phil Christian[24], issu d'une famille de notables déchue mais qui aspire à reprendre sa place dans l'élite locale ; il a aussi simplifié les données du conflit en faisant de Caesar Cregeen, le père de Kate, le tenancier presque ordinaire d'une *public house*, The Manx Fairy, et le propriétaire d'un moulin, alors que le personnage du roman est aussi un fanatique religieux qui ne cesse d'appeler son entourage à croire en la Providence divine et à se repentir (on verra que cette dimension religieuse n'est cependant pas entièrement gommée). Le fait qu'il s'agissait d'un film muet a permis aux auteurs d'éluder la question du dialecte. La couleur locale, quant à elle, est magnifiquement présente, grâce aux extérieurs réels, aux images de mer, de bateaux de pêche et de port, superbement filmés par Jack Cox, qui confèrent au film une qualité « photogénique » digne de Jean Epstein, et font de ce paysage un cadre approprié, marqué au sceau du réel, pour le drame qui se joue, et presque un acteur de ce drame[25].

À son habitude, Hitchcock a soigné ses incipit, qui dans les copies actuelles se présentent dans un ordre bizarre, mais ont l'intérêt de suggérer plusieurs pistes au spectateur et à son horizon d'attente : sur fond de plans sombres de vagues se brisant sur des récifs, le générique

---

24 Le nom de Philip Christian est un exemple de l'ancrage historique du roman, pas moins de neuf membres de la famille Christian ou Cristen ayant assumé les fonctions de Deemster, c'est-à-dire de juge de l'île de Man, du XVe au XIXe siècle.

25 L'action du film est censée se dérouler à Peel et à Douglas, sur l'île de Man, mais selon Michael Powell « deux scènes seulement furent filmées dans l'île de Man », et le film « fut tourné principalement aux alentours de Minehead dans le Somerset, et dans le nord de la Cornouailles » (*Une vie dans le cinéma*, *op. cit.*, p. 238). La Cornouailles sera le décor présumé de *La Taverne de la Jamaïque*, dernier film de la période anglaise (1939) et de *Rebecca*, premier film hollywoodien (1940), deux adaptations de Daphné du Maurier. Pour voir *The Manxman* en DVD, on préférera la belle édition de StudioCanal à la copie médiocre de The Hitchcock Collection, volume 1.

fait attendre un « sombre drame » de passions humaines davantage qu'un récit d'aventures maritimes ; lui succèdent un intertitre avec la citation biblique de Matthieu 16, 26 : « Que sert-il à un homme de gagner le monde entier, s'il perd son âme ? », avertissement dont rétrospectivement il sera clair qu'il vise le personnage de Philip Christian, le Deemster, puis une image, malheureusement floue, du triskelion, emblème traditionnel de l'île de Man (trois jambes pliées jointes à la cuisse, formant une sorte de symbole solaire hélicoïdal), qui renvoie certes au décor du récit, mais aussi et surtout (pré)figure la manière dont le destin de chacun des trois personnages principaux sera étroitement attaché à celui des deux autres.

La différence sociale ne semble pas d'abord nuire à l'amitié entre Pete et Phil, mais cette différence est presque constamment visible dans le contraste de leurs vêtements. Phil, l'avocat, est le plus souvent en costume (parfois trois pièces) et en cravate, et porte le chapeau ; Pete est le plus souvent en gros pull de marin et porte la casquette. Pete est amoureux de la jolie Kate Cregeen, mais, sachant que Caesar, le père de Kate, ne voit pas cette inclination d'un bon œil, il pense habile de confier sa demande en mariage à Phil l'avocat, plus apte à trouver les arguments susceptibles de convaincre le père de Kate. Ce que Pete, dont la confiance n'a d'égal que l'aveuglement, ne sait pas est que Phil est lui aussi amoureux de Kate. L'engrenage des ambiguïtés, des malentendus et des trahisons s'enclenche alors : Caesar, après avoir cru un instant que Phil venait faire sa demande en son nom propre (ce qui aurait été socialement flatteur et acceptable pour le *publican*), rejette avec violence la demande faite au nom de Pete, « ce rustre qui n'a pas le sou » ; Phil endosse son rôle de « marieur » (présenté dans le roman comme traditionnel dans la société de l'île) avec tant de conviction que Kate ne reste pas insensible au charme et à l'élégance du jeune homme. La lumière intermittente d'un phare figure l'hésitation de Kate entre le soupirant déclaré et son porte-parole (mais aussi les scrupules de Phil à accepter le rôle qui lui est dévolu)[26]. Pete décide de partir pour l'Afrique, où il espère faire fortune

26 Le procédé de la lumière intermittente sera repris dans *Le Procès Paradine* (1947), dans une des scènes où l'avocat (Gregory Peck) s'entretient avec sa cliente (Alida Valli) emprisonnée à Holloway. Il y désigne, de manière quasi subliminale, l'ambiguïté d'une relation, mi professionnelle mi amoureuse, mêlant aveux partiels, dissimulation et aveuglement.

(le film élague les détails que donne le roman sur le séjour de Pete en Afrique du Sud, dans les mines de diamants de Kimberley, et sur ses démêlés avec les ouvriers noirs). Une variante de la célèbre « scène du balcon » de *Roméo et Juliette* montre Pete qui, juché sur les épaules de Phil, fait ses adieux à Kate et lui fait promettre de l'attendre (dans son rôle de Pete comme précédemment dans celui de « One Round » Jack, Carl Brisson, aveuglé par l'amour qu'il porte à Kate, ne voit pas les réticences de la jeune femme, et lui force en quelque sorte la main). Phil a maintenant pour mission de veiller sur Kate pendant l'absence de Pete, qui dure plusieurs années (le roman précise qu'il s'agit de la même fonction traditionnelle sur l'île, celle d'un « fiancé par procuration »). L'inéluctable se produit et Kate et Phil s'engagent dans une liaison clandestine, dont Kate a clairement pris l'initiative, et qui a pour cadre une nature idyllique, le bord d'un ruisseau, un grand arbre à travers lequel percent les rayons du soleil, tous motifs visuels qui permettent à Hitchcock et à Jack Cox de donner libre cours à leur penchant pictorialiste, déjà noté dans *Laquelle des trois ?* et qu'on reverra dans *The Skin Game*. C'est aussi le genre de scène qui rappelle fortement le cadre comparable où se retrouvent les amants de *La Lettre écarlate* de Hawthorne, roman porté à l'écran à Hollywood par Sjöström en 1926. Plus tard Phil et Kate se rencontreront dans d'autres décors singuliers, un bord de mer hérissé de falaises ajourées comme à Étretat, image à la Dalí seize années avant *La Maison du Docteur Edwardes*, ou encore, dans une scène étonnante parmi tant d'autres, le moulin de Caesar : joyeuse et joueuse, Kate, prenant une fois de plus l'initiative, entraîne Phil à l'intérieur, met en marche le mécanisme qui fait tourner la meule, devient grave, tandis que Phil reste à distance et immobile, comme figé ; elle se rapproche de lui, qui finalement l'étreint avec passion. La caméra s'attarde sur la meule qui tourne lentement, symbole du destin, de la rétribution divine, qui ne sera explicité, par Caesar, que lors du mariage de Kate, dans le même décor.

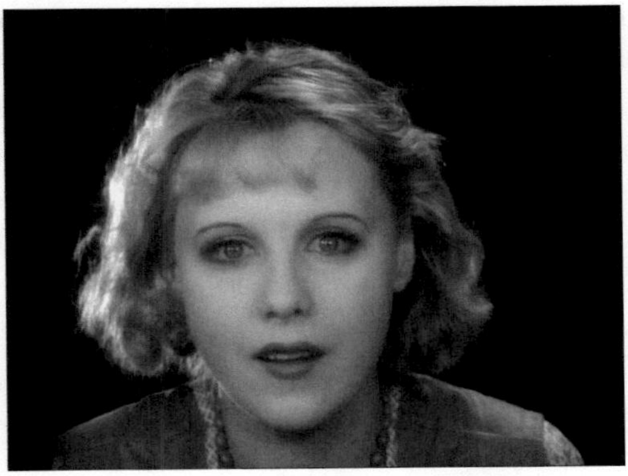

FIG. 42 – *The Manxman* : Anny Ondra.

On apprend la mort de Pete en Afrique. Kate ne peut cacher son soulagement : « Nous sommes libres ! » dit-elle à Phil. Celui-ci est plus circonspect : sa tante, qui a remarqué qu'il fréquentait beaucoup Kate, vient de l'engager à ne pas commettre la même erreur que son père, qui s'est marié « en dessous de sa condition », ce qui a nui à sa carrière (Caesar jugeait Pete socialement inférieur à sa fille ; la tante de Phil juge Kate socialement inférieure à son neveu). Coup de théâtre habituel au mélodrame, il s'avère que Pete non seulement n'est pas mort, mais revient fortune faite. Caesar n'a plus d'objection à ce que Pete épouse sa fille, au contraire. C'est en vain que Kate essaie de convaincre Phil de dire la vérité à Pete (« Je suis heureuse que Pete ne soit pas mort, mais je ne suis pas amoureuse de lui ») ; Phil répond qu'apprendre que sa confiance a été trahie « briserait le cœur » de Pete et qu'il faut maintenir un secret absolu sur leur liaison. Les scrupules tardifs de Phil, sans être vraiment hypocrites, cachent mal la crainte de la déchéance sociale qui s'est emparée de lui. Tout se ligue donc pour contraindre Kate à épouser Pete, qui, bien entendu, demande à Phil d'être son témoin.

Le drame se noue vraiment et va crescendo à partir du repas de noces, qui se déroule dans le moulin de Caesar. Celui-ci endosse soudain le rôle et le langage de prédicateur évangélique qu'il a dans le roman de Hall Caine, frappe sa Bible en lançant l'avertissement que « le mariage est un état hautement respectable » et que « toute sorte de châtiment frappera ceux qui sont infidèles à ses vœux sacrés », puis met la meule en branle, concluant par la phrase énigmatique mais lourde de menace que « les meules de Dieu agissent avec lenteur ». Cela plombe l'atmosphère au point que Pete proteste : « C'est un mariage, pas un enterrement ! » On ne comprend pas très bien ce qui motive les pressentiments de Caesar, mais le choix de l'interprète (Randle Ayrton), sa physionomie expressive, puissante et inquiétante, ses boucles d'oreille d'ancien marin (suppose-t-on), rendent la scène parfaitement crédible.

Enceinte de Phil, Kate le presse à nouveau de révéler la vérité à Pete, mais l'annonce de sa grossesse à Pete rend celui-ci si fou de joie que les aveux sont refoulés. Pete et Phil jouent aux dames pendant que Kate accouche d'une petite fille, suscitant chez Pete un nouvel accès de bonheur exubérant (il pirouette sur lui-même, puis monte voir sa femme en bousculant le médecin qui veut l'en empêcher) et forçant Phil à ne laisser paraître qu'une satisfaction raisonnable. Phil est nommé Deemster (juge de l'île de Man). Lasse de mener une vie de mensonge, Kate quitte Pete en lui laissant un message de demi-aveu (elle aime un autre homme, qu'elle aimait avant son mariage) et obtient de Phil qu'il l'héberge secrètement dans sa résidence de Douglas. Pete s'occupe du bébé qu'il croit être sa fille sous les yeux de Caesar, qui a trouvé la note d'aveu de Kate. Kate presse Phil de choisir entre sa carrière et elle ; Phil lui demande d'être patiente. Kate se rend chez Pete pour chercher sa fille, il croit qu'elle est revenue ; elle le détrompe et complète son premier aveu en lui disant que l'enfant n'est pas de lui, mais n'identifie pas le père ; Pete l'empêche d'emmener l'enfant. De son côté, Phil ne pense qu'au couronnement de sa carrière, au poste de Deemster dont l'inauguration le lendemain sera « le plus beau jour de [sa] vie ».

À la lueur intermittente du phare, Kate se jette dans l'eau noire du port. *Cut* sur l'encrier dans lequel le nouveau Deemster trempe sa plume : le « plus beau jour de sa vie » est celui où, avant de passer aux affaires sérieuses, il doit juger une « accusation mineure », la tentative de suicide d'une jeune femme voilée de noir qui refuse de dire son nom et fait signe à Phil de se taire. Pete, suivi par Caesar, fait irruption dans la salle. Toujours aveugle et confiant, Pete, jurant sur la Bible, identifie Kate, la défend et dit qu'il souhaite qu'elle reprenne la vie commune. Phil acquitte la jeune femme, « qui est libre de retourner à son mari », Pete le remercie maladroitement (« Merci, mon vieux Phil, je veux dire monsieur le juge »). Kate refuse de rejoindre son mari. Enfin Caesar, dont les soupçons ont été éveillés, s'adresse à Pete (« Ne VOIS-TU pas ? ») et intime à Phil de se dénoncer – ce que fait celui-ci, se levant (tout le monde l'imite), annonçant sa démission, enlevant sa perruque et s'inclinant devant Pete. Ses yeux enfin dessillés, Pete se rue sur Phil. Kate déclare : « Nous aussi, nous avons souffert ». Kate se rend chez Pete et récupère sa fille. Derrière les carreaux de la fenêtre, on voit les visages agglutinés de badauds qui regardent. Pete embrasse le bébé. Phil, Kate et leur fille sortent du tribunal et se font huer par la foule des femmes (comme le père Logan lorsqu'acquitté au bénéfice du doute, il sortira du tribunal à la fin de *La Loi du silence*). La séquence finale, faisant écho à l'ouverture du récit (Pete rentrant au port sur son bateau de pêche), montre Pete sur son bateau, cette fois-ci partant pour la pêche : c'est le retour à une vie cyclique et « normale » après le drame qui s'est déroulé longuement et implacablement, dans une œuvre dont la sombre beauté et la rigueur appellent le rapprochement avec Murnau ou Dreyer.

FIG. 43 – *The Manxman* : le juge avant sa déchéance (Malcolm Keen).

The Manxman reste relativement méconnu mais est hautement prisé par les amateurs, à commencer par Chabrol qui dès 1957 considère que Hitchcock y a porté au « sublime » un sujet mélodramatique en s'attachant à la description minutieuse du « conflit moral » qui en est le « noyau[27] ». En 2004, Chabrol persiste et signe, considérant qu'il

27 Rohmer et Chabrol, *Hitchcock*, *op. cit.*, p. 26-27. L'affirmation que le conflit moral oppose « trois êtres dont les actions sont pratiquement irréprochables » apparaît cependant bien contestable.

s'agit d'un « chef-d'œuvre absolu » tout en ajoutant qu'on peut faire au film le reproche d'un certain académisme[28]. Contre Hitchcock, qui recourt à un de ses arguments habituels (c'est un film sans humour, une adaptation d'un roman, « ce n'est pas un film d'Hitchcock »), Truffaut défend mollement *The Manxman*, mais note avec justesse que « l'histoire ressemble à celle de *Under Capricorn* ou *I Confess*[29] ». Charles Barr, qui consacre au film une bonne dizaine de pages, voit en lui un des sommets de l'œuvre muette, et suggère que son rejet sommaire par le cinéaste peut s'expliquer par la frustration d'avoir travaillé « dans l'ombre d'un roman célèbre » (frustration dont sera plus tard victime *Rebecca*), ainsi que par la conscience qu'en 1929 le cinéma muet était un art voué à disparaître. À l'instar de Chabrol, il estime que les « traits hitchcockiens » habituels, comme les plans subjectifs, sont ici moins nombreux, moins voyants, mais que l'ensemble du film a une qualité onirique, et il s'attache à montrer que Kate est le personnage central, le personnage-pivot, victime d'une société patriarcale incarnée par son père et par son amant. Il voit dans Anny Ondra « la meilleure actrice muette de Hitchcock » et rapproche judicieusement son personnage de ceux de Margaret Sullivan dans *Une nuit seulement* (*Only Yesterday* de John Stahl, 1933) et de Joan Fontaine dans *Lettre d'une inconnue* de Max Ophuls (1948)[30].

Je partage très largement l'analyse de Barr et, au contraire de Chabrol, je ne crois ni que le « noyau » du film soit purement moral, ni que les actions des trois personnages soient « pratiquement irréprochables ». Comme il est fréquent dans le mélodrame, le ressort de l'action est aussi, voire d'abord, social, ainsi que cela apparaît clairement dans le rejet initial de Pete par Caesar et à nouveau et de façon répétée dans l'incapacité de Phil à assumer sa responsabilité envers Kate et leur fille. Phil et, au moins initialement, Caesar ont bien une part de responsabilité dans le drame qui se joue, responsabilité qui est essentiellement motivée par un désir d'ascension sociale (de Caesar pour sa fille, de Phil pour sa propre carrière). Si le rejet de Pete par Caesar est bien le « déclencheur » initial, c'est aussi Caesar

28 Dans le film de Simsolo *Alfred Hitchcock Films de jeunesse.*

29 Truffaut, *Le Cinéma selon Hitchcock*, *op. cit.*, p. 44.

30 Barr, *English Hitchcock*, *op. cit.*, p. 67-77.

qui « règle » le problème, quoique de façon drastique, en obtenant enfin l'aveu par Phil de sa culpabilité. Non que les autres personnages soient tout à fait « innocents » : l'amour rend Pete aveugle et insensible, y compris à l'égard de Kate, l'objet de son affection, et si la sympathie du spectateur va « naturellement » à Pete, elle ne peut coïncider avec son point de vue : le spectateur en sait toujours plus que Pete, et il est difficile de sympathiser complètement avec quelqu'un qui est si manifestement aveugle à ce qui se passe autour de lui, même si, contradictoirement, dans les scènes domestiques où Pete ne comprend pas que Kate l'a quitté, s'occupe du bébé, croit que Kate est revenue, le jeu de Carl Brisson, la ressemblance avec Charles Farrell aidant, a une qualité très proche des mélodrames de Borzage, comme *L'Heure suprême* (*7th Heaven*, 1927). Enfin Kate elle-même apparaît comme une figure tragique et pathétique, moins partagée, en dernière analyse, entre l'amour qu'elle porterait à deux hommes (il est clair qu'elle préfère Phil et, même si elle s'est montrée légèrement aguicheuse dans la « scène du balcon », il est clair aussi qu'elle a immédiatement regretté d'avoir donné sa parole à Pete) que déchirée entre ses sentiments et sa condition de femme, qui lui interdit de les afficher publiquement. Kate est bien une victime, qui tente de se suicider pour échapper à une situation qui lui paraît sans issue, mais elle est très différente des héroïnes hitchcockiennes dont on a noté la tendance masochiste : elle est d'abord une femme indépendante, qui assume ses sentiments et son engagement, mais se heurte aux limites que lui impose une société patriarcale qui considère les femmes, dans le meilleur des cas, comme d'éternelles mineures. Cette revendication féministe, au moins implicite, est fidèle à l'esprit du roman de Hall Caine, même si Hitchcock et Stannard – et Anny Ondra – ont profondément remodelé le personnage de Kate Cregeen, transformant la « fée et sorcière » à la longue chevelure brune, dont le goût de la danse et de la musique profanes paraît « diabolique » à son fanatique de père, en blonde à l'apparence sage mais aux sentiments d'une intensité rare. D'abord coquette et aguicheuse, Kate se mue au fil du récit en héroïne tragique, une Antigone amoureuse qui refuse la loi des hommes qui est aussi la loi du mensonge. En ce sens, le défi qu'elle relève face aux exigences de la société est bien moral.

FIG. 44 – *The Manxman* : une tendresse digne de Borzage (Anny Ondra, Carl Brisson et le bébé).

DE HALL CAINE À JOHN GALSWORTHY *The Skin Game*

Rohmer et Chabrol s'acharnent avec une violence particulière sur *The Skin Game* (1931), adaptation d'une pièce de John Galsworthy (1920) qu'ils jugent « mauvaise, démodée avant l'heure ». À leurs yeux,

> non seulement *Skin Game* [*sic*] est le plus mauvais film qu'il [Hitchcock] ait jamais signé, mais c'est aussi un ouvrage bâclé, dont l'auteur paraît s'être totalement désintéressé. Nulle trace de stylisation dans le jeu, de précision de la mise en scène[31].

Jugement excessif et injuste, qui me semble refléter avant tout un parti pris antithéâtral, alors que Hitchcock, à plusieurs reprises, a adapté des pièces de théâtre en leur conservant délibérément leur forme dramatique resserrée, comme en témoignent, à la même époque, *Juno and the Paycock* (1930), d'après Sean O'Casey, et plus tard *La Corde* et *Le crime était presque parfait*. Sans doute *The Skin Game* est-il un film inégal, dans son interprétation comme dans sa mise en scène, qui souffre en outre de

31 Rohmer et Chabrol, *Hitchcock*, *op. cit.*, p. 38.

la médiocrité des copies subsistantes, mais il s'agit globalement d'une très fidèle adaptation de la pièce de Galsworthy, dont le thème et les personnages recoupent plusieurs préoccupations familières au cinéaste.

L'expression de *skin game* désigne ici une lutte implacable et inexpiable, en l'occurrence celle qui va opposer deux familles aux noms symboliques, qui incarnent deux classes sociales et deux systèmes de valeurs. Les Hillcrist (dont le nom évoque « la crête de la colline ») appartiennent à la *gentry*, petite aristocratie terrienne conservatrice et paternaliste, tandis que les Hornblower (ceux qui claironnent, qui font du bruit) sont des nouveaux riches, des industriels qui représentent la modernité mais aussi, aux yeux des Hillcrist, sa vulgarité et son absence de scrupules. Le motif original de la querelle est un terrain que Hornblower veut acquérir pour construire une nouvelle usine, ce qui gâcherait complètement la vue que les Hillcrist ont de leur résidence ; il y a donc là un enjeu qu'on appellerait aujourd'hui écologique, enjeu qu'on retrouvera comme une lecture possible de la fable des *Oiseaux*, et qui prouve que la pièce de Galsworthy n'est peut-être pas aussi démodée que le pensait Chabrol. La querelle se complique du fait que Hornblower, ayant besoin de logements pour les ouvriers de sa nouvelle usine, rompt la promesse qu'il avait faite aux Hillcrist en leur achetant un autre terrain et décide d'en expulser un vieux couple de fermiers. Dans cette première partie de l'action, la sympathie du spectateur va tout naturellement aux Hillcrist, identifiés à la fois au respect de la parole donnée et à la protection de l'environnement. Hitchcock, qui signe lui-même l'adaptation de la pièce[32], a veillé à « aérer » le matériau théâtral et à montrer d'emblée des plans d'extérieurs qui n'ont rien de gratuit, puisqu'ils illustrent le propos : la rencontre de la fille Hillcrist, à cheval, dominant le fils Hornblower, en automobile décapotable, image presque trop habile qui illustre à la fois l'opposition entre tradition et modernité et la hiérarchie des classes sociales (même si les jeunes gens sympathisent) ; un chêne qu'on abat sur le site de la future usine ; une belle rangée d'arbres dont les sommets se rejoignent pour former une voûte, manifestement inspirée par le *Cénotaphe à la mémoire de Reynolds, Coleorton* de Constable (National Gallery), et qui résume,

32 Le générique présente *The Skin Game* comme « un film parlant de John Galsworthy, adapté et mis en scène par Alfred Hitchcock ». Alors au sommet de sa gloire, Galsworthy allait recevoir le prix Nobel de littérature en 1932, un an avant sa mort.

sous une forme suggestive et synthétique, la référence à l'Angleterre préindustrielle. Edmund Gwenn reprend le rôle de Hornblower, qu'il avait joué sur scène dès sa création en 1920, et à nouveau en 1929 ; son physique râblé, son énergie, sa franchise brutale, son caractère à la fois teigneux et madré rendent parfaitement le personnage, qui apparaît ici comme « une force qui va » sans se soucier des dommages collatéraux qu'elle peut provoquer ; dans le film comme dans la pièce, son fils Rolf invoque le concept darwinien de « survie des plus aptes ». La compétition entre les Hillcrist et les Hornblower s'engage lors de la vente aux enchères du terrain que convoitent les deux parties. Compétition inégale, les ressources financières de l'industriel dépassant largement celle du squire désargenté, qui fait monter les enchères au-delà du raisonnable mais se fait rouler par Hornblower, qui rafle la mise en utilisant un prête-nom. Mais le triomphe du parvenu est de courte durée. Il trouve face à lui quelqu'un d'aussi teigneux et peu scrupuleux que lui, Mrs Hillcrist, qui s'est procuré des informations compromettantes sur la jeune bru de Hornblower, Chloe, et entreprend de faire chanter celui-ci : s'il n'accepte pas de revendre le terrain, à un prix modique, aux Hillcrist, le secret honteux concernant sa belle-fille avant son mariage avec Charles, le fils aîné, sera rendu public et les Hornblower, si désireux de voir leur respectabilité reconnue, seront déshonorés. Le récit bascule, et avec lui la sympathie et l'identification du spectateur. On se rend compte que, sous leurs dehors agressifs et fanfarons, les Hornblower sont avant tout avides de reconnaissance sociale, que ce qui motive Hornblower, au-delà de son indéniable volonté de puissance, est l'humiliation de voir sa belle-fille snobée par Mrs Hillcrist, le fait que Hillcrist n'ait pas serré la main qu'il lui avait tendue lors de leur confrontation initiale. En d'autres termes, le snobisme frustré des Hornblower n'a rien à envier à celui affiché et arrogant des Hillcrist, tandis que les moyens auxquels recourt Mrs Hillcrist, l'aristocrate, n'ont rien à envier au cynisme et à la conscience élastique qui semblaient propres au parvenu. Par ailleurs, la bru, Chloe, rappelant (en plus jeune) le personnage de Larita dans *Easy Virtue*, apparaît désormais comme une victime étrangère au conflit, dont le passé « scandaleux » (elle a gagné sa vie en jouant le rôle – fictif – de la « complice » ou « co-défenderesse » pour accélérer des procédures de divorce) va être révélé à son mari et le mariage menacé.

Le marché est conclu et solennisé par des promesses écrites et jurées sur la Bible (ce qui sépare, entre autres, les deux familles, est leur pratique religieuse : les Hillcrist fréquentent l'église [anglicane] tandis que les Hornblower fréquentent la chapelle [non-conformiste], et le vocabulaire de Hornblower est parsemé de références à la religion ; ici Galsworthy et Hitchcock s'inscrivent dans une longue tradition, illustrée notamment par les romans de George Eliot, comme *Middlemarch*). Mais rien ne se passe comme prévu. Le secret de Chloe est vite parvenu aux oreilles de son mari ; la jeune femme, enceinte, tente de se suicider, perd son enfant. Le triomphe des Hillcrist est à son tour illusoire. L'amitié entre les enfants des deux familles, Jill Hillcrist et Rolf Hornblower, qui semblait susceptible de permettre une réconciliation, est compromise. Éclaboussé par le scandale, Hornblower quitte la ville, mais en maudissant les Hillcrist et en les menaçant de se venger s'il les retrouve sur son chemin. Les terrains voués à l'industrie continuent à rogner l'espace des forêts, comme l'atteste un nouveau plan d'un arbre qu'on abat, et la gentry apparaît pour ce qu'elle est : une classe en voie d'extinction, qui se montre tantôt infidèle aux valeurs morales qu'elle prétend incarner (cas de Mrs Hillcrist), tantôt pétrie de bons et nobles sentiments mais totalement inefficace (cas du squire Hillcrist, qui à la toute fin exprime le regret de s'être laissé manipuler par sa femme). Les deux clans sont donc renvoyés dos à dos. Les interprètes sont inégaux : l'énergie ramassée d'Edmund Gwenn l'emporte aisément sur la noble raideur de C. V. France (Hillcrist), falot et très « fin de race », même si Hitchcock a atténué la charge caricaturale symbolique qu'en donnait Galsworthy, qui le montrait perclus de goutte, la « maladie des rois », héritée de ses ancêtres. Une fois de plus chez Hitchcock, deux personnages féminins contrastent vivement, Mrs Hillcrist (Helen Haye) répétant en quelque sorte la mère abusive, intolérante et implacable d'*Easy Virtue*, tandis que la sympathie du spectateur va à Chloe (Phyllis Konstam, jolie brune longiligne), la jeune épouse, étrangère aux deux familles rivales, dont le mariage et la vie même sont le plus directement menacés par le *skin game* qui n'a fait que des perdants. Seule Jill Hillcrist, rare personnage positif, sur un mode mineur, témoigne une active sympathie à Chloe. La conclusion reste en suspens (le film ne dit pas aussi clairement que la pièce si Chloe a survécu), mais si mon hypothèse qu'il s'agit bien d'un « mélodrame du remariage » est juste, on peut supposer qu'elle se « remarie » avec Charles.

HITCHCOCK EN TERRITOIRE FORDIEN
Juno and the Paycock

À l'évidence, *Juno and the Paycock*, que Sean O'Casey désigne comme une « tragédie », n'est pas un « mélodrame du remariage », mais il me semble logique de rapprocher ce film de *The Skin Game* (ainsi que l'a fait Charles Barr) car les deux entreprises ont plusieurs points communs. Dans les deux cas, nous avons affaire à ce qui se présente comme l'adaptation au cinéma, essentiellement fidèle et reconnaissable, d'une pièce de théâtre contemporaine. Certains acteurs y reprenant les rôles qu'ils ont créés sur scène, ces adaptations ont d'abord une valeur documentaire. On s'accordera à reconnaître qu'aucun des deux films n'est parfaitement accompli, en raison du caractère inégal de l'interprétation. En revanche, le débat sur leur importance dans l'ensemble de l'œuvre, et en particulier sur le rapport de Hitchcock au théâtre, mérite d'être réouvert, alors qu'il a été clos par Chabrol et Rohmer de façon aussi péremptoire que mal informée.

Si la pièce de Galsworthy *The Skin Game* est tombée dans l'oubli, il n'en va pas de même de *Juno and the Paycock* de Sean O'Casey, fleuron du théâtre irlandais qu'il faut replacer dans le contexte de sa création en 1924. L'action est située en 1922, en pleine guerre civile entre partisans et adversaires du Traité [avec l'Angleterre], qui permet à l'Irlande d'accéder à l'indépendance, mais ampute l'État libre des Six Comtés du Nord, qui demeurent dans le Royaume-Uni. L'action se déroule presque entièrement au sein de la famille Boyle, dans un appartement d'un quartier populaire de Dublin. Le centre de gravité de cette famille est la mère, Juno (Sara Allgood), dont le mari, le « Capitaine » Boyle, alias le Paon du titre, passe le plus clair de son temps à se pavaner, à se vanter d'aventures maritimes imaginaires, à boire et surtout à se plaindre de douleurs elles aussi imaginaires qui le rendent inapte à tout travail. Les Boyle ont deux enfants, Johnny, qui a perdu un bras lors de la « bataille d'O'Connell Street », au début de la guerre civile, et qui est devenu amer, névrotique et asocial ; et Mary, autodidacte, qui lit Ibsen, gagne sa vie, est syndiquée, et participe à un mouvement de grève (le film réduit son rôle et gomme ces aspects engagés et responsables du personnage, qui tient de l'autoportrait déguisé du dramaturge). L'intrigue se déroule sur trois plans, dont deux sont domestiques tandis que le troisième implique aussi la famille Boyle mais a une dimension politique. Mary délaisse son soupirant Jerry Devine pour un certain Charles Bentham, un jeune clerc de notaire que sa mise, ses manières et son accent soignés distinguent des autres personnages, et qui est porteur de la nouvelle inattendue que le Capitaine hérite d'un cousin une somme qui devrait s'élever à 1 500 ou 2 000 livres, soit une fortune pour la famille. Il apparaît bientôt que Mary et Bentham vont se marier. Sans attendre l'héritage, le Capitaine se lance dans des dépenses somptuaires, se fait livrer des meubles ostentatoires et vulgaires et confectionner un costume et achète un gramophone. Mais il s'avère bientôt que Bentham ayant mal rédigé le testament du cousin, celui-ci sera contesté par de multiples bénéficiaires potentiels ; par ailleurs, Bentham a fui en Angleterre, abandonnant Mary qu'il a rendue enceinte. Cette double catastrophe familiale s'accompagne d'une nouvelle tragédie : à la mort de Robbie Tancred, voisin et ancien ami de Johnny, militant républicain [anti-Traité] qui a été dénoncé et abattu par les pro-Traité, va répondre celle de Johnny, identifié comme le mouchard qui a trahi Tancred et abattu à son tour par les Républicains.

Même s'il existe des nuances entre la pièce d'O'Casey et la version qu'en donne Hitchcock, avec des scènes réécrites par le dramaturge, le sens général de l'œuvre n'en est pas moins parfaitement clair. La peinture de la famille Boyle par O'Casey (et par implication celle de la classe ouvrière irlandaise) tend d'abord à opposer assez nettement les personnages masculins, plus ou moins absorbés par des illusions de grandeur dont le rêve nationaliste constitue la variante la plus sanglante et la plus pernicieuse, et les personnages féminins, plus en prise avec la réalité quotidienne, moins égoïstes, plus soucieux d'assurer le bien-être de leur famille ou d'acquérir leur indépendance. La complicité de Juno et de sa fille Mary s'exprime clairement (au-delà de leurs évidentes différences) dans la longue scène où les divers protagonistes chantent des airs irlandais traditionnels ; la mère et la fille entonnent ensemble la ballade élégiaque de Thomas Moore (1808), *Believe Me, If All Those Endearing Young Charms*. Avec Mrs Tancred puis avec Juno, la mère irlandaise apparaît comme une figure tragique, qui n'a élevé et protégé ses fils que pour les voir mourir criblés de balles dans un conflit fratricide dont la fin prétendument glorieuse est censée justifier des moyens qui relèvent du pur et simple gangstérisme. Ces personnages sont aussi ceux qui ont un rapport étroit avec la religion (catholique, en l'occurrence), explicitement représentée ou incarnée par la figure de la Vierge, elle-même *Mater dolorosa* qui a connu la souffrance de perdre son fils.

Il n'est pas nécessaire de connaître en détail la biographie de Sean O'Casey pour comprendre que son point de vue est celui d'un ancien militant nationaliste désenchanté, désormais convaincu que la priorité donnée au nationalisme est un moyen de retarder indéfiniment des revendications sociales beaucoup plus urgentes ; par ailleurs, O'Casey, lui-même d'origine protestante, ne se prive certes pas de décocher quelques flèches à l'Église catholique irlandaise, notoirement liée au mouvement nationaliste et surtout ultra conservatrice sur le plan des mœurs (flèches atténuées dans le film, comme le signale Maurice Yacowar[33]), mais cela ne signifie nullement qu'il assimile la piété mariale de Juno à cette forme de cléricalisme ; il la montre plutôt comme une croyance compensatoire et consolatrice, opposée à la violence et à l'égoïsme des hommes. En témoigne une des répliques les plus fortes de la pièce, soigneusement conservée dans le film : à Mary qui s'exclame « Mon pauvre petit enfant n'aura pas de père ! », Juno répond : « Il aura quelque chose de bien mieux, il aura deux mères ! »

Le premier intérêt du film de *Juno and the Paycock* est documentaire, il nous donne à voir le personnage de Juno interprété par l'actrice qui l'avait créé sur la scène du célèbre Abbey Theatre de Dublin, Sara Allgood. Hitchcock avait déjà dirigé l'actrice juste avant, dans *Blackmail*, où elle joue (déjà) le rôle de la mère de l'héroïne, qui a tué l'artiste qui voulait la violer. Sara Allgood se fixera à Hollywood en 1940, reprenant son personnage de mère qui s'efforce de maintenir l'unité de la famille dans *Qu'elle était verte ma vallée* de John Ford (1941), qui lui vaudra une nomination à l'Oscar du second rôle féminin. D'autres comédiens du film, sans avoir créé les rôles, les avaient joués sur la scène londonienne : Maire O'Neill (sœur cadette de Sara Allgood et égérie du dramaturge John Millington Synge) dans celui de Mrs Maisie Madigan, la voisine ; Sidney Morgan dans celui de « Joxer » Daly, habituel compagnon du Capitaine et pilier de bar ; et Kathleen O'Regan dans celui de Mary. Les nouveaux venus sont au nombre de trois : deux acteurs anglais, Edward

33 *Hitchcock's British Films*, *op. cit.*, p. 94.

Chapman, qui endosse le rôle écrasant du Capitaine, et John Longden (le fiancé policier de *Blackmail*) dans le rôle de Charlie Bentham, et un acteur écossais, John Laurie (le futur fermier jaloux et hypocrite des *Trente-Neuf Marches*), dans celui de Johnny Boyle.

À mon sens, c'est l'inégalité de cette distribution, et singulièrement le choix de Chapman pour incarner le Capitaine Boyle, qui est responsable de l'échec – relatif mais incontestable – du film. Les raisons pour lesquelles Hitchcock n'a pas fait appel à Barry Fitzgerald, qui avait créé le rôle à l'Abbey, restent controversées. Est-ce simplement le fait, comme le pense Charles Barr, que Fitzgerald, qui n'avait presque aucune expérience du cinéma, aurait difficilement pu jouer le rôle du Paon à l'écran en même temps qu'il jouait sur scène, aux côtés de Charles Laughton, dans la nouvelle pièce de Sean O'Casey, *The Silver Tassie* (*La Coupe d'argent*) ? Ou Hitchcock aurait-il commis une terrible bévue en ne lui confiant pas le rôle, comme le pensait semble-t-il O'Casey ? Ou encore aurait-il écarté Fitzgerald pour qu'il ne fasse pas d'ombre à Sara Allgood, comme le pensent, avec un peu (trop ?) d'imagination, les critiques qui avec raison soulignent le féminisme de la version filmique[34] ?

Quoi qu'il en soit, Barry Fitzgerald apparaît bien dans le film, non dans le rôle du Capitaine, mais dans celui de l'Orateur, dans un prologue écrit spécialement par O'Casey, qui, dans son appel passionné à la réconciliation des factions irlandaises qui se déchirent dans la guerre civile, résume parfaitement le propos politique du dramaturge. En outre ce prologue fait effectivement pendant à la scène finale, la prière elle aussi passionnée que Juno adresse à la Vierge puis au Sacré Cœur de Jésus, demandant qu'aux cœurs de pierre soient substitués des cœurs de chair, et que la haine meurtrière laisse place à l'amour éternel du Christ (alors que la pièce se termine sur le retour du Capitaine et de « Joxer », l'un et l'autre ivres morts, dans le foyer désormais déserté par Juno et Mary). Deux discours qui semblent impuissants à mettre un

34 Ces diverses interrogations sont soulevées dans l'intéressant documentaire de Brian O'Flaherty, *When Hitchcock Met O'Casey*, A Bruno Dog Production, 2019. Le film évoque un second projet (inabouti) de collaboration entre Hitchcock et O'Casey, une sorte de symphonie urbaine à partir de la description d'une journée dans Hyde Park ; le dramaturge en tira sa pièce *Within the Gates* (1934) [sur ce sujet, voir aussi Spoto, *The Life of Alfred Hitchcock*, *op. cit.*, p. 125-126]. Pour O'Casey comme pour Hitchcock, le cinéma était l'« art des masses » ; pour le Capitaine, « les religions sont en train de disparaître », et « les vraies gens de Dublin en savent davantage sur Charlie Chaplin et Tommy Mix que sur saint Pierre et saint Paul » (Sean O'Casey, *Three Plays*, Macmillan, 1966, p. 37).

terme à l'engrenage des exécutions sommaires, résumé par le retour périodique du plan d'une fenêtre qu'accompagnent les rafales d'une mitraillette hors champ.

Peu avant Sara Allgood et Hitchcock lui-même, Barry Fitzgerald poursuivra lui aussi une carrière hollywoodienne, jouant souvent des rôles « ethniques », principalement irlandais, notamment sous la direction de John Ford : *Révolte à Dublin* (adaptation de *The Plough and the Stars* de Sean O'Casey), *Qu'elle était verte ma vallée*, *L'Homme tranquille*…

Concluons en tâchant de dissiper quelques contre-vérités tenaces. Chabrol et Rohmer consacrent deux pages à *Juno and the Paycock*, qu'ils qualifient d'« insupportable pensum », de « théâtre photographié, sans aucun rapport avec les recherches de *La Corde* ou de *Under Capricorn* ». Hitchcock « souligne impitoyablement […] le pathos et les faiblesses de construction de Sean O'Casey ». Ils concluent longuement que ce qui a gêné Hitchcock, « pourtant catholique », est « la mystique de Sean O'Casey, ce catholicisme irlandais », le « prosélytisme » de sa pièce[35]. Tout d'abord, il est clair que nos hitchcocko-hawksiens font un contresens complet sur O'Casey et sa pièce. Aussi un contresens complet sur le jugement de Hitchcock, qui certes a reconnu la difficulté qu'il avait eue à trouver la forme adaptée à sa transposition de la scène à l'écran, mais n'a cessé de dire son admiration pour la pièce d'O'Casey et notamment pour sa construction. Cette forme – celle de longs plans-séquences d'au moins une minute, dont cinq sont longuement analysés par Charles Barr à titre d'exemples, et qui selon ses calculs occupent quarante pour cent du film – peut nous paraître inappropriée et trop asservie au texte théâtral, mais les conclusions auxquelles parvient Barr me paraissent plus convaincantes que le « aucun rapport » tranchant de Chabrol et Rohmer :

> Si l'on peut parler de « théâtralité », il s'agit d'une théâtralité qui s'exprime en termes cinématographiques, puisque le cadre de l'action est le même pour tous les spectateurs, ce qui n'est jamais le cas au théâtre […]. Assurément nous voyons dans ces films [*Juno and the Paycock* et *The Skin Game*] l'origine lointaine de *Rope* et de *Under Capricorn*, œuvres de la fin des années quarante pour lesquelles Hitchcock a choisi une esthétique du plan-séquence de nombreuses années après que les pressions technologiques en faveur de cette esthétique [l'enregistrement en direct de scènes dialoguées] avaient cessé de s'exercer[36].

35 Rohmer et Chabrol, *Hitchcock*, *op. cit.*, p. 32-33.
36 Barr, *English Hitchcock*, *op. cit.*, p. 101-102. Je traduis.

Quelles que soient les déficiences du film (dont la principale me semble être, je le répète, l'inadéquation d'Edward Chapman au rôle du Capitaine, malgré les efforts valeureux et pathétiques de l'acteur), je retiens, outre celle de Sara Allgood, les prestations inspirées de Kathleen O'Regan (Mary) et de John Laurie (Johnny), celle extrêmement compétente de John Longden (Charlie Bentham), et surtout celle véritablement géniale de Sidney Morgan dans le rôle de « Joxer » Daly : très fidèle à l'esprit d'O'Casey, celui-ci compose un personnage mi pathétique mi grotesque, érudit et trouillard, s'exprimant, sur un mode palinodique, dans un registre héroïcomique mêlant citations ronflantes et érudites des auteurs classiques (les *Lais de la Rome antique* de Macaulay), citations latines et françaises, le tout contrastant avec le misérable décor dublinois et débité par un grand échalas efflanqué et coiffé d'un chapeau melon. Chabrol et Rohmer notaient encore : « c'est un peu du Ionesco par l'insurmontable stupidité qui se dégage des personnages[37] ». J'y verrais plutôt un prototype de Vladimir et Estragon dans *En attendant Godot* de Beckett, compatriote et coreligionnaire d'O'Casey. « Joxer » Daly est le miroir que O'Casey tend au Capitaine aveugle.

37 Rohmer et Chabrol, *Hitchcock*, *op. cit.*, p. 33.

DEUXIÈME PARTIE

RÉMANENCES ANGLAISES DANS L'ŒUVRE HOLLYWOODIENNE

INTRODUCTION

Cette seconde partie se penchera sur un certain nombre de « rémanences » anglaises dans les films que Hitchcock réalise à Hollywood, soit de 1940 à 1976, à quelques rares exceptions près[1]. Par « rémanence », littéralement « la persistance partielle d'un phénomène après disparition de sa cause », j'entends des traits spécifiquement anglais qui, de façon ostensible, discrète ou camouflée, restent présents dans des films incontestablement hollywoodiens. J'en examinerai trois, qui me paraissent importants et significatifs et qui présentent l'avantage de montrer la diversité de ces « rémanences » : les sujets ostensiblement anglais (dont le type est évidemment *Rebecca*, le premier film hollywoodien de Hitchcock) ; les sources anglaises occultées par leur transposition dans un cadre américain (comme *Les Oiseaux* ou *Marnie*) ; et le recours à des acteurs anglais ou d'origine anglaise, soit dans les rôles principaux (cas de Cary Grant), soit dans des rôles secondaires, susceptibles d'être plus typés (Leo G. Carroll, Edmund Gwenn, John Williams…).

Cette seconde partie sera sensiblement plus courte que la première, pour deux raisons. D'abord, l'œuvre hollywoodienne, en tout cas certains de ses titres, a fait l'objet d'innombrables analyses, à partir des points de vue les plus divers, et il semble inutile d'ajouter à cette masse bibliographique, sauf à disposer d'informations inédites ou à proposer des interprétations originales. Ensuite et surtout, la première partie a d'ores et déjà procédé à des rapprochements, voire des comparaisons

1 Aucun doute sur *Frenzy* (1972), production anglaise, tournée en Angleterre. Il en va de même des courts métrages de propagande pour la France libre, *Bon Voyage* et *Aventure malgache* (1944). Le cas des deux productions de Transatlantic Pictures (Hitchcock et Bernstein) est plus difficile à trancher. On considère habituellement *Les Amants du Capricorne* (*Under Capricorn*, 1949), tourné principalement en Angleterre, comme une production britannique, et *La Corde* (*Rope*, 1948), entièrement tourné à Hollywood, comme une production américaine. Enfin *Le Grand Alibi* (*Stage Fright*, 1950), production hollywoodienne, a été tourné en Angleterre et quelquefois présenté dans la presse américaine comme un film britannique.

détaillées, entre certains titres de la période anglaise et plusieurs de la période hollywoodienne (notamment *Correspondant 17*, *Joies matrimoniales*, *Cinquième Colonne*, *La Corde*, *Le Grand Alibi*, *L'Homme qui en savait trop* et *La Mort aux trousses*), sur lesquelles on ne reviendra pas.

LE STYLE ANGLAIS À HOLLYWOOD

À l'instar de Lubitsch, Hitchcock a, de longue date, caressé le rêve de se rendre à Hollywood, dans l'espoir d'y disposer de moyens plus importants et de toucher une audience plus large. Dès 1928, *Champagne* (tardivement mais astucieusement « traduit » par *À l'américaine*) dénote une excellente connaissance des formules de la comédie loufoque, et la présence de stars hollywoodiennes, Robert Young dans *Secret Agent*, Sylvia Sidney dans *Sabotage*, atteste que Hitchcock se préoccupe de la réception de ses films aux États-Unis. Paradoxe : lorsque le rêve devient réalité et que Hitchcock, sous contrat avec le producteur indépendant David O. Selznick, devient, de façon presque définitive, un cinéaste hollywoodien, il va avoir le sentiment d'être mis doublement sous tutelle : parce que Selznick est un perfectionniste et un interventionniste qui ne lui lâchera pas la bride, et accessoirement parce qu'il aura tendance à assigner au cinéaste des sujets anglais, conformément à la pratique hollywoodienne qui consiste à cantonner le metteur en scène dans un « emploi type » (*typecasting the director*).

Rebecca (1940) apparaît à la fois comme un film-charnière, un tournant (pas seulement chronologique) dans la carrière de Hitchcock, et comme une source de malentendus durables pour Hitchcock lui-même et pour ses admirateurs. Film-charnière, dans le sens où nombre des éléments qui concourent à sa réalisation sont anglais, mais où le mode de production est hollywoodien, sous la responsabilité finale d'un *producer* autocratique alors au sommet de sa puissance. Le roman-source, le best-seller de Daphné du Maurier, est anglais comme l'est le décor principal de Manderley et comme le sont tous les personnages sauf un (Mrs Van Hopper, l'employeuse américaine de « Je »). Il en va de même dans le film, où seul le rôle de Mrs Van Hopper est tenu (de façon mémorable) par une actrice américaine, Florence Bates. Les autres interprètes sont « britanniques » sinon anglais stricto sensu : Laurence Olivier (Maxim de Winter) bien sûr, mais aussi l'héroïne, jouée par Joan Fontaine, née dans une grande famille anglaise même si, à l'instar de sa sœur Olivia de Havilland, elle aura une carrière exclusivement américaine ; Judith Anderson (Mrs Danvers) est australienne ; tous les autres, parmi lesquels George Sanders (Favell, le « cousin préféré » de Rebecca), Nigel Bruce (le beau-frère de Maxim), Reginald Denny (l'intendant), C. Aubrey Smith (le magistrat), Leo G. Carroll (le médecin londonien), sont des acteurs anglais, certains fixés de longue date à Hollywood et pour la plupart voués à des rôles eux-mêmes typés « anglais ». Mais le mode de réalisation est hollywoodien, qu'il s'agisse de l'écriture des versions successives du scénario, à plusieurs mains, du long processus du choix des interprètes principaux, en particulier de l'héroïne, « la seconde Madame de Winter », rôle pour lequel furent testées plusieurs candidates, enfin du tournage, du montage et du mixage, ces phases successives ou simultanées étant toutes soumises à l'approbation finale de Selznick.

Ayant consacré à *Rebecca*, à sa genèse et à ses lectures possibles une petite monographie, j'en résume ici les grandes lignes. Hitchcock, à son habitude, avait l'intention d'adapter le roman de Daphné du Maurier de façon assez libre, envisageant d'introduire des flash-backs où l'on verrait le personnage de Rebecca ou pimentant l'action de scènes comiques quelque peu incongrues. Selznick, qui venait de produire *Autant en emporte le vent*, était persuadé qu'en adaptant un autre best-seller, il devait obéir à la même ligne de conduite, c'est-à-dire respecter les deux éléments qui avaient frappé les innombrables lecteurs (et surtout lectrices) du roman, à savoir le fait que Rebecca était une (omni)présence fantomatique, n'apparaissant que de façon indirecte, par le truchement de divers objets portant son initiale, de l'aile qui lui était réservée à Manderley, de l'emprise qu'elle continuait à exercer sur le personnel et notamment sur son âme damnée, Mrs Danvers ; et le fait que, le récit étant relaté à la première personne par la jeune épouse de Max, écrasée par le fantôme de Rebecca et se sentant inférieure à celle-ci, on ne connaissait jamais son nom « propre » et qu'on devait respecter cette convention en ne la désignant que comme « Je ». Donnant en exemple l'adaptation radiophonique qu'Orson Welles avait réalisée du roman, Selznick força Hitchcock à revoir sa copie et à se conformer strictement à sa directive de respecter ces deux caractéristiques du récit.

Le film connut un grand succès public et critique. Il valut à Selznick l'Oscar du meilleur film produit en 1940. Il fut accueilli avec satisfaction par Daphné du Maurier, à qui Selznick avait pris soin d'assurer qu'il était resté fidèle au roman, excepté sur un point : le Hays Office, organisme chargé de l'autocensure hollywoodienne, n'aurait jamais accepté que Maxim ait été le meurtrier de Rebecca, sa première femme ; d'où les laborieuses explications de la dernière partie, qui visent à exonérer Maxim, triplement : non seulement s'avère-t-il, comme dans le roman, que Rebecca, se sachant atteinte d'un cancer incurable, a délibérément provoqué Maxim en lui faisant croire qu'elle attendait un enfant dont il n'était pas le père, dans le but machiavélique qu'il la tue et apparaisse comme son meurtrier (il s'agit donc d'un suicide que la victime elle-même a maquillé en meurtre), mais le film s'attache aussi à montrer que la mort de Rebecca est accidentelle (provoqué par Rebecca, Maxim la frappe et elle tombe, alors que dans le roman il la tue de plusieurs coups de revolver), et pour faire bonne mesure motive l'attitude étrange de Maxim après la mort de Rebecca (il a coulé son bateau et reconnu le cadavre d'une inconnue comme celui de Rebecca) par un accès de folie temporaire.

EXCURSUS SUR *LA TAVERNE DE LA JAMAÏQUE*

Le satisfecit accordé à Selznick par Daphné du Maurier s'explique d'autant mieux qu'elle avait jugé sévèrement le film précédent de Hitchcock, le dernier de sa période anglaise, adaptation d'un roman historique de la même auteure, *Jamaica Inn* (1936). Le film (1939) porte le même titre que le roman, tandis qu'en français on distingue entre le livre (*L'Auberge de la Jamaïque*) et le film (*La Taverne de la Jamaïque*). Le film est à la fois largement diffusé et connu, mais souvent mal aimé. Il atteste qu'au moment même où Selznick s'apprêtait à prôner à Hitchcock la fidélité au roman-source, le cinéma anglais n'hésitait pas davantage que Hollywood à créer de « belles infidèles ». En l'occurrence, les modifications apportées au roman-source s'expliquaient par deux raisons, également contraignantes. L'action du roman de Daphné du Maurier se déroule, comme c'est presque toujours le cas, en Cornouailles, mais au début du XIXe siècle. À la différence de *Rebecca*, la narration en est à la troisième personne, mais tout est cependant vu par les yeux de l'héroïne et « personnage foyer », Mary Yellan, une jeune orpheline étrangère à la région qui vient vivre chez sa tante Patience, l'épouse de Joss, tenancier de l'auberge qui donne son titre au récit. La jeune femme découvre peu à peu que cette auberge est le quartier général d'une bande de naufrageurs dirigée par son oncle Joss, qui lui-même prend ses ordres d'un mystérieux personnage. Malgré ses doutes, Mary sympathise avec Jem, le jeune frère de Joss, une sorte de hors-la-loi romantique, et se confie à un étrange pasteur albinos, Francis Davey, dont elle finit par comprendre que, personnage satanique et néopaïen, il est le véritable cerveau de la bande. Jamais le lecteur n'en sait davantage que l'héroïne.

Hitchcock s'est expliqué sur le changement radical que le film avait apporté à cette trame narrative. Selon lui, l'importance du personnage de Davey dans la dernière partie du récit (il kidnappe Mary, qu'il veut forcer à s'enfuir à l'étranger avec lui) nécessitait qu'il soit interprété par une vedette (en l'occurrence, Charles Laughton), ce qui impliquait d'en étoffer le rôle et de le faire apparaître beaucoup plus tôt. Dès lors s'évanouissait l'énigme, longtemps maintenue dans le roman, portant sur l'identité du vrai chef des naufrageurs, tandis qu'était modifié le fonctionnement même du récit, qui faisait place à l'ironie dramatique, le spectateur en sachant d'emblée davantage que l'héroïne. Conformément à une formule familière à Hitchcock, à la « surprise » de découvrir l'identité du chef de bande succédait le « suspense » consistant à se demander quand et selon quelles modalités l'héroïne découvrirait l'information que le spectateur détenait presque depuis le début[1].

La modification était motivée par une seconde raison, qui rappelle combien le cinéma anglais de l'époque était soucieux du marché américain et attentif à ne pas enfreindre les interdits du code Hays. En l'occurrence, il était impératif de modifier l'identité du méchant, de transformer le clergyman satanique en Sir Humphrey Pengallan, squire et magistrat local, esthète et sensuel, personnage haut en couleurs et plein de panache, mais symbolisant le déclin d'une caste aristocratique décadente et sombrant *in fine* dans la folie[2].

1 Conférence de Hitchcock à l'Université de Columbia, 30 mars 1939, dans Gottlieb, *Hitchcock on Hitchcock*, *op. cit.*, p. 273-274.

2 Comme le détaille Billheimer, *Hitchcock and the Censors*, *op. cit.*, p. 53-55, Pommer, coproducteur du film avec Laughton, « impliqua la PCA [Production Code Administration] à chaque étape de la réalisation du film ». La PCA conseilla de donner au chef des naufrageurs « un autre

À la déception somme toute compréhensible de la romancière (qui a toujours refusé de s'impliquer dans les diverses adaptations de ses récits au cinéma) s'ajoute ce qu'on sait sur les circonstances du tournage. La décision de réaliser *Jamaica Inn* aurait été prise dans la hâte, une fois connu le projet hollywoodien de *Rebecca*, pour capitaliser sur le nom de Daphné du Maurier. Hitchcock garde un mauvais souvenir du tournage et de ses rapports difficiles avec les deux producteurs, cofondateurs de la Mayflower, l'exilé allemand Erich Pommer et Charles Laughton, monstre sacré génial et mégalomane, qui à son habitude aurait été lent à composer son personnage, aurait été rétif aux directives de Hitchcock, et se serait en quelque sorte approprié le film[3]. Pour cet ensemble de raisons, Charles Barr juge sévèrement l'ouvrage : il aurait préféré que la période anglaise se close sur *Une femme disparaît*, et trouve « insupportable » le cabotinage et les maniérismes de Laughton[4].

Ces diverses critiques sont sans doute recevables, mais peuvent être renversées, dès lors qu'on accepte *La Taverne de la Jamaïque* pour ce qu'il est, un film d'aventures en costume, qui nous propose une double performance d'acteurs à laquelle il est loisible de prendre plaisir. Double performance évidemment fondée sur le maximum de contraste : face à Charles Laughton, lourdement grimé à son habitude, ici doté d'un faux nez bourbonien et de sourcils redessinés, se pavanant de façon provocante et méprisante parmi tous ceux qu'il considère comme ses inférieurs sociaux et intellectuels, la jeune Mary Yellan est incarnée par l'actrice irlandaise Maureen O'Hara, « objet de beauté » que convoite immédiatement le squire Pengallan, qui récite en son honneur un poème de Byron (« *She walks in beauty, like the night…* »), presque exactement contemporain de l'action[5]. Différence de sexe, différence d'âge,

---

rôle que celui de pasteur ». Laughton remercia la PCA pour cette suggestion : l'« interdiction du pasteur » avait d'abord semblé un « coup terrible », mais à la réflexion « je crois qu'avec le squire, je vais jouer le rôle de ma vie ». L'insistance finale sur la « folie » du personnage, évoquée tant par son fidèle serviteur Chadwyck que par Mary Yellan, répond elle aussi à une demande de la PCA, qui rappelait que le recours au suicide était « découragé » par le Code.

3 Il est notoire que peu auparavant, sur le tournage du film inachevé *I, Claudius* (1937), Sternberg avait été exaspéré par l'indécision de Laughton, qui (si l'on en croit le metteur en scène) se demandait par exemple de quel pied boitait l'empereur Claude – Josef von Sternberg, *Fun in a Chinese Laundry* [1965], Secker & Warburg, Londres, 1966, p. 176.

4 Barr, *English Hitchcock*, *op. cit.*, p. 202-204.

5 Le poème de Byron est de 1815, tandis que la référence à l'avènement de George IV permet de dater l'action du film avec précision en 1820 (et non à la fin du XVIIIe siècle comme l'écrivent Rohmer et Chabrol, puis Truffaut).

corps obèse contre corps svelte, maquillage plâtreux contre suggestion d'incarnat, mais aussi désir de Pengallan, qui combine la collectionnite de l'amateur traitant la jeune femme comme une porcelaine avec une pulsion sadique latente, face à l'innocence de l'amour naissant et plein d'empathie que Mary éprouve pour Jem, le policier infiltré dans le gang des naufrageurs, qui n'a plus aucun lien de parenté avec le brutal oncle Joss. Oui, on peut prendre plaisir à voir et à revoir *La Taverne de la Jamaïque*, à goûter la sauvage scène de naufrage initiale, les mines patibulaires des naufrageurs, dans la tradition des récits de pirates ou de boucaniers comme *L'Île au trésor* de Stevenson (Mary Yellan tenant ici, *mutatis mutandis*, un rôle comparable à celui de Jim Hawkins), l'air de folie qui flotte autour de certains d'entre eux, tel le fanatique Salvation Watkins, qui, comme l'a bien noté Yacowar, récupère certains traits du pasteur Davey élidé[6]. La caricature parallèle et contrastée des deux sociétés, celle des naufrageurs et celle des aristocrates que Pengallan reçoit à sa table, évoque une fois de plus le modèle de Hogarth, le *Bedlam* de *La Carrière du libertin* (1735) ou la satire combinée des deux extrémismes, l'enthousiasme méthodiste et la superstition catholique, tacitement opposés à la voie moyenne et raisonnable de l'anglicanisme (*Crédulité, superstition et fanatisme*, 1762). Après avoir explicité le sadisme prévisible de Pengallan bâillonnant et meurtrissant Mary, le finale spectaculaire offre au squire une sortie qui ne manque pas de panache. Avant de se jeter du haut du mât du navire qui devait l'emmener à Saint-Malo avec sa proie, il apostrophe la foule massée sur le pont et le quai : « Qu'est-ce vous avez tous à attendre ? Vous voulez du spectacle ? Vous l'aurez ! Et dites à vos enfants comment s'est terminé [l'âge de la chevalerie] ! Faites place à Pengallan ! »

6 Yacowar, *Hitchcock's British Films*, *op. cit.*, p. 250-251.

FIG. 45 – *Jamaica Inn* : Sir Humphrey (Charles Laughton) contemplant sa proie (Maureen O'Hara).

FIG. 46 – *Jamaica Inn* : satire à la Hogarth.

« Personnage foyer » du roman, Mary Yellan est certes, comme le note Barr, « décentrée » par l'invention et le développement foisonnant du personnage de Pengallan[7], mais le duo que forment les deux acteurs restructure le film de manière originale et convaincante. C'est Laughton lui-même qui, voyant la très jeune Maureen FitzSimons (elle avait alors dix-sept ans) dans un bout d'essai où elle était outrageusement maquillée et coiffée, avait néanmoins été frappé par l'« extraordinaire beauté »

7 Barr, *English Hitchcock*, *op. cit.*, p. 203.

de son visage et de son profil et l'avait contactée, puis engagée pour la Mayflower Pictures qu'il venait de fonder avec Pommer[8]. Le rôle de Mary Yellan fut le premier grand rôle de l'actrice, désormais connue sous le nom de « Maureen O'Hara », suggéré par Laughton. Immédiatement après le tournage de *Jamaica Inn*, Laughton et O'Hara furent à nouveau réunis dans *Quasimodo* (*The Hunchback of Notre Dame* de William Dieterle, 1939), superproduction RKO dans laquelle ils jouaient les deux rôles principaux (Quasimodo et Esmeralda) et qui lança la longue carrière hollywoodienne de l'actrice. C'est encore une fois à la suggestion de Laughton que le rôle d'Esmeralda lui avait été attribué.

Que les rapports entre Hitchcock et Laughton aient été tendus pendant le tournage n'interdit pas de s'interroger sur ce que le cinéaste a pu projeter de lui-même, consciemment ou non, dans le personnage de Pengallan. La tentation est grande de voir en celui-ci une figure fantasmatique du metteur en scène, avec qui Pengallan partagerait non seulement la silhouette obèse, la diction soigneuse et un sens de l'humour irrespectueux du « politiquement correct », mais aussi les pulsions érotiques teintées de sadisme qu'il est devenu banal d'associer à Hitchcock, notamment depuis la biographie de Spoto (1983). Dans la manière dont Pengallan – dont le nom sonne presque comme « Pygmalion » – bâillonne et ligote Mary Yellan tout en lui promettant qu'il fera d'elle une « princesse » qu'il habillera d'élégantes robes de soie vert pâle, il est difficile aujourd'hui de ne pas voir une sorte d'esquisse du traitement de « Judy » par Scottie dans *Vertigo*, voire du traitement supposé de Tippi Hedren par Hitchcock lui-même dans *Les Oiseaux* et dans *Marnie*[9].

---

8 Voir le témoignage de Laughton dans l'émission de télévision « This Is Your Life : Maureen O'Hara » (27 mars 1957), disponible sur YouTube.

9 Pour Spoto, lorsque Hitchcock déclare : « Je m'intéresse principalement à la mentalité Jekyll-Hyde du squire » (*Film Weekly*, 5 novembre 1937, p. 8), c'est la première fois qu'il se réfère explicitement à la dualité du personnage de Stevenson, une dualité qu'on retrouvera dans le quatuor *L'Ombre d'un doute*, *L'Inconnu du Nord-Express*, *Psychose* et *Frenzy*, et qui caractériserait de façon de plus en plus obsessionnelle « la mentalité Jekyll-Hyde de Hitchcock lui-même » (*The Life of Alfred Hitchcock*, *op. cit.*, p. 184). – Peter Conrad considère que les deux personnages joués par Laughton pour Hitchcock, le squire de *La Taverne de la Jamaïque* et le juge du *Procès Paradine*, sont « les deux autoportraits les plus fouillés et les plus sincères » du cinéaste (*The Hitchcock Murders*, Faber and Faber, Londres, 2000, p. 87). – Dans son *Effet Pygmalion*, Victor I. Stoichita consacre son chapitre final à *Vertigo* mais n'évoque pas *La Taverne de la Jamaïque* (*L'Effet Pygmalion. Pour une anthropologie historique des simulacres*, Droz, Genève, 2008).

Un autre point que soulèvent *La Taverne de la Jamaïque* et la diversité des réactions que le film a suscitées est celui du rapport exact de Hitchcock avec le film historique ou en costume. Graham Greene, à son habitude, fait feu de tout bois et décoche ses flèches sarcastiques successivement à Daphné du Maurier, à Hitchcock et à l'ensemble de la distribution, à l'exception de Charles Laughton et de Leslie Banks (l'oncle Joss). Résumons. Seule une très jeune auteure a pu concevoir les personnages des naufrageurs, qui se conduisent comme dans une pièce historique de Shakespeare jouée par des collégiennes, tandis que les apparitions d'acteurs connus, parmi les proches de Pengallan, font irrésistiblement penser à une représentation de gala pour une œuvre charitable. Il est incompréhensible que Hitchcock se soit embarqué dans ce film en costume, conventionnel et sentimental, qui ne comporte ni surprise ni suspense. Seul Laughton tire son épingle du jeu, avec son « magnifique et vineux portrait d'un dandy de la Régence ». L'une des cibles de Greene est manifestement le genre du film en costume et son habituel manque de réalisme : lorsque Jem et Mary, croyant trouver refuge auprès de Pengallan, se jettent dans la gueule du loup, la situation aurait pu constituer un moment fort dans un film à décor contemporain [comme *Les Trente-Neuf Marches*], mais il est ridicule que les deux personnages trouvent immédiatement un uniforme et une robe « qui leur vont comme un gant », alors que, persifle Greene, « l'élégante robe Régence ne fait pas bonne impression à minuit sur la côte de Cornouailles[10] ».

Rohmer et Chabrol, qui reconnaissent ne pas avoir pu revoir le film depuis 1945, qualifient celui-ci, un peu contradictoirement, d'« œuvrette un peu trop à l'image artificielle et bizarre de son principal personnage, admirablement incarné du reste par Charles Laughton, prodigieux de naturel autant que d'invention, et qui fait là le numéro de sa vie ». Ils abordent brièvement la question des films en costume de Hitchcock, situant *Jamaica Inn* non seulement chronologiquement, mais aussi en termes de qualité, entre *Le Chant du Danube* (*Waltzes from Vienna*, 1934), qu'ils jugent « exécrable », et *Les Amants du Capricorne* (*Under Capricorn*) qu'en bons hitchcocko-hawksiens ils considèrent comme « le chef-d'œuvre inconnu » du cinéaste : « Et peut-être ce *Jamaïca* [*sic*] *Inn* fut-il le brouillon d'un de ses chefs-d'œuvre ultérieurs, *Under Capricorn* (1949)[11] ».

10 *The Spectator*, 19 mai 1939, repris dans Greene, *The Pleasure-Dome*, *op. cit.*, p. 222-223.

11 Rohmer et Chabrol, *Hitchcock*, *op. cit.*, p. 61, p. 60.

RETOUR À *REBECCA*

Rebecca a constitué, et constitue parfois encore, une source d'embarras pour les hitchcockiens. À divers titres. D'abord, comment concilier une admiration presque inconditionnelle pour Hitchcock, cheval de bataille des tenants de la « politique des auteurs », avec l'affirmation sans ambages du cinéaste, qui déclare à Truffaut, répétant ce qu'il lui a dit de *The Manxman*, l'un de ses meilleurs films anglais : « Ce n'est pas un film d'Hitchcock » ? Hitchcock lui-même suggérait une réponse possible, en ajoutant ces précisions plutôt approximatives :

> C'est une sorte de conte et l'histoire elle-même appartient à la fin du XIXe siècle. C'était une histoire assez vieux jeu, assez démodée. Il y avait beaucoup de femmes écrivains à cette époque : je n'y suis pas hostile, mais *Rebecca* est une histoire qui manque d'humour[12].

Rendant compte du film lors d'une reprise en 1955, Chabrol observe d'abord que « les mérites véritables » de *Rebecca* n'ont pas été reconnus lors de sa sortie initiale en France, en 1947. Mais depuis lors les critiques hitchcockiens ont progressé : « familiarisés [...] avec les motifs de l'œuvre », ils sont « moins sensibles à la virtuosité du cinéaste et plus conscients des préoccupations de l'auteur », et donc à même de reconnaître dans *Rebecca* « la première manifestation de la maturité d'un rare talent », « résultat d'une évolution hautement prévisible [...] qui trouva son catalyseur naturel dans le passage des studios anglais à ceux de Californie ». Le « reproche majeur » fait à *Rebecca* en 1947 était son roman-source : « comment prendre au sérieux l'adaptation d'un roman de Daphné du Maurier ! » Mais l'argument est « très fallacieux », car le cinéma, à l'instar de Shakespeare et des grands classiques, « prend son bien où il le trouve », et « plus l'œuvre adaptée est faible, moins elle est gênante ». Le travail d'adaptation de Hitchcock a consisté à condenser « l'ouvrage melliflu et pâle de Madame du Maurier », à choisir « dans le fatras des gestes

12 Truffaut, *Le Cinéma selon Hitchcock*, *op. cit.*, p. 93-94. Je rappelle que *Rebecca* a été écrit et publié en 1938, alors que Daphné du Maurier avait trente-et-un ans. L'époque précise à laquelle se déroule l'action n'est pas spécifiée. Dans le film, il s'agit clairement des années trente. L'argument du « manque d'humour » a déjà servi à Hitchcock pour le roman-source de *The Manxman*.

décrits » par la narratrice les plus significatifs, à reconstruire et à resserrer le dialogue, à le placer dans un cadre neuf. Mais « [f]idèle à la lettre, Hitchcock fabrique l'esprit », car « ce travail d'adaptation s'opère toujours dans le sens de la thématique hitchcockienne », et *Rebecca* apparaît comme le « brouillon » d'éléments formels (jeu des acteurs, choix des plans) qui seront repris et développés dans *Notorious*, *I Confess* et *Strangers on a Train*, et surtout dans *Under Capricorn*, « au point que l'on peut considérer le premier film comme l'ébauche dramatique du second ». Résumons. La « politique des auteurs » s'accompagne ici d'un mépris affiché pour la source, qualifiée de sous-littérature, d'un éloge du « cinéma pur » qui tend vers le formalisme et d'une ignorance réelle ou feinte des conditions de production dans l'usine à rêves hollywoodienne[13].

Sans doute est-ce cette même attitude, diffuse dans la cinéphilie française, qui explique qu'aujourd'hui encore, il ne soit pas rare d'entendre des amateurs se scandaliser que l'Oscar de *Rebecca* ait été décerné à Selznick plutôt qu'à Hitchcock. Or il s'agit simplement de la règle hollywoodienne, qui veut que l'Oscar du meilleur film aille au producteur, l'Oscar de la meilleure mise en scène au réalisateur. Si les analyses de *Rebecca* ont longtemps privilégié l'approche « auteuriste », à la fois thématique et formelle, pratiquée par les critiques des *Cahiers*, Rohmer et Chabrol, mais aussi Rivette et Truffaut, mettant notamment l'accent sur l'aveu par Maxim du meurtre de sa première épouse, un éclairage nouveau est venu modifier le regard qu'on peut porter tant sur l'œuvre que sur le roman-source. Cet éclairage est dû à trois raisons. D'abord, le développement des travaux de génétique cinématographique, s'appuyant sur la connaissance et la publication de nombreux documents de travail, comme les célèbres « mémos » du producteur David O. Selznick ou la correspondance échangée entre les studios et le Hays Office, qui mettent en lumière la nature collective et complexe du processus de production hollywoodien et rappellent s'il en était besoin le rôle-clé du *producer* (rôle que Hitchcock a d'ailleurs toujours assumé à partir des *Enchaînés*, puis de *La Corde* et des *Amants du Capricorne*)[14]. Ensuite, le

13 Chabrol, « Sans tambour ni trompette », *Cahiers du Cinéma* n° 45, mars 1955, p. 46-47. Ce texte est repris, avec de nombreuses variantes de détail, dans Rohmer et Chabrol, *Hitchcock*, *op. cit.*, p. 63-66.

14 Voir notamment Rudy Behlmer (éd.), *Memo from David O. Selznick*, The Viking Press, New York, 1972, dont le chapitre 7 (p. 249-287) est consacré à la genèse de *Rebecca*, et Leff, *Hitchcock and Selznick*, *op. cit.*, p. 36-84.

développement des analyses féministes de l'œuvre de Hitchcock, qui ont vu dans *Rebecca* un film-charnière, mais pour de tout autres raisons que Chabrol, raisons que résume la couverture de l'ouvrage de Tania Modleski, *The Women Who Knew Too Much : Hitchcock and Feminist Theory*, qui montre Mrs Danvers et « Je » au pied du portrait de Caroline de Winter[15]. Enfin, la réévaluation de la qualité littéraire des œuvres de Daphné du Maurier et du statut de leur auteure, réévaluation liée elle aussi au mouvement féministe, attestée en Angleterre par un véritable culte et en France par la parution en 2015 d'une nouvelle traduction de *Rebecca* et d'une biographie grand public de la romancière[16].

FIG. 47 – *Rebecca* : l'évocation de Rebecca par Mrs Danvers (Judith Anderson, Joan Fontaine).

15 L'ouvrage de Modleski, d'abord publié en 1988, vise à enrichir les études hitchcockiennes en montrant l'importance de personnages féminins dont les perceptions et les récits contestent la maîtrise du cinéaste, habituellement considéré comme misogyne. Son intérêt vient entre autres de ce qu'il intègre dans son corpus deux films de la période anglaise, *Blackmail* et *Murder !* Comme j'ai essayé de le montrer, d'autres titres de la même période, tels *Easy Virtue*, *The Ring* ou *The Manxman*, mériteraient d'être soumis au regard féministe.

16 Nouvelle traduction chez Albin Michel (2015), en Livre de poche (2016). Biographie de Tatiana de Rosnay, *Manderley for ever*, Albin Michel / Héloïse d'Ormesson, 2015.

FIG. 48 – *Rebecca* : un film féministe ? Mrs Danvers et « Je » devant le portrait de Lady Caroline de Winter.

Cet ensemble de facteurs conduit à la conclusion qu'il est illusoire de désigner « l'auteur » de *Rebecca*. Selznick et Hitchcock participent l'un et l'autre à cette instance, fût-ce de façon conflictuelle, comme le font, à des degrés divers et dans des fonctions distinctes et incommensurables, les scénaristes successifs, les principaux interprètes, le compositeur Franz Waxman, le directeur de la photographie George Barnes, sans oublier Orson Welles et son adaptation radiophonique, et même, on l'a vu, le Hays Office. Mais il faut ajouter que, comme Selznick l'avait bien compris, l'auteure d'un best-seller planétaire, Margaret Mitchell ou Daphné du Maurier, ne peut pas ne pas être considérée comme, en quelque mesure, l'auteure ou du moins l'inspiratrice du film qui en est tiré. Ce qui nous amène à rappeler une série d'évidences parfois perdues de vue : *Rebecca*, le roman, s'inscrit dans une certaine tradition, celle qu'on appelle aujourd'hui le *female Gothic*, dont un des grands modèles est *Jane Eyre* de Charlotte Brontë (1847), roman à la première personne qui se présente comme une autobiographie dans laquelle la jeune héroïne/orpheline/narratrice relate son enfance malheureuse, sa rencontre amoureuse et tumultueuse avec Rochester, un homme plus âgé et de condition sociale élevée, le traumatisme de la révélation que Rochester est marié à une femme folle et violente, tenue captive dans une tour interdite de Thornfield Hall. *Rebecca*, le film, s'inscrit à son tour, que ses « auteurs » immédiats en aient été conscients ou non, dans cette filiation gothique/romantique/féministe, qui a elle aussi fait l'objet d'une réévaluation récente, relançant un débat ancien sur les mérites respectifs de *Jane Eyre* et des *Hauts de Hurlevent* d'Emily Brontë (« le chef-d'œuvre », selon Thackeray, auquel on tendrait aujourd'hui à préférer *Jane Eyre*, plus en phase avec le féminisme actuel).

Une anecdote, mais révélatrice, pour conclure. En 1941, le succès du film, comparable à celui qu'avait connu le roman, détermine une écrivaine américaine de *pulp fiction*, Edwina Levin MacDonald, à accuser Daphné du Maurier, son éditeur américain, Doubleday, ainsi que Selznick et United Artists (distributeur du film), d'avoir plagié sa nouvelle « I Planned to Kill My Husband », publiée en 1924, et son roman *Blind Windows*, publié en 1927, qui est un étoffement de la nouvelle. L'affaire ne fut définitivement jugée qu'en janvier 1948, le représentant de la plaignante (décédée dans l'intervalle) étant débouté et condamné aux dépens. L'argumentation sur laquelle le juge Bright fonde sa décision est intéressante car elle résume les phases successives de l'action en justice, procède à une comparaison minutieuse et intelligente des diverses fictions et essaie aussi d'établir si Daphné du Maurier a eu connaissance ou non de celles d'Edwin MacDonald. Du Maurier a reconnu avoir été une lectrice vorace lorsqu'elle était adolescente et avoir lu plusieurs récits dans lesquels l'héroïne épouse un homme plus âgé qui a été marié précédemment [*« second wife » stories*], mais le seul titre qu'elle se rappelle est *Jane Eyre*. L'accusation en tire un argument doublement sophistique : *Jane Eyre* n'étant pas une *« second wife » story* [alors que Rochester échappe de justesse à la bigamie !], c'est nécessairement dans *Blind Windows* d'Edwina MacDonald que Daphné du Maurier a puisé l'argument de *Rebecca*[17]. Ce qui importe ici est l'aveu à demi-mot de la dette de Du Maurier envers le roman de Charlotte Brontë, dont *Rebecca* reprend partiellement le propos et la trame générale en les situant dans un contexte contemporain.

17 Le jugement MacDONALD vs. DU MAURIER *et al.* est facilement accessible sur Internet. Notons que, respectueuse des hiérarchies hollywoodiennes, la plainte d'Edwina Levin MacDonald visait le producteur et le distributeur du film, mais non son réalisateur.

L'ANGLETERRE *MADE IN HOLLYWOOD*
Soupçons

Produit par la RKO, à laquelle Selznick a « prêté » (moyennant paiement) les services de Hitchcock, *Soupçons* (*Suspicion*, 1942) s'inscrit, à plusieurs égards, dans la continuité de *Rebecca* : « acteurs anglais, ambiance anglaise, roman anglais[18] ». C'est en effet l'adaptation de *Complicité* (*Before the Fact*, 1932), un roman policier à suspense psychologique d'un auteur anglais, Francis Iles alias Anthony Berkeley[19]. Le récit, même s'il est écrit à la troisième personne, reflète fidèlement le point de vue de l'héroïne, Lina, une jeune héritière qui a épousé Johnnie Aysgarth, charmant et irresponsable, dont elle est très amoureuse. Peu à peu Lina est forcée de se rendre à l'évidence : non seulement son mari a dilapidé sa fortune aux courses, mais il a commis un meurtre, et Lina sera sa prochaine victime, ce qu'elle accepte avec une sorte de fatalisme. Lina est incarnée par Joan Fontaine, qui reprend en quelque sorte son rôle de « Je » dans *Rebecca*, avant son émancipation, avec sa gaucherie, son sentiment d'infériorité, sa pente masochiste. En revanche, Johnnie est bien différent de Maxim ; pour la première fois, Hitchcock dirige Cary Grant, qui deviendra son interprète de prédilection, et qui campe un Johnnie Aysgarth idéal, plein de charme et d'humour, mais susceptible aussi de paraître menaçant, surtout aux yeux d'une femme impressionnable comme Lina. Les deux interprètes sont d'origine anglaise (même si leurs carrières sont exclusivement hollywoodiennes) et peuvent donc se couler sans difficulté dans leurs rôles sans pour autant

18 Hitchcock à Truffaut, *Le Cinéma selon Hitchcock*, *op. cit.*, p. 103.

19 Le titre français du roman de Francis Iles est parfois donné comme *Préméditation*. Il s'agit d'une confusion avec un autre roman policier du même auteur, *Malice Aforethought*, d'abord traduit sous le titre de *Préméditation*, et que Hitchcock a d'ailleurs envisagé de porter aussi à l'écran, comme il le dit à Truffaut et Chabrol en 1955 (Entretien avec Alfred Hitchcock, *Cahiers du Cinéma* n° 44, février 1955, p. 30) et le répète à Truffaut dix ans plus tard (*Le Cinéma selon Hitchcock*, *op. cit.*, p. 104). Les titres des deux traductions ont ensuite été intervertis ou confondus. C'est ainsi que l'édition du Livre de poche policier de 1962, avec préface de Roger Nimier, intitulée *Préméditation*, est bien la traduction de *Malice Aforethought*, mais se présente à tort comme celle de *Before the Fact*, peut-être en raison du sentiment erroné que « *pré*méditation » correspondait à « *before* the fact », alors que l'expression anglaise d'[*accessory*] *before the fact* est fort bien traduite par « complicité », de même que *malice aforethought* par « préméditation ».

que leur accent ou leur caractérisation soient de nature à leur aliéner le public américain, qui peut les considérer comme des compatriotes[20]. En revanche, plusieurs des seconds rôles sont dévolus à des comédiens actifs à Hollywood mais explicitement « typés » « anglais » : Sir Cedric Hardwicke joue le père de Lina, un ancien général dont le portrait en pied trône dans son salon ; Nigel Bruce (le beau-frère de Maxim dans *Rebecca*) est l'ami jovial de Johnnie, peut-être victime de celui-ci ; et Leo G. Carroll (le médecin, à la fin de *Rebecca*) est le capitaine Melbeck, employeur de Johnnie. Enfin la musique du film, comme celle de *Rebecca*, est signée par Franz Waxman.

FIG. 49 – *Suspicion* : Cary Grant et le contrôleur (Billy Bevan).

Suspicion poursuit en quelque sorte l'expérimentation de « narration cinématographique à la première personne » engagée par *Rebecca* et son ouverture justement célèbre, empruntée au roman de Du Maurier mais parlée par la voix *over* de « Je » / Joan Fontaine (« *Last night I dreamt I went to Manderley again* »). Ici le procédé est différent ; tandis que la première partie du film semble procéder globalement de manière « objective », c'est graduellement que la seconde a recours au point de vue subjectif de Lina[21], en laissant planer le doute : Lina est-elle une narratrice crédible ? ou la proie de ses propres craintes et

20 Encore qu'un exploitant de petite ville se soit plaint à la RKO en ces termes : « Nous aimons tous "la bonne vieille Angleterre". Mais pourquoi donc gâcher un bon scénario et de bons acteurs en rendant le film si anglais qu'une bonne partie de nos clients sont dissuadés de venir le voir ? » – cité par Leff, *Hitchcock and Selznick*, *op. cit.*, p. 229.

21 Comme le notent Rohmer et Chabrol, *Hitchcock*, *op. cit.*, p. 72-73.

de son imagination, matérialisées par des hallucinations ? Johnnie a-t-il agressé Lina sur la lande ? a-t-il assassiné son ami Beaky ? a-t-il tenté de tuer Lina en la faisant tomber du haut de la falaise (l'action est censée être située dans le Dorset, donc dans une région proche de la Cornouailles de *Rebecca*) ? Visuellement, cette série d'interrogations culmine avec le verre de lait luminescent que Johnnie apporte à Lina : geste d'un mari aimant ? ou crime parfait élaboré à partir d'un poison qui ne laisse aucune trace ? Dans le roman, le verre de lait empoisonné ne figure qu'à la fin, ne laissant aucun doute sur la culpabilité de Johnnie. Dans le film, le doute est levé, ou censé l'être : les craintes de Lina n'étaient que des fantasmes, et Johnnie est disculpé ; c'est un personnage irresponsable, mais pas un assassin, et c'est Lina qui lui demande pardon d'avoir douté de lui. Fin bancale et ambiguë, reflétant les hésitations de Hitchcock, des scénaristes Alma Reville (Mme Hitchcock) et Joan Harrison et du producteur Harry Edington. On avait été jusqu'à imaginer Johnnie repentant, s'engageant dans la RAF et mourant héroïquement[22]. À Truffaut, longtemps après l'événement, Hitchcock a dit avoir inventé une fin qui montrait Lina accepter de boire le poison et mourir (comme dans le roman), mais seulement après avoir écrit une lettre dénonçant Johnnie comme un assassin, lettre qu'elle demandait à Johnnie de poster et qu'on le voyait poster, « en sifflotant[23] ». À supposer que cette fin ait été effectivement envisagée, elle n'aurait pas forcément reçu l'agrément du Hays Office : certes, le crime n'aurait pas profité à Johnnie, mais la mort « acceptée » de Lina demeurait une sorte de suicide, difficilement acceptable.

22 Spoto, *The Life of Alfred Hitchcock*, *op. cit.*, p. 245. Selon *The American Film Institute Catalog*, cette fin fut tournée par Hitchcock, mais jugée « déprimante et insatisfaisante » par le public d'une *preview* (juin 1941), à la suite de laquelle Hitchcock tourna la fin actuelle en juillet. Sans citer de source, Spoto mentionne une troisième fin, qui aurait « justifié » le « suicide » de Lina par ses infidélités, et qui aurait fait rire le public d'une autre *preview*, à Pasadena (*ibid.*, p. 246).

23 Truffaut, *Le Cinéma selon Hitchcock*, *op. cit.*, p. 104.

FIG. 50 – *Suspicion* :
Joan Fontaine et le verre de lait.

Suspicion, dont la réalisation avait été laborieuse, fut un succès. Le critique du *Herald Tribune*, Howard Barnes, alla jusqu'à juger le film « très supérieur à *Rebecca* » (21 novembre 1941), ce qui me semble paradoxal, et Joan Fontaine reçut l'Oscar de la meilleure actrice qui lui avait échappé l'année précédente, où Ginger Rogers l'avait emporté pour son rôle dans *Kitty Foyle* de Sam Wood.

L'ANGLETERRE *MADE IN HOLLYWOOD*
Le Procès Paradine

Troisième et dernier film réalisé par Hitchcock sous la férule de Selznick (j'évoquerai *Spellbound* dans le chapitre suivant), *Le Procès Paradine* (*The Paradine Case*, 1947) s'inscrit lui aussi, à plusieurs égards, dans la filiation de *Rebecca*. Dès 1933, Selznick avait fait acheter par la MGM, avant même sa publication, les droits d'adaptation du roman-source de l'Anglais Robert Hichens. Comme ceux de *Rebecca* et de *Suspicion*, le sujet en était délicat à traiter, puisque l'héroïne, Ingrid Paradine, une Danoise, était une meurtrière, qui avait empoisonné son mari, un colonel anglais aveugle, héros de la Grande Guerre, et qui, à l'issue de son procès, se suicidait, enfreignant ainsi deux des interdictions de principe du Code. Selznick souhaitait que le rôle soit joué par Greta Garbo, qui n'aimait pas le sujet et déclina fermement malgré l'insistance du producteur. En 1946, lorsqu'ayant racheté les droits à la MGM, il décida de mettre le film en chantier, il pensa assez naturellement à une autre Suédoise, Ingrid Bergman, qu'il avait fait venir à Hollywood en 1939, mais leurs rapports s'étaient tendus, et elle refusa. Le rôle fut confié à Alida Valli, belle actrice italienne dont le visage et la prestance avaient quelque chose de l'hiératisme de Garbo, et dont Selznick, qui avait une tendance irrépressible à jouer les Pygmalions, voulait faire une star internationale. Ingrid Paradine fut rebaptisée Maddalena. Pour le rôle de Malcolm Keane, l'avocat de Mrs Paradine, qui tombe amoureux de sa cliente, Selznick souhaitait engager Laurence Olivier. Le film qui prenait forme ressemblait à une variation sur le modèle de *Rebecca*, avec cartes rebattues, inversion des rôles et bouleversement de la chronologie : tandis que dans *Rebecca* le fantôme maléfique de la première femme s'interposait entre le mari meurtrier et sa seconde épouse, ici une femme meurtrière et manipulatrice, dont le portrait psychologique rappelait celui de Rebecca, semait le trouble dans le ménage Keane. Mais Olivier n'était pas libre et en définitive Selznick, à l'instigation de Hitchcock, fit appel à Gregory Peck, qui venait de jouer dans *Spellbound*. Le choix de Peck modifiait évidemment le rôle de Malcolm Keane, avocat anglais d'âge mûr, lui aussi rebaptisé en « Anthony » et la chevelure rayée de quelques mèches blanches, mais s'expliquait par la très grande popularité de l'acteur, notamment auprès du public féminin. À son habitude, Hitchcock ne se priva pas de critiquer plus tard ce choix, qu'il avait pourtant encouragé, assurant à Truffaut qu'il aurait préféré Olivier ou Ronald Colman et que le choix de Gregory Peck lui paraissait inapproprié, « car un avocat britannique est un homme très éduqué et qui appartient aux classes supérieures », remarque typiquement *British* qui implique que l'*accent* de Peck était inadéquat, ce qui ne gêne pas forcément un spectateur non anglophone[24]. Hitchcock critiqua surtout le choix du beau Louis

24 Voir aujourd'hui Gregory Peck en avocat fait forcément songer à un de ses rôles ultérieurs les plus loués, celui d'Atticus Finch, qui défend (en vain) un Noir accusé injustement accusé de viol, dans l'adaptation par Robert Mulligan du roman de Harper Lee *To Kill a Mocking Bird* (*Ne tirez pas sur l'oiseau moqueur*), rebaptisé *Du silence et des ombres* (1962). Ce rôle valut à Peck l'Oscar du meilleur acteur.

Jourdan dans le rôle d'André Latour, le valet dont Mrs Paradine est follement éprise et qui aurait dû « sentir le fumier » pour bien montrer la « dégradation » de Maddalena, qui est « non seulement un assassin mais encore une nymphomane ». Pour faire bonne mesure, il s'associa encore à Truffaut pour juger que dans le rôle de Gay Keane, l'épouse de l'avocat, l'actrice anglaise Ann Todd, pourtant « blonde hitchcockienne » typique, était « trop froide[25] ».

L'inadéquation de Peck et de Jourdan à leurs rôles respectifs, les hésitations et les obscurités d'un scénario à plusieurs mains (principalement celles de Selznick lui-même, d'Alma Reville et du dramaturge écossais James Bridie, dûment mais différemment crédités au générique), expliquent sans doute, au moins pour partie, l'insuccès du film, qui aujourd'hui encore ne jouit pas d'une grande réputation. L'ensemble de l'ouvrage, et plus particulièrement sa seconde partie (le procès proprement dit), constituent néanmoins un jalon essentiel dans la série hitchcockienne des films de procès, qu'on a vue à l'œuvre dès *Easy Virtue*, *The Manxman* et *Murder !* et qui culminera dans *I Confess* et *The Wrong Man* (dans *Rebecca*, on assiste à une enquête judiciaire [*coroner's inquest*] après la découverte du cadavre de Rebecca, mais non à un procès en bonne et due forme). Dès le générique, composé en lettres gothiques, l'accent est mis sur les armoiries royales et l'épée symbolisant la justice qui présideront au procès, et le film multiplie les plans de coupe sur le dôme d'Old Bailey (le tribunal central londonien) que surmonte une statue dorée de la Justice, les yeux non bandés, tenant une balance de la main gauche et brandissant une épée de l'autre. Hitchcock et ses décorateurs ont accordé tous leurs soins à une méticuleuse reproduction (plafonds compris) du tribunal londonien, et le metteur en scène, toujours féru de prouesse technique, a filmé le procès Paradine en utilisant quatre caméras simultanément braquées sur les protagonistes : Lord Horfield (Charles Laughton), le juge présidant aux débats ; Keane, l'avocat de la défense (Peck) ; Sir Joseph Farrell, le procureur (Leo G. Carroll) ;

25 La genèse et la distribution du *Procès Paradine* sont évoqués dans Truffaut, *Le Cinéma selon Hitchcock*, *op. cit.*, p. 128-131, et plus longuement par Leff, *Hitchcock and Selznick*, *op. cit.*, p. 225-259, qui souligne que tant Selznick, en plein divorce, que Hitchcock, sur le point de lancer Transatlantic Pictures, la compagnie qu'il avait fondée avec Sidney Bernstein, ne consacraient pas au film tous leur temps et leur énergie.

l'accusée (Valli) et le témoin (Jourdan). Avec ces plans rapprochés contrastent des vues, en plongée spectaculaire, presque verticale, de l'ensemble de la salle, qui apparaît alors comme une sorte de fosse fourmillant de perruques blanches. Cette seconde partie de *The Paradine Case* constitue un exemple magistral de ces films de procès qui ont leur dramaturgie propre, avec préliminaires, intimidations, crescendo, duels, coups de théâtre (révélations, rebondissements, aveux tardifs), tandis que les scènes d'ouverture, avec l'arrestation et l'emprisonnement à Holloway de l'élégante et altière Mrs Paradine, en même temps qu'elles annoncent les scènes comparables du *Faux Coupable*, rappellent (de loin) l'arrestation sordide sur laquelle s'ouvre *Chantage*, et surtout l'emprisonnement de l'héroïne de *Murder !*, Diana Baring, et sa condamnation à mort.

FIG. 51 – *The Paradine Case* :
Old Bailey, un tribunal peuplé de perruques.

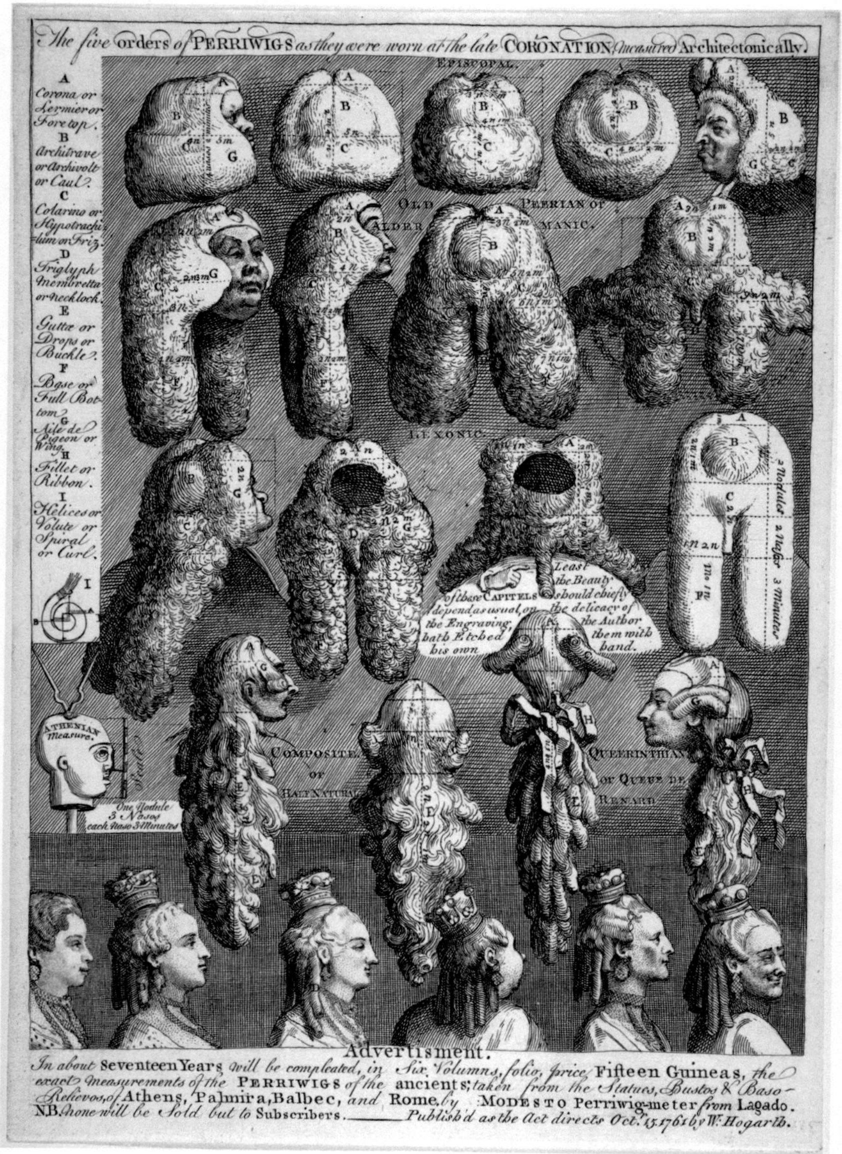

FIG. 52 – *The Five Orders of Periwigs* (*Les Cinq Ordres de perruques*), William Hogarth, 1761, eau-forte, The Metropolitan Museum of Art, New York (gift of Sarah Lazarus, 1891).

Hitchcock a fort bien dit à Selznick qu'il avait l'intention, dans *The Paradine Case*, de montrer les « coulisses » d'un procès criminel, confirmant implicitement l'assimilation d'un procès à une forme de théâtre, qui se joue en public mais dont l'issue est incertaine[26]. La description de ces coulisses, dans un sens large, a permis quelques scènes célèbres, dans lesquelles Laughton compose, avec plus de subtilité que dans *La Taverne de la Jamaïque*, son personnage de juge à la fois concupiscent et sadique, qui pose son regard, matérialisé par un travelling avant subjectif, sur l'épaule nue d'Ann Todd, avant de lui prendre effrontément la main (donnant le sentiment que Hitchcock s'est à nouveau identifié à l'acteur), ou, à la toute fin du film, casse une noix en attirant l'attention de son épouse plus compatissante (Ethel Barrymore) sur sa ressemblance avec un cerveau humain.

Autre séquence remarquable, celle qui montre Keane se rendre dans le Cumberland, dans le Lake District, au nord de l'Angleterre, pour y visiter Hindley Hall, la résidence secondaire des Paradine. Elle répond sans doute à la volonté d'« aérer » le film (une seconde équipe a été envoyée dans le Cumberland pour y tourner quelques extérieurs, non sans difficulté en raison du mauvais temps) et son lien avec l'intrigue principale n'est pas absolument évident, puisque c'est à Londres que le colonel Paradine est mort empoisonné. Elle a deux fonctions : introduire, de façon bizarre et quasi « gothique », le personnage d'André Latour ; et surtout montrer l'attraction irrésistible que Maddalena Paradine exerce désormais sur Anthony Keane. Conduit au seuil de la chambre de Mrs Paradine, Keane la contemple d'abord d'un regard panoramique, puis s'attarde sur une luxueuse salle de bains, décorée de miroirs à motifs de sirènes et d'objets de cristal, avant d'être comme aimanté par un portrait de Maddalena en médaillon, sur la tête de lit. L'image peinte et l'avocat échangent leurs regards. En mode subjectif, la caméra s'attarde sur de précieuses fourrures et des sous-vêtements soyeux. La lumière filtrée par les rideaux et la musique de Franz Waxman aidant, la séquence apparaît comme un véritable pastiche de la visite de « Je » dans le « mausolée » de Rebecca, où Mrs Danvers la surprend[27].

---

26 Note de Hitchcock à Selznick, dictée le 30 avril 1946, fonds Selznick, Université du Texas à Austin, cité par Leff, *Hitchcock and Selznick*, *op. cit.*, p. 229.

27 Le thème « richement orchestré » de « Mrs Paradine's Room » reprend celui de *Rebecca* « West Wing », également de Waxman, selon Jack Sullivan, *Hitchcock's Music*, *op. cit.*,

Comme dans le cas de *Suspicion*, le rapprochement avec *Rebecca* est à double tranchant : on peut y voir la confirmation de la thématique (et de la stylistique) d'un auteur, mais aussi sa tendance à l'autopastiche.

FIG. 53 – *The Paradine Case* : variation sur le thème de *Rebecca*.

L'ANGLETERRE *MADE IN HOLLYWOOD*
Le crime était presque parfait

Reste à évoquer l'avant-dernier film « anglais » réalisé par Hitchcock à Hollywood, *Le crime était presque parfait* (*Dial « M » for Murder*, 1954), deux ans avant le *remake* de *L'Homme qui en savait trop*. On y retrouve, comme dans *Le Procès Paradine*, une héroïne accusée de meurtre et condamnée à mort, mais celle-ci, interprétée par une des blondes hitchcockiennes les plus justement célèbres, Grace Kelly, est innocentée in extremis. Rappelons brièvement l'argument, adapté par Frederick Knott lui-même de sa pièce du même titre, créée à la télévision, puis sur scène, à Londres, puis à New York (1952). Un ancien champion de tennis (Ray Milland) découvre que sa femme (Grace Kelly) a eu une liaison avec un auteur de polars américain (Robert Cummings). Il résout de la faire assassiner par

p. 141. Ajoutons que l'arrivée de Keane à Hindley Hall, saluée par un pastiche de *Pump and Circumstance* d'Elgar, rappelle l'arrivée de Maxim et « Je » à Manderley, aux accents de *Rule, Britannia*.

un escroc (Anthony Dawson). La femme parvenant à tuer son agresseur, le plan machiavélique échoue, mais révèle un double fond : la femme est désormais accusée d'avoir assassiné un maître chanteur. Elle est condamnée à mort malgré les efforts futiles de son amant avant d'être sauvée grâce à l'intuition et à la persévérance de l'inspecteur de police chargé de l'enquête (John Williams). L'essentiel de l'action se déroule dans un décor unique, l'appartement cossu de Tom et Margot Wendice, qui est censé être situé dans le quartier londonien de Maida Vale. On a donc affaire, comme dans *La Corde*, à un huis clos, qui, loin de chercher à faire oublier sa source théâtrale, la souligne plutôt, notamment en ayant recours à des plans en légère contreplongée qui donnent au spectateur l'impression qu'il est dans un fauteuil d'orchestre[28] ; par ailleurs, deux des acteurs, Anthony Dawson et John Williams, reprennent les rôles qu'ils avaient tenus sur scène. La nationalité des interprètes n'est pas dépourvue d'intérêt. Autour de la star clairement hollywoodienne – Grace Kelly – gravitent en effet trois personnages parmi lesquels seul l'amant, dont le rôle est joué par Robert Cummings (le héros de *Saboteur*), est américain. L'assassin est anglais comme est censé l'être le mari jaloux et machiavélique incarné par Ray Milland, acteur d'origine galloise et vedette hollywoodienne de moyenne grandeur, plutôt sur le déclin dans les années cinquante. Ces deux rôles reprennent certains stéréotypes sur l'hypocrisie « anglaise » : l'escroc est vite percé à jour, tandis que la froide détermination de Wendice est dissimulée sous l'apparence élégante et la politesse impeccable du *gentleman*[29]. Mais le personnage le plus intéressant est celui de l'inspecteur principal Hubbard, qui, sous les traits de John Williams, revient au stéréotype positif d'une sorte de Major Thompson, moustache flamboyante et caricaturale, dont le flegme

---

28 L'intention non seulement d'« enfermer les acteurs dans un monde clos, théâtral », mais aussi de « donner au spectateur [...] le point de vue du fauteuil d'orchestre », est bien vue par Rohmer et Chabrol, *Hitchcock*, *op. cit.*, p. 124. Évoquant *Dial « M » for Murder* avec Truffaut, Hitchcock en profite pour exposer sa « théorie sur les films tirés de pièces de théâtre », qui consiste à éviter de « détruire l'unité de lieu en sortant du décor » (*Le Cinéma selon Hitchcock*, *op. cit.*, p. 159), ce qu'il n'a pourtant pas hésité à faire dans d'autres cas (*Laquelle des trois ?*, *The Skin Game*).

29 Sensibles aux aussi à la nationalité des personnages, Rohmer et Chabrol me semblent en tirer des conclusions excessives : « Le mari est ignoble, mais séduisant, et ne perd pas son flegme, même une fois confondu. L'amant, lui, est chargé à l'extrême et la femme aussi sotte que gracieuse. Charge gamine, dira-t-on, de la part de ce bon Anglais qu'a toujours été Hitchcock, car ils sont l'un et l'autre américains » (*Hitchcock*, *op. cit.*, p. 125).

et la détermination n'ont rien à envier à ceux de Wendice, mais sont animés par la recherche de la vérité et par la sympathie pour la victime.

Sans doute *Le crime était presque parfait* n'est-il pas un « grand » film de l'« auteur » Hitchcock, mais il constitue un exemple tiré au cordeau d'adaptation, de mise en scène, de direction des acteurs et de caractérisation des personnages.

FIG. 54 – *Dial « M » for Murder* : Ray Milland et John Williams.

FIG. 55 – *Dial « M » for Murder* : un juge impitoyable.

LES SOURCES ANGLAISES DÉGUISÉES

En plus de *La Corde* (1948), adaptation d'une pièce de théâtre dont l'action est transposée de Londres à New York, que j'ai déjà évoquée, quatre films de la période hollywoodienne sont des adaptations, plus ou moins libres, de fictions anglaises, transposées dans un cadre américain. Il s'agit, dans l'ordre chronologique, de *La Maison du docteur Edwardes* (*Spellbound*, 1945), de *Mais qui a tué Harry ?* (*The Trouble with Harry*, 1955), des *Oiseaux* (*The Birds*, 1963) et de *Pas de printemps pour Marnie* (*Marnie*, 1964). L'intérêt, le statut, la popularité des textes-sources sont très inégaux.

DE LA HAUTE-SAVOIE AU VERMONT
La Maison du docteur Edwardes

La Maison du docteur Edwardes alias *Spellbound* (« Ensorcelé[e/s] ») est aujourd'hui un des Hitchcock les plus connus et les plus appréciés, pour deux raisons : la séquence de rêve anthologique dessinée par Salvador Dalí, qui constituait l'attraction principale de l'exposition pionnière *Hitchcock et l'art : coïncidences fatales*[1] ; plus généralement, l'alchimie visuelle et amoureuse qui opère entre les deux protagonistes, Ingrid Bergman et Gregory Peck, et qui imprègne notamment une autre séquence célèbre, celle de l'enfilade des portes qui s'ouvrent pour signifier l'acceptation de son désir par Constance (Bergman). Cela n'a pas toujours été le cas. Si Rohmer et Chabrol voient dans *Spellbound* « un grand film d'amour », ils lui font néanmoins quelques critiques, regrettant le « caractère didactique

1 Exposition présentée au Musée des beaux-arts de Montréal (2000-2001) puis au Centre Georges Pompidou (2001) et dont les commissaires étaient Dominique Païni et Guy Cogeval.

[...] trop apparent » de l'intrigue et surtout la « sécheresse » de l'œuvre, « imputable à la nature particulière de son cadre, la psychanalyse », et ne manquent pas de blâmer l'interventionnisme de Selznick : « la collaboration de Salvador Dali aux images du rêve est une de ses idées, et ce n'est sans doute pas la pire[2] ! ». Plus réservé encore, Truffaut, tout en reconnaissant qu'« [i]l y a tout de même de très belles choses » dans le film, le juge « décevant », trop « raisonnable », « avec beaucoup de dialogues », et finit par avouer qu'à ses yeux, Gregory Peck « n'est vraiment pas un acteur hitchcockien, il est creux et surtout il n'a aucun regard[3] ».

Rohmer et Chabrol ont tout à fait raison sur un point : passé par les réécritures successives de Hitchcock, Alma Reville, Angus MacPhail, Ben Hecht, Selznick, May Romm (psychanalyste de Selznick) et du Hays Office, *Spellbound* « n'a plus aucun rapport avec le roman de Francis Beeding », *The House of Dr Edwardes* (1927)[4]. Le générique du film comporte d'ailleurs la précision inhabituelle que le scénario (crédité à Ben Hecht) a été « suggéré » par le roman[5]. Comme le montre Leff, les modifications ont été graduelles, mais radicales[6]. Que reste-t-il du roman ? le fait que l'action se déroule dans un asile de fous, la « Maison du docteur Edwardes », mais celle-ci est désormais située non plus en France, en Haute-Savoie, mais dans le Vermont, et rebaptisée « Green Manors ». Le rôle central de Constance [« Sedgwick » qui deviendra « Petersen » pour correspondre à la nationalité de Bergman], personnage-foyer, voire narratrice, jeune docteure qui arrive dans l'asile et tombe amoureuse d'un collègue lui-même nouvellement arrivé. Et le nom du

---

2 Rohmer et Chabrol, *Hitchcock*, *op. cit.*, p. 84-85. En réalité, c'est Hitchcock qui avait eu l'idée de faire appel à Dalí, dont Selznick jugea d'abord les exigences financières extravagantes – voir Truffaut, *Le Cinéma selon Hitchcock*, *op. cit.*, p. 119-120, et Leff, *Hitchcock and Selznick*, *op. cit.*, p. 137-140.

3 Truffaut, *Le Cinéma selon Hitchcock*, *op. cit.*, p. 120-122.

4 Rohmer et Chabrol, *Hitchcock*, *op. cit.*, p. 83. Une traduction française de *La Maison du Dr Edwardes* de Francis Beeding (pseudonyme du duo John Palmer et Hilary Saint George Saunders) est incluse dans *Les Romans qui ont inspiré Hitchcock*, tome 2, Librairie des Champs-Élysées, 1995.

5 Même indication dans le scénario publié, qui précise aussi que « le scénario est le résultat d'une collaboration de l'auteur [Ben Hecht] avec Alfred Hitchcock et David O. Selznick » – John Gassner et Dudley Nichols, *Best Film Plays – 1945*, Crown Publishers, New York, 1946, p. 57, p. 58. Si l'on ajoute que Selznick, très satisfait de Hitchcock, a permis que le film soit présenté au générique sous la forme ALFRED HITCHCOCK'S SPELLBOUND (voir Behlmer, *Memo from David O. Selznick*, *op. cit.*, p. 353), on conviendra que, comme dans le cas de *Rebecca*, on a ici affaire à un « auteur » multiple.

6 Leff consacre à *Spellbound* un long chapitre de *Hitchcock and Selznick*, p. 115-173.

« docteur Murchison », désignant un personnage important qui dans le film comme dans le roman s'avèrera être un criminel. Mais au-delà de ces trois points, les récits diffèrent considérablement. Dans le roman, le « docteur Edwardes » n'a pas été tué, il est absent pendant la plus grande partie du récit, mais revient en Deus ex machina à la fin ; le « docteur Murchison » est un jeune et brillant freudien dont un fou intelligent et dangereux, un sataniste, a pris la place et l'identité ; il n'a donc rien à voir avec le personnage joué dans le film par Leo G. Carroll, homme d'âge mûr qui retourne l'arme qu'il braquait sur Constance et se suicide dans un célèbre « éclair rouge ». Dans le roman, le rôle du faux Murchison (absent du film) est développé jusqu'à assumer une importance égale à celui de Constance et à préfigurer celui de John Ballantyne[7] (Gregory Peck) dans le film : c'est le faux Murchison qui séduit Constance et s'apprête à la sacrifier sur un autel païen ou satanique, avant qu'on apprenne dans un épilogue qu'elle a épousé le vrai Murchison. Qu'ils soient médecins ou aliénés, les personnages secondaires du roman et du film ne se ressemblent guère. Au fatras grandguignolesque du satanisme, des croix tatouées sur la plante des pieds et des meurtres rituels au clair de lune, le film a judicieusement substitué les thèmes et les images inspirés par la psychanalyse. Sans doute s'agit-il d'une vision simplifiée, voire simpliste, de la théorie et de la thérapie freudiennes, mais elle n'en a pas moins un double mérite : tout en montrant ostensiblement que c'est l'amour de Constance qui guérit Ballantyne et le libère de son sentiment de culpabilité, elle suggère aussi que le processus est réciproque ; sa visualisation des divers processus de remémoration et de libération n'est pas réductible à leur résumé linguistique, car les images et la musique débordent ou outrepassent forcément, quoi qu'en dise Leff, la lecture orientée qu'en donne le commentaire écrit par Selznick[8]. Autre différence avec le roman, Hitchcock et ses scénaristes ont fait le choix non d'en accentuer le huis clos, mais au contraire d'ouvrir le récit sur des décors et des paysages divers, New York, Rochester, le lac Gabriel, et de faire au moins partiellement de *Spellbound* un « film itinéraire » typiquement hitchcockien, la figure de l'itinéraire (même s'il s'agit d'une

7 La littérature sur *Spellbound* hésite entre les graphies Ballantyne et Ballantine. Dans le scénario publié, le personnage n'est désigné que par les initiales « J. B. ». À la fin du récit, quand il recouvre la mémoire, il dit à Constance s'appeler « John Ballyntine » (Gassner et Nichols, *Best Film Plays – 1945*, *op. cit.*, p. 106), mais il s'agit peut-être d'une coquille.

8 Leff, *Hitchcock and Selznick*, *op. cit.*, p. 165.

fuite ou d'une poursuite et d'un retour à Green Manors) contribuant à dynamiser le processus de guérison réciproque. Enfin le contexte et le propos sont à la fois américanisés et actualisés par l'explication de la condition psychologique dont souffre Ballantyne, qui mêle au refoulement d'un souvenir d'enfance traumatique le choc qu'il a subi dans un accident d'avion pendant la guerre.

FIG. 56 – *Spellbound* : Leo G. Carroll en directeur d'asile meurtrier.

La réception contemporaine de *Spellbound* fut partagée. Vingt ans avant Truffaut, James Agee fait part de sa « déception ». À ses yeux, l'élément policier de l'intrigue trouble et encombre son élément psychologique, et inversement. Ingrid Bergman et Gregory Peck ressemblent à des illustrations sur papier glacé de personnages de feuilleton, qu'il est impossible de prendre pour des personnes réelles. Si les images de blancheur striée qui terrifient Ballantyne ont en effet quelque chose d'effrayant, la séquence dessinée par Dalí n'a rien à voir avec la réalité du rêve : *Spellbound*, conclut cruellement Agee, « c'est tout ce qu'on a le droit de montrer du *ça* dans la vitrine d'un grand magasin[9] ». À l'opposé, John Gassner, qui avec Dudley Nichols a composé le volume des *Best Film Plays – 1945*, considère que

> *Spellbound* est une sorte de tour de force, dans lequel Ben Hecht et Alfred Hitchcock ont réussi la fusion de la psychiatrie et du mélodrame. Leur ingéniosité a produit un suspense de qualité exceptionnelle. Mais ce qui est encore plus digne

9 *The Nation*, 10 novembre 1945, repris dans Agee, *Agee on Film. Criticism and Comment on the Movies*, Modern Library, New York, 2000, p. 169-170.

d'éloge, car c'est plus rare, est la compassion dont témoigne leur œuvre. [...] Le réalisateur et l'auteur ont créé une œuvre qui va bien au-delà du mélodrame et du thème purement clinique de l'amnésie, et la qualité de l'écriture qui caractérise le scénario de Ben Hecht reflète l'esprit dans lequel le film a été conçu[10].

DE L'ANGLETERRE AU VERMONT
Mais qui a tué Harry ?

Au milieu des années 1950, après que Hitchcock a réalisé *La Loi du silence*, un de ses drames les plus ostensiblement sérieux, voire sombres, et *Fenêtre sur cour*, un de ses grands chefs-d'œuvre, au dispositif dramatique, spatial et visuel complexe, inlassablement analysé et réanalysé, le cinéaste, comme pour se délasser, se tourne vers des sujets plus légers, et signe successivement *La Main au collet* (*To Catch a Thief*) puis *Mais qui a tué Harry ?* (*The Trouble with Harry*), tous deux sortis en 1955. Deux films aux couleurs vives et pimpantes, bien éloignées de l'austère noir et blanc de *La Loi du silence* et même des tons sans éclat de *Fenêtre sur cour* ; deux films faisant une large part aux extérieurs réels, qu'il s'agisse des cartes postales de la côte d'Azur, route de corniche et marché aux fleurs, ou des feuillages écarlates, orange et or de l'été indien en Nouvelle-Angleterre. Si ces paysages sont bien différents de ceux de l'Angleterre, ce retour de Hitchcock à la comédie apparaît comme un retour à l'esprit ludique qui caractérisait *Champagne* ou *Young and Innocent*. Divers témoignages confirment que les deux films ont été conçus dans un esprit qui renvoie à un humour traditionnellement qualifié d'anglais. Évoquant le tournage de *La Main au collet* sur la côte d'Azur, Rohmer et Chabrol notent que « Hitchcock, interrogé par les journalistes, ne parlait que de son retour à l'humour des films anglais[11] ». Au seuil de

10 « A Second Annual », *Best Film Plays – 1945*, *op. cit.*, p. XVI (je traduis). Spécialiste de théâtre, Gassner considère non sans raison que le genre du mélodrame, devenu rare sur scène, est très présent à l'écran. Il en cite de nombreux exemples, parmi lesquels *La Femme au portrait*, *Le Roman de Mildred Pierce*, *Hangover Square* et *Adieu, ma belle*. Pour lui les trois meilleurs mélodrames de 1945 sont *Laura*, *Assurance sur la mort* et *La Maison du docteur Edwardes*. Il a exclu *Laura* uniquement pour que soit représentée une plus grande palette de genres de films (p. XV, p. XVI).

11 Rohmer et Chabrol, *Hitchcock*, *op. cit.*, p. 132-133.

leur entretien avec le cinéaste, réalisé juste après qu'il a terminé *Mais qui a tué Harry ?*, Truffaut et Chabrol l'interrogent sur sa parenté avec ses films anglais ; Hitchcock répond que *Harry* « ressemble assez à une comédie anglaise », du genre de *Noblesse oblige* (*Kind Hearts and Coronets* de Robert Hamer, 1949), avant de préciser que l'humour macabre de *Harry* s'apparente davantage aux comédies anglaises actuelles qu'à ses propres films anglais d'avant 1940[12].

Adaptation du roman de l'Américain David Dodge *To Catch a Thief* (1952), *La Main au collet* ne nous concerne pas directement ici, d'autant plus que cette adaptation peut être qualifiée de fidèle, dans ses grandes lignes et même dans de nombreux détails. Seule différence notable, l'abandon du déguisement de « Mr Burns » sous lequel Robie, le Chat, ancien acrobate, ancien cambrioleur, ancien résistant, effectue son enquête afin de confondre celui qui a repris ses méthodes et de se disculper. Outre que le déguisement aurait peut-être paru peu crédible à l'écran, il aurait surtout eu l'inconvénient de réduire la présence « visible » de Cary Grant, atout principal du film avec celle de sa belle partenaire Grace Kelly et le pittoresque de la côte d'Azur.

Il en va tout autrement de *Mais qui a tué Harry ?*, adaptation d'un court et délicieux roman du prolifique auteur anglais Jack Trevor Story (*The Trouble with Harry*, 1949). Hitchcock et son scénariste John Michael Hayes (collaborateur régulier de *Fenêtre sur cour* au remake de *L'Homme qui en savait trop* en passant par les deux comédies que nous évoquons) ont certes repris l'argument du romancier – l'encombrant cadavre de Harry Worp, découvert par un enfant et qui ne cesse d'être enterré puis déterré et réenterré, au fur et à mesure que divers personnages sont persuadés d'être responsables de la mort de Harry ou se mêlent à l'enquête et cherchent à dissimuler le corps jusqu'à ce qu'ils apprennent que Harry – personnage antipathique dont personne ne semble déplorer la mort – est décédé de mort naturelle. Ils ont aussi

12 Truffaut et Chabrol, Entretien avec Alfred Hitchcock, *Cahiers du Cinéma* n° 44, février 1955, *loc. cit.*, p. 19. Célèbre « comédie des studios d'Ealing », *Noblesse oblige* est surtout connue pour son interprétation par Alec Guinness des huit membres d'une même famille aristocratique, successivement éliminés par l'héritier du titre. Il n'est pas étonnant que Hitchcock ait apprécié cette brillante et acide satire de l'aristocratie anglaise. Le film a été produit par Michael Balcon, qui avait produit neuf films anglais de Hitchcock, dont *The Lodger* et *The 39 Steps*, dans les années vingt et trente.

repris l'argument parallèle sous-jacent, la formation de deux couples d'amoureux, celui de Jennifer Rogers (la jeune « veuve » de Harry, que celui-ci harcelait) et du peintre Sam Marlow, celui plus parodique du « Capitaine » Albert Wiles et de Miss Graveley, ainsi que les nombreuses allusions au plaisir sexuel, franches et naturelles plutôt que scabreuses. S'ils ont aussi respecté le ton du texte original, simple et familier, avec pour seuls ornements cette simplicité même et quelques redites délibérées, Hitchcock et Hayes n'en ont pas moins veillé à effectuer une transposition systématique dans le cadre pastoral du Vermont où a été tourné le film.

Transposition qui passe avant tout par la distribution, à commencer par le choix inspiré de Shirley MacLaine qui à vingt ans fait ses débuts à l'écran dans le rôle de Jennifer Rogers, l'âme innocente et amoureuse du film comme elle est celle du roman. Le Sam Marlow de John Forsythe, qui copie le jeu de William Holden, est adéquat. Les seconds rôles sont interprétés par des actrices chevronnées, Mildred Natwick dans celui de la vieille fille Miss Graveley et Mildred Dunnock dans celui de Mrs Wiggs, la tenancière de l'épicerie-bureau de poste. Le rôle de son fils le shérif adjoint, invention du film, a échu à Royal Dano, figure familière du western, habitué des rôles de personnages pittoresques et pathétiques comme le soldat en haillons de *La Charge victorieuse* (1952) ou Elijah dans *Moby Dick* (1956), deux adaptations de classiques américains par John Huston. Au sein de ce casting entièrement vernaculaire, seul Edmund Gwenn, acteur de théâtre et de cinéma associé de longue date à Hitchcock, renvoie implicitement aux sources anglaises du sujet. Il incarne le « Capitaine » Wiles, navigateur d'eau douce qui prétend avoir été un marin au long cours – et acteur de composition qui a dû prendre plaisir à jouer ici le rôle d'un capitaine de péniche naviguant sur l'East River plutôt que sur la Tamise. Il constitue l'avatar sympathique du pathétique « Capitaine » Boyle, le *miles gloriosus* de *June and the Paycock*.

FIG. 57 – *The Trouble with Harry* : John Forsythe, Shirley MacLaine, Edmund Gwenn et Mildred Natwick.

Très élogieux pour ce film où ils ont en même temps du mal à reconnaître la « patte » de Hitchcock, Rohmer et Chabrol l'inscrivent dans la tradition « de cet humour anglo-saxon, fondé sur le goût du macabre », « qu'on peut comparer à celui de Swift ou de Thomas de Quincey ». Il me semble pourtant qu'en parlant du « mépris dont l'auteur accable ses personnages », des « êtres veules ou cyniques », en caractérisant cette œuvre comme « la plus misanthropique » de Hitchcock, ils en font une lecture trop univoque. S'ils concèdent *in fine* qu'une forme de « poésie » n'est pas absente du film par le biais du « luxe de ces paysages d'automne », ils persistent à voir dans ceux-ci un « symbole du pourrissement », ce qui me semble paradoxal et proche du contresens[13]. Pas plus que le roman de Story, le film n'est uniformément cynique : l'été indien, la présence de Shirley MacLaine, la romance elle aussi automnale entre le Capitaine et la vieille fille, le générique dessiné par Saul Steinberg, la musique de Bernard Herrmann (dont c'est la première collaboration avec Hitchcock)[14], tous ces éléments font bien sentir qu'on a affaire à une *fantaisie* développant, sur le mode mineur de l'ironie plutôt que sur

13 Rohmer et Chabrol, *Hitchcock*, *op. cit.*, p. 139-142.

14 Pour Jack Sullivan, la partition de Herrmann est le seul élément « anglais » du film ; elle rappelle Elgar, que Herrmann admirait, mais son lyrisme participe à l'ironie du récit. Sullivan cite Steven Smith, le biographe de Herrmann, selon qui sa partition pour *The Trouble with Harry* était la préférée de Hitchcock. Herrmann en tira une suite, « Portrait of Hitch », qu'il dédia au cinéaste – Jack Sullivan, *Hitchcock's Music*, *op. cit.*, p. 189-191.

celui plus militant de la satire, la logique d'une expérience familière que les convenances sociales nous forcent habituellement à n'exprimer qu'*in petto* : pourquoi verser des larmes de crocodile sur la mort d'un personnage odieux[15] ? Ni le ton ni le propos de *The Trouble with Harry* ne sont ceux plus glacés de *Rope*.

Rohmer et Chabrol parviennent à la conclusion auteuriste que la « patte » de Hitchcock, qui semble n'être « nulle part » dans cette fidèle adaptation, est en réalité « partout » :

> Si Hitchcock n'a pas changé grand-chose à cette histoire, c'est qu'il n'avait pas à la changer, c'est qu'elle était suffisamment hitchcockienne[16].

Dans son introduction à une réédition récente de *The Trouble with Harry*, l'écrivain anglais Michael Moorcock renverse l'argument :

> Alfred Hitchcock reçoit généralement un crédit immérité pour *The Trouble with Harry*. Certaines des meilleures scènes du film ont été reprises mot pour mot du roman. […] Il faut reconnaître que tout ce qu'il y de mieux dans le film trouve son origine dans le livre.

Moorcock accable encore Hitchcock en rappelant que le cinéaste avait payé les droits d'adaptation du roman pour une somme très modique mais avait promis à Story qu'il le lui revaudrait en achetant les droits de son roman suivant à un meilleur prix, promesse jamais honorée[17]. La conclusion ne saurait que renvoyer les antagonistes dos à dos : non, *Mais qui a tué Harry ?* n'est pas un film d'auteur au sens où l'entendaient les « hitchcocko-hawksiens », mais oui, c'est un des films les plus réussis et les plus personnels de Hitchcock, dans une veine qu'il n'a exploitée que par intermittences.

15 Sur l'ironie, la satire comme « ironie militante » et son lien nécessaire avec au moins une apparence de fantaisie, je renvoie à Northrop Frye, *Anatomy of Criticism : Four Essays*, Princeton University Press, 1957, p. 223-224.

16 Rohmer et Chabrol, *Hitchcock*, *op. cit.*, p. 139.

17 Moorcock, Introduction à Jack Trevor Story, *The Trouble with Harry* [1949], Allison & Busby, Londres, 2013, p. 7.

DE LA CORNOUAILLES À LA CALIFORNIE
Les Oiseaux

Les Oiseaux (*The Birds*, 1963) est généralement considéré, à très juste titre, comme un des derniers « grands » films de Hitchcock, qui met en évidence plusieurs des traits obsessionnels du cinéaste : le défi de la prouesse technique, l'ambiguïté de la fable, la pulsion érotico-sadique qui s'exerce sur le personnage de Melanie Daniels (Tippi Hedren). Lors de la sortie nationale du film en France (septembre 1963), les *Cahiers du cinéma* publient une « conversation [de Truffaut] avec Alfred Hitchcock au sujet des *Oiseaux* » qui annonce la parution prochaine du livre *Le Cinéma selon Hitchcock* et qui est illustrée de nombreuses reproductions du *storyboard* du film, levant ainsi un coin du voile sur la genèse complexe et méticuleuse d'une œuvre dont les deux vedettes sont Tippi Hedren alors inconnue et les effets spéciaux[18]. Quelques années plus tard, Raymond Bellour consacre à une de ses séquences (l'arrivée de Melanie à Bodega Bay et sa première attaque par une mouette) une longue analyse demeurée célèbre, qui articule, pour le dire de manière schématique, la description formelle du « texte » cinématographique à un substrat psychanalytique, l'identification en profondeur du cinéaste avec le personnage de Melanie, « qui porte dans ses yeux le fantasme dont Hitchcock conte et analyse les effets dans cet art purement narcissique qu'est pour lui l'art de la mise en scène[19] ».

Qualifier *Les Oiseaux* d'« adaptation » de la brève et énigmatique nouvelle de Daphné du Maurier, d'abord parue en 1952 dans le recueil *The Apple Tree*, est quelque peu abusif. Hitchcock en avait acheté les droits, tout en estimant avec raison que la force de la nouvelle tenait à son atmosphère plutôt qu'à son intrigue et ses personnages[20]. Il est évident qu'à moins d'en faire un film expérimental ou d'avant-garde, il était nécessaire de l'étoffer de façon substantielle. La nouvelle est située sur la côte de Cornouailles, décor favori de l'écrivaine, pendant la guerre

18 *Cahiers du Cinéma* nº 147, septembre 1963, p. 1-19.

19 *Cahiers du Cinéma* nº 216, octobre 1969, p. 24-38. Ce texte sera repris dans l'ouvrage de Bellour, *L'Analyse du film* [1980], Calmann-Lévy, Paris, 1995.

20 Spoto, *The Life of Alfred Hitchcock*, *op. cit.*, p. 444.

froide, les souvenirs de la Seconde Guerre et du Blitz étant encore très présents dans l'esprit des personnages. Hitchcock et son scénariste Evan Hunter ont transposé l'action, contemporaine mais ne renvoyant pas à des événements historiques précis, en Californie du Nord, dans un paysage qui rappelait à Hitchcock celui des côtes anglaises. De la nouvelle, le film retient deux éléments essentiels : le crescendo des attaques d'oiseaux et l'absence d'explication de leur conduite inhabituellement agressive. On peut affiner la comparaison en mentionnant l'accent mis sur une famille dont la demeure est assiégée par les oiseaux ; le fait que les attaques des oiseaux sont coordonnées et viennent par vagues espacées d'accalmies ; le fait que différentes espèces prennent part à ces attaques ; les attaques suicides, l'attaque par la cheminée, les oiseaux visant les yeux et envahissant presque silencieusement la chambre des enfants ; la scène des enfants courant à travers un champ pour échapper aux oiseaux ; la présence d'une cabine téléphonique, dont la fonction dramatique est renforcée dans le film ; la découverte des voisins, cultivateurs et facteur, massacrés par les oiseaux.

L'étoffement concerne donc ce qu'on peut appeler le prologue du film, la rencontre initiale de Melanie Daniels et de Mitch Brenner (Rod Taylor) à San Francisco, qui motive la venue de Melanie à Bodega Bay, et bien entendu l'invention des autres personnages et des rapports qui les unissent, les principaux étant la mère possessive de Mitch (Jessica Tandy), l'institutrice Annie Hayworth (Suzanne Pleshette) et la jeune sœur de Mitch, Cathy, auxquels s'ajoutent de nombreux personnages secondaires, dont plusieurs sont dessinés avec netteté.

Cet étoffement change évidemment la question de l'interprétation. Même si Hitchcock s'est en définitive abstenu de donner une réponse claire, les personnages comme les spectateurs peuvent difficilement ne pas s'interroger sur ce qui motive les attaques des oiseaux. Il me semble que le film suggère deux types d'interprétation : les unes, allégoriques et assez générales, renverraient à l'idée d'une vengeance des oiseaux, que les hommes auraient chassés, tués et exploités pendant des siècles ; c'est à cette lecture mi sérieuse mi fantaisiste qu'invite la bande annonce originale, dans laquelle Hitchcock évoque « nos amis les oiseaux » avant de s'attabler devant un poulet rôti ; les actuelles préoccupations écologiques lui confèrent une pertinence accrue. D'autres lectures envisageables pourraient se fonder sur une allégorie d'une catastrophe nucléaire, comme dans tant de films fantastiques des années cinquante, ou encore sur une allégorie politique dénonçant l'incapacité d'une communauté à s'ouvrir à l'« autre », qu'il s'agisse d'Annie Hayworth (dans une version intermédiaire du scénario) ou de Melanie Daniels. De là on glisse vers d'autres hypothèses, de type psychanalytique, qui lieraient l'irruption des oiseaux au personnage de Mrs Brenner, du culte qu'elle rend à son mari défunt et de l'emprise qu'elle exerce sur ses enfants et notamment sur Mitch.

Une scène clé du film est la longue séquence du café, dans laquelle deux de ces hypothèses sont envisagées. Celle de la vengeance des oiseaux est évoquée par Mrs Bundy, l'ornithologue, jouée par une actrice anglaise, Ethel Griffies, très frappante avec son béret, sa diction, ses opinions très arrêtées. Elle affirme d'abord l'invraisemblance de l'attaque concertée des oiseaux, qui apportent tant de beauté dans le monde et ne se défendent que s'ils sont attaqués, et l'impossibilité que collaborent des espèces différentes, corbeaux et merles, corbeaux et mouettes ; puis, subitement devenue pessimiste, elle explique à son auditoire médusé que si les oiseaux ont décidé d'attaquer, l'humanité est perdue, car les oiseaux sont là depuis cent quarante millions d'années, depuis l'Archæoptéryx.

FIG. 58 – *The Birds* : l'ornithologiste (Ethel Griffies) et Melanie Daniels (Tippi Hedren).

La seconde hypothèse n'est pas spécifiquement liée au rapport que l'homme entretient avec la nature et les espèces animales. Elle est exprimée, dans la même séquence, par le « prophète ivre » qui cite Ézéchiel et

Isaïe et annonce la fin du monde. La référence aux prophètes de l'Ancien Testament indique, me semble-t-il, que cette annonce « apocalyptique » doit s'entendre dans le sens biblique de « Révélation » aussi bien que dans le sens aujourd'hui courant de « catastrophe » ; une telle prédiction n'a pas à être motivée, mais pourrait s'expliquer par un décret divin punissant une humanité pécheresse. Quoi qu'il en soit, ce qui m'intéresse ici est que Hitchcock a fait appel, pour jouer cette scène, à Karl Swenson, un acteur américain dont les parents étaient suédois, et qu'il le fait parler avec un accent typiquement irlandais[21]. En d'autres termes, les deux personnages qui s'accordent pour conclure au désastre et à la fin de l'humanité sont à la fois opposés et complémentaires : une femme, experte scientifique, qui s'exprime en utilisant le *Queen's English* ; un homme, alcoolique et prophète autoproclamé, qui s'exprime avec l'accent de « la seconde île de John Bull », pour désigner l'Irlande à la manière de G. B. Shaw.

Hitchcock et Evan Hunter s'interrogèrent longuement sur la conclusion appropriée au récit. Dans la nouvelle de Daphné du Maurier, aucun doute n'est permis : la victoire des oiseaux est totale, en Cornouailles, sur l'ensemble de l'Angleterre et sans doute bien au-delà. Une fin du même genre fut envisagée pour le film, avec les oiseaux massés sur le pont de la Golden Gate et la ville de San Francisco en ruines, mais on sait qu'en définitive Hitchcock préféra une image plus ambiguë. Au petit matin, les quatre survivants – Melanie et Mitch, choqués et blessés, Mrs Brenner et Cathy – parviennent à sortir de la maison dévastée et à partir en voiture, à travers un paysage où les oiseaux sont omniprésents mais passifs – pour combien de temps ? Composé par Albert Whitlock, peintre d'enseignes, puis décorateur et spécialiste d'effets spéciaux qui avait collaboré à plusieurs films anglais de Hitchcock, ce plan final est une image composite (*matte shot*) qui combine deux prises photographiques d'oiseaux « réels » avec un paysage peint dans un style qui rappelle celui de John Martin. Ce peintre et graveur anglais, très célèbre au XIXe siècle, s'était spécialisé dans les

21 Hitchcock explique à Truffaut (*Le Cinéma selon Hitchcock*, *op. cit.*, p. 223) que l'ivrogne est « inspiré par les personnages de Sean O'Casey », le dramaturge irlandais dont le cinéaste a porté à l'écran *Juno and the Paycock* (1930). Ce que Benoliel (éd.), *Hitchcock la totale*, *op. cit.*, distord sans vergogne en affirmant que la rencontre de Hitchcock avec O'Casey « lui aurait inspiré le personnage du clochard qui prophétise la fin du monde dans *Les Oiseaux* » (p. 103).

scènes bibliques, les illustrations du *Paradis perdu* de Milton, les scènes de catastrophe (Déluge, chute de Babylone, destruction de Pompéi et d'Herculanum…) et de manière plus générale dans ce qu'on a appelé le « sublime apocalyptique[22] ». Ce paysage jette une ombre menaçante sur la fin provisoirement heureuse du film et la survie des personnages. Il ne fait aucun doute que telle était l'intention tant d'Evan Hunter, qui a qualifié ce finale d'« apocalyptique », que de Hitchcock, qui a parlé de « Jugement dernier[23] ».

FIG. 59 – *The Birds* : finale apocalyptique.

22 Morton D. Paley, *The Apocalyptic Sublime*, Yale University Press, New Haven et Londres, 1986. Sur John Martin, voir Martin Myrone (éd.), *John Martin. Apocalypse*, Tate Publishing, Londres, 2011. L'influence des gravures de Martin sur les décorateurs hollywoodiens a été très grande, d'*Intolérance* de Griffith (1916) à *La Guerre des mondes* de Spielberg (2005) et de nombreux autres films catastrophes (*disaster films*), catégorie dans laquelle on pourrait rétrospectivement inclure *Les Oiseaux*.

23 Evan Hunter interviewé dans le documentaire de Laurent Bouzereau *All About* The Birds, Universal Studios Home Video, 1999, bonus du disque 2 de l'édition des *Oiseaux*, Universal Pictures, 2017 ; Hitchcock s'entretenant avec Peter Bogdanovich, *The Cinema of Alfred Hitchcock*, Museum of Modern Art / Doubleday, New York, 1963, p. 44-45, cité par Spoto, *The Life of Alfred Hitchcock*, *op. cit.*, p. 453.

FIG. 60 – John Martin, *Le Pandémonium*, manière noire (1831).

DE TORQUAY À BALTIMORE
Pas de printemps pour Marnie

Réalisé dans la foulée des *Oiseaux* avec la même actrice devenue une star, *Pas de printemps pour Marnie* (*Marnie*, 1964) renoue aussi avec *La Maison du docteur Edwardes* en faisant un appel ostensible à la psychanalyse et en dépeignant une pathologie causée par un traumatisme ancien et dont la guérison dépend de la mise au jour de ce traumatisme. Mais les rôles sont inversés : cette fois-ci, c'est Marnie (Tippi Hedren) qui, frigide et voleuse compulsionnelle, est la patiente, tandis que c'est le héros, Mark Rutland (Sean Connery) qui entreprend de la guérir et mène l'enquête. À y regarder de plus près, on se souviendra que dans *Spellbound*, la frigidité de Marnie était en germe dans le personnage de Constance (Ingrid Bergman), si bien que le processus de guérison était réciproque ; on observera aussi que Mark non seulement n'a aucune compétence médicale, mais que sa méthode pour « guérir » Marnie est particulièrement brutale, puisqu'elle consiste à la forcer au mariage en menaçant de la dénoncer à la police, puis à violer celle qui est devenue sa femme.

Mais si dans *Spellbound* Hecht, Hitchcock et Selznick avaient en fait écrit un scénario original qui n'était que très lointainement « suggéré » par le roman de Francis Beeding, il en va tout autrement ici. À cet égard, le cas de *Marnie* se rapproche de ceux de *La Corde* et de *Mais qui a tué Harry ?*, et se caractérise par une fidélité très grande à l'intrigue de l'œuvre-source, dont les personnages et les décors sont méticuleusement transposés de l'Angleterre aux États-Unis. On peut en juger par un résumé du roman de Winston Graham (1961).

Marnie Edgar, sans être un *top model* comme Tippi Hedren, est une jeune femme séduisante qui, à plusieurs reprises, ayant gagné la confiance de son employeur, part avec la caisse, change d'identité et récidive dans une autre ville d'Angleterre. Menteuse par système mais aussi congénitale, elle vole pour aider sa vieille mère (qui vit à Torquay, près de Plymouth) tout en faisant croire à celle-ci qu'elle travaille pour un millionnaire imaginaire, Mr Pemberton ; à ses collègues, elle dit qu'elle est veuve, que ses parents sont morts, qu'elle n'a aucun proche parent en Angleterre. Elle se dérobe aux avances (fréquentes) des hommes. Elle a son jardin secret, un cheval, Forio, en pension à Cirencester. Elle s'apprête à récidiver dans son nouveau poste, à l'imprimerie familiale Rutland à Barnet, au nord de Londres. Elle est initiée au poker par un des patrons, Terry Holbrook, qui tente avec insistance mais sans succès de la séduire. Plus discrètement, Mark Rutland, rival de Terry, et veuf depuis peu, s'intéresse aussi à elle. Elle croit réaliser son nouveau vol sans coup férir mais a la surprise d'être retrouvée par Mark à Cirencester (bon détective, il s'est souvenu de son amour des chevaux). Mark a remplacé l'argent volé et dit être amoureux de Marnie. Ils se marient et vont à Palma pour leur lune de miel. Il s'avère que Marnie, frigide, ressent une véritable horreur à l'idée d'avoir des relations sexuelles avec un homme. Mark la prend de force et elle essaie de se suicider en se noyant. De retour en Angleterre, ils vivent ensemble mais font chambre à part. Mark convainc Marnie de voir un analyste, le docteur Roman, mais les progrès sont lents, Marnie ne se confiant pas entièrement au thérapeute. Par ailleurs elle continue à voir Terry et à jouer au poker. Une alerte sérieuse se produit lorsqu'un certain Strutt rencontre Marnie en qui il reconnaît (à juste titre) la coupable d'un vol antérieur, à Birmingham. Elle nie obstinément et Mark la soutient, allant jusqu'à lui fournir un alibi mensonger. Marnie est toujours déterminée à quitter Mark avec l'argent de l'imprimerie, alors que Mark essaie de la convaincre qu'il est possible de trouver un arrangement à l'amiable avec les diverses victimes qu'elle a lésées. Participant à une chasse au renard, elle sympathise avec le renard traqué et dépecé par les chiens. Dans une nouvelle tentative suicidaire, elle lance Forio au galop, le cheval fait une chute et doit être abattu. Mark a sauvé Marnie mais est hospitalisé. Toujours décidée à quitter Mark, Marnie renonce cependant à voler l'argent de la paye et se rend à Torquay, où elle apprend que sa mère est morte et que sa famille la recherche. Dans le sac de sa mère, elle trouve une coupure de journal qui relate le procès de sa mère, coupable d'infanticide. Son oncle lui raconte en détail ce qu'on lui a toujours caché et/ou qu'elle a refoulé. Élevée de façon très rigoriste, sa mère a mené une double vie lorsque son mari est parti à la guerre, où il a été tué : épouse ou veuve irréprochable de jour, couchant avec des soldats la nuit. Enceinte, elle a nié le fait jusqu'au bout, a accouché d'un bébé qu'elle a étranglé, a failli mourir d'une hémorragie, d'où appel à un médecin, révélation et procès. C'est cet ensemble de faits et leur refoulement qui constituent le traumatisme de Marnie, persuadée qu'elle a hérité les « tares » de sa mère. Elle a la surprise de voir Terry qui, ayant entendu l'appel lancé par la famille de Marnie, est venu à Torquay lui témoigner son amitié et propose de la ramener chez elle, à Barnet. Pressée par Terry et par son oncle, Marnie accepte mais s'aperçoit que Terry l'a amenée non chez elle, mais chez Strutt. Elle se décide à affronter la réalité de son passé de voleuse et pense pouvoir compter sur l'aide de Mark.

On voit que les ajustements auxquels ont procédé Hitchcock et sa scénariste Jay Presson Allen sont minimes : resserrement grâce à l'élimination des personnages de Terry Holbrook, du psychanalyste et de l'oncle, compensé par un étoffement du côté de Mark Rutland, qui acquiert un père (Mr Rutland : Alan Napier) et une belle-sœur amoureuse de lui (Lil Mainwering : Diane Baker). Baltimore se substitue à Torquay, Atlantic City à Cirencester, et Philadelphie remplace Londres. Le nom et le rôle de Strutt sont conservés, ainsi que la référence à l'imaginaire Mr Pemberton. Les vraies différences sont ailleurs : alors que le roman, comme *Rebecca* de Daphné du Maurier, est écrit à la première personne, tout étant vu du point de vue de Marnie elle-même, le film fait clairement alterner le point de vue des deux personnages principaux, même si, comme Hitchcock l'a expliqué à Truffaut, il n'a pas jugé possible de développer autant qu'il l'aurait souhaité le regard de Mark, en faisant de lui un fétichiste et un voyeur qui prend plaisir à contempler Marnie qui commet un vol, puis à la posséder. Au moins dans la « scène du viol », Hitchcock privilégie incontestablement le point de vue de Mark, que cela plaise ou non au spectateur[24].

Mais c'est surtout le traumatisme de Marnie et son traitement qui diffèrent. La responsabilité propre de Marnie est davantage engagée dans le souvenir traumatique refoulé, puisqu'à la version peu crédible de l'infanticide commis par la mère est substituée une scène primitive complexe, impliquant trois personnages, qui, sur les injonctions de Mark, est « revécue » par Mrs Edgar et sa fille. Mêlant de façon inextricable les points de vue des deux femmes, un flash-back recrée la scène qui s'est déroulée vingt ans plus tôt. L'arrivée d'un client, un marin éméché en uniforme blanc (Bruce Dern), perturbe la fillette, que sa mère réveille et change de lit. Le marin tente de calmer la petite Marnie effrayée par l'orage, la mère s'offusque qu'il la caresse, le marin et la mère en viennent aux mains, de façon de plus en plus brutale, si bien que l'enfant, appelée au secours par sa mère, se saisit d'un tisonnier (écho lointain de *The Lodger*) et tue le marin. Enfin le traumatisme est visualisé à plusieurs reprises, comme il l'était dans *Spellbound*, et se manifeste notamment par les réactions de Marnie à la couleur rouge, rappel du sang versé et valeur ajoutée dans un film où (comme dans *La Main au collet* et *Mais qui a tué Harry ?*) l'éclat des couleurs constitue un attrait majeur. Par ailleurs le dernier décor et les derniers plans du film sont aussi saisissants que ceux des *Oiseaux*. À

24 Truffaut, *Le Cinéma selon Hitchcock*, *op. cit.*, p. 229-230. – Rapprochant le viol de Marnie de celui d'Alice dans *Chantage*, Tania Modleski observe que la critique « postféministe » a recours à la même tactique euphémisante que la critique « préféministe », en s'évertuant à ne pas qualifier ce viol de viol – *The Women Who Knew Too Much*, *op. cit.*, p. 127-128. Cette euphémisation a été à l'œuvre dès la sortie de *Marnie*, comme l'atteste la légende de la photo sur laquelle se conclut l'article de Jean Douchet, « Hitchcock économe ou le procès de Lucullus », *Cahiers du Cinéma* n° 163, février 1965, p. 45 : Marnie : le « viol » (Sean Connery, « Tippi » Hedren).

l'issue du flash-back, Mark et Marnie sortent de chez Mrs Edgar et se retrouvent dans l'extraordinaire décor manifestement peint (encore un *matte shot*) de la rue qui descend jusqu'au port et au bout de laquelle on voit un énorme navire en perspective forcée. Marelle et comptine, des enfants jouent « innocemment » dans la rue. On ne saurait imaginer plus vif contraste avec la confusion, l'agitation et la violence du flash-back. Faut-il pour autant parler de retour à la normale ? La disposition géométrique des enfants fait songer, comme la séquence de Kerrith dans *Rebecca*, à *La Rue* de Balthus (1933), la voiture grise qui emmène Mark et Marnie vers un horizon incertain rappelle celle des *Oiseaux*, et l'irréalisme du décor peint baigne la séquence dans un onirisme moins explicite que celui de *Spellbound* mais plus énigmatique.

Dans cette transposition soigneuse du roman de Winston Graham, quelques éléments britanniques sinon anglais *stricto sensu* affleurent pourtant : Mark Rutland est incarné non par un Américain mais par l'Écossais Sean Connery, alors étroitement identifié à sa création du rôle de James Bond ; le personnage (inventé) de Mr Rutland est joué par Alan Napier, acteur anglais de théâtre comme les appréciait habituellement Hitchcock. Curieusement, le cinéaste critique vivement ces deux choix, déclarant à Truffaut :

> Ce que je déteste réellement dans *Marnie* ce sont les personnages secondaires, par exemple le père de Mark. J'avais l'impression que je ne connaissais pas ces gens, ces personnages. Sean Connery n'était pas un gentilhomme de Philadelphie très convaincant. [...] Dans une histoire de ce genre il faut avoir un homme très élégant.

avant d'acquiescer à la réponse de Truffaut (« Quelqu'un comme le Laurence Olivier de *Rebecca* ? ») et de redire qu'il avait eu « le même problème avec *Paradine Case*[25] ». Cette réaction, qui englobe dans un même rejet les personnages interprétés par Sean Connery, Alan Napier et (suppose-t-on) Gregory Peck, ne laisse pas de surprendre, en même temps qu'elle attire l'attention sur le caractère « faux anglais » de la famille Rutland et des scènes qui se déroulent dans sa résidence de Virginie. Fixé à Hollywood, Napier était devenu un habitué des rôles quelque peu stéréotypés d'aristocrates anglais, notamment dans

25 Truffaut, *Le Cinéma selon Hitchcock*, *op. cit.*, p. 230.

plusieurs épisodes (non dirigés par Hitchcock) de la série télévisée *Alfred Hitchcock Presents*, où il est tour à tour Sir Everett, Lord Sorrington ou Sir Charles Harrington[26]. Rutland est un vieux nom anglais, comme l'est celui de Mainwaring donné à la belle-sœur de Mark, incarnée par une actrice indubitablement américaine. L'accueil de Marnie par la famille Rutland prend d'abord la forme rituelle, presque caricaturale, de l'offre d'une tasse de thé et d'une conversation sur les diverses manières de consommer ce breuvage[27]. Plus étonnant encore, le maintien de la scène de chasse au renard, motif typiquement anglais (que l'on songe à *Tom Jones*, à *La Renarde* de Michael Powell ou à *Laquelle des trois ?* de Hitchcock) d'où le renard est complètement absenté : on ne le voit ni lors de la poursuite, ni lors de la curée, qui nous montre la réaction horrifiée de Marnie mais où la proie supposée est cachée par les chiens qui la mettent en pièces. Enfin, même s'il est vrai que l'accent de Sean Connery n'est nullement celui d'un aristocrate, dans la scène finale son accent (discrètement) écossais s'oppose à celui de Tippi Hedren et à celui clairement sudiste de Louise Latham (Bernice Edgar, la mère de Marnie).

Cet aspect de *Marnie* n'a pas échappé à John Orr, exégète (lui-même écossais) de Hitchcock, qui observe :

> Deux décennies après *Soupçons*, nous notons dans *Marnie* l'ambiance de la résidence rurale de Mark Rutland et le formalisme de ses chasseurs à courre. Les extérieurs sont réels, le style de la demeure incontestablement américain, mais les coutumes et les costumes des riches apparaissent comme très anglais et appartenant plutôt au Vieux Monde qu'au Nouveau[28].

---

26 Dans *Into Thin Air* (1955), épisode réalisé par Don Medford, Mrs Winthrop et sa fille Diana, voyageant des Indes à Londres, s'arrêtent à Paris pour voir l'exposition universelle de 1900. La mère, malade, disparaît mystérieusement. Le rôle principal, celui de Diana, est tenu (de façon remarquable) par Pat Hitchcock, la fille du cinéaste. Alan Napier apparaît dans deux scènes dans le rôle de Sir Everett, l'ambassadeur d'Angleterre. Il joue Lord Sorrington, un des rôles principaux de *I Killed the Count* (1957), triple épisode réalisé par Robert Stevens et situé à Londres, dans lequel Pat Hitchcock a une brève scène dans le rôle d'une soubrette à l'accent cockney.

27 Cette scène rappelle la présentation par Hitchcock de l'épisode *Wet Saturday* (*Alfred Hitchcock Presents*, 1956) et son humour laborieux. Le cinéaste semble occupé à prendre le thé, dans ce qu'il décrit bizarrement comme une vieille coutume américaine. Il s'avérera *in fine* que son « thé » est en fait un cocktail, un *very dry Martini* accompagné d'olives.

28 John Orr, *Hitchcock and Twentieth Century Cinema*, *op. cit.*, p. 84 (je traduis).

Fig. 61 – *Marnie* : la chasse à courre.

Fig. 62 – *The Farmer's Wife* (1928) : la chasse à courre.

CODA

Des acteurs anglais à Hollywood

Chacun connaît la saillie de Hitchcock comparant les acteurs à du bétail et sa dénégation aggravante (« Je n'ai pas dit que les acteurs étaient du bétail, j'ai dit qu'il fallait les traiter comme du bétail »)[1]. À l'instar de nombreuses déclarations provocatrices, sans doute comporte-t-elle une part de sincérité inavouée sinon de vérité, mais elle ne saurait résumer le rapport du cinéaste à ses comédiens. Les témoignages de ceux-ci sont eux-mêmes variés et contradictoires, assurant tantôt que le réalisateur les a dirigés avec grand soin, tantôt qu'il ne leur a donné aucune indication. Il semble incontestable que son traitement de certaines actrices, pas seulement Tippi Hedren, leur ait donné le sentiment qu'il les harcelait, en tout cas qu'il cherchait à les provoquer, à les déstabiliser ; dans un document bien connu, un bout d'essai sonore d'Anny Ondra pour *Chantage*, Hitchcock demande à l'actrice manifestement interloquée « si elle s'est bien conduite, si elle a couché avec des hommes[2] », et les entretiens avec Truffaut, parmi d'autres, attestent la manière volontiers crue dont Hitchcock se plaît à évoquer l'attrait sexuel qu'exercent ses blondes actrices[3], et plus généralement la franchise supposée, parfois brutale, avec laquelle il distribue bons et mauvais points à ses interprètes. La doxa critique hitchcockienne considère que la supériorité de l'œuvre hollywoodienne s'explique entre autres par celle des actrices (au premier chef Ingrid Bergman, Grace Kelly, Kim Novak, Eva Marie Saint) et des acteurs (Cary Grant et James Stewart) et par l'alchimie qui s'opère entre

---

1 Truffaut, *Le Cinéma selon Hitchcock*, *op. cit.*, p. 102-103 ; Spoto, *The Life of Alfred Hitchcock*, *op. cit.*, p. 301, citant David Clayton, « Hitchcock Hates Actors », *Filmindia*, juillet 1947, p. 59.

2 Spoto, *ibid.*, p. 118. Ce bref document figure dans le DVD StudioCanal de *Chantage* et *The Skin Game*.

3 Truffaut, *Le Cinéma selon Hitchcock*, *op. cit.*, p. 169-170, p. 229-230 ; Michael Powell sur Anny Ondra, *Une vie dans le cinéma*, *op. cit.*, p. 239.

eux, justifiant le statut quasi mythologique de *Vertigo* et identifiant du même coup le cinéaste à la figure en l'occurrence tragique de Pygmalion.

À la veille de son départ pour les États-Unis, Hitchcock évoque longuement son admiration pour plusieurs stars hollywoodiennes et son enthousiasme à la perspective de les diriger, mais regrette aussi que ces vedettes soient toujours utilisées dans le même registre et dit son souhait de les distribuer dans des rôles qui leur permettent de modifier ou d'élargir ce registre. Il cite plus particulièrement William Powell, Gary Cooper, Ronald Colman, Carole Lombard, Claudette Colbert, Greta Garbo et Katharine Hepburn. Son éloge de Carole Lombard s'accompagne d'une pique habituelle contre les actrices anglaises, trop soucieuses de décorum, qui répriment les émotions au lieu de les exprimer ; parmi tous les noms cités, seule Carole Lombard jouera effectivement dans un film de Hitchcock, *Joies matrimoniales* (*Mr and Mrs Smith*), mais, contrairement aux espoirs du cinéaste, il s'agit d'une comédie qui ne permet pas à la star d'innover par rapport à ses rôles habituels.

Plus inattendu, l'éloge de Gary Cooper, dont Hitchcock admire la technique minimaliste :

> Cooper a cette rare capacité de fasciner les spectateurs en ne faisant rien. À cet égard, il ressemble beaucoup au regretté Gerald du Maurier, qui était capable d'entrer en scène, d'ôter une poussière de son épaule, de contempler ses ongles pendant cinq bonnes minutes, et de faire tout cela de façon si dramatique et avec un sens du rythme si parfait que le public était comme envoûté.

et qu'il rapproche aussi de Ronald Colman[4]. Or Colman était un acteur anglais de théâtre et de cinéma, fixé à Hollywood de longue date, qui s'était graduellement orienté « vers les rôles de composition, qui semblent tous perpétuer la tradition de l'Empire britannique dans l'univers cosmopolite d'Hollywood[5] », le plus connu étant celui de Sydney Carton dans *Le Marquis de Saint-Évremond*, adaptation par Jack Conway d'*Un conte de deux villes* de Dickens. Quant à Gerald du Maurier (le père de Daphné), on se souvient qu'il avait servi de modèle à l'*actor manager* Sir John Menier de *Murder !* Hitchcock ne l'a pas dirigé, mais Du Maurier

4 « What I'd Do to the Stars : An Interview with J. Danvers Williams », *Film Weekly*, 4 mars 1939, p. 12-13, repris dans Gottlieb, *Hitchcock on Hitchcock*, *op. cit.*, p. 90-94 (je traduis).

5 Christian Viviani, entrée COLMAN Ronald, *Dictionnaire du cinéma américain*, Larousse, 1988.

a un rôle important dans *Lord Camber's Ladies* de Benn W. Levy (1932), un petit film que Hitchcock a produit et qui contient quelques rares « touches » hitchcockiennes, un plan initial sur un long baiser, prélude à des images semblables dans *Notorious* et dans *Dial « M » for Murder*, et un plan sur une ligne de danseuses de music-hall vue de profil depuis les coulisses. Évoquant brièvement ce film avec Truffaut, Hitchcock en profite pour confirmer la haute estime dans laquelle il tenait Du Maurier, « à l'époque le plus grand acteur de Londres, et d'ailleurs le meilleur acteur au monde selon moi[6] ».

Qu'il s'agisse des rôles principaux ou de rôles (diversement) secondaires, on ne peut qu'être frappé par la fréquence avec laquelle Hitchcock fait appel à des comédiens d'origine britannique. Il s'agit bien sûr d'un trait hollywoodien qui n'est pas propre à Hitchcock : on sait l'importance de la colonie britannique à Hollywood, telle qu'elle a été dépeinte et satirisée par Evelyn Waugh dans *Le Cher Disparu* (*The Loved One*, 1948), et les acteurs anglais stéréotypés de Hitchcock n'échappent pas toujours à la caricature ou à l'auto-parodie, surtout lorsque, vieillissants, ils trouvent refuge dans les épisodes de *Alfred Hitchcock Presents*. Mais rappelons les noms principaux : dans *Rebecca*, Laurence Olivier, que Hitchcock regrettera de ne pouvoir diriger dans *Le Procès Paradine* ; dans *Rebecca* et dans *Correspondant 17*, George Sanders ; dans *Correspondant 17* aussi, Herbert Marshall, qui était la vedette de *Murder !* ; dans *Les Enchaînés*, Claude Rains, qu'on retrouvera quinze ans plus tard dans l'épisode *The Horseplayer* (*Alfred Hitchcock Presents*, 1961), dirigé par Hitchcock et dans lequel Rains joue le rôle d'un vieux prêtre new-yorkais dont l'église a un besoin urgent de réparations et qui se laisse convaincre, puis se repent, de miser toute sa cagnotte sur un cheval gagnant ; Charles Laughton, que Hitchcock décrit comme un acteur « intuitif » par opposition aux acteurs « techniques » comme Du Maurier, Cooper et Colman[7], et qui, après avoir en quelque sorte pris possession de *La Taverne de la Jamaïque* dans le rôle de Pengallan, interprétera celui moins important mais mémorable d'un juge sensuel et sadique dans *Le Procès Paradine*. Ajoutons pour faire bonne mesure Michael Wilding, vedette des *Amants du Capricorne* et du *Grand Alibi*, Brian Aherne, autre procureur implacable dans *La Loi du silence*, Ray Milland dans *Le crime était presque parfait*, Anthony Quayle,

6 Truffaut, *Le Cinéma selon Hitchcock*, *op. cit.*, p. 60.
7 « What I'd Do to the Stars », dans Gottlieb, *Hitchcock on Hitchcock*, *op. cit.*, p. 93.

l'avocat du « faux coupable », dans le film du même nom, James Mason dans *La Mort aux trousses*, Sean Connery dans *Marnie*.

J'ai délibérément laissé de côté le plus hitchcockien des acteurs d'origine britannique, Cary Grant, pour d'évidentes raisons ; contrairement à la plupart des noms que j'ai cités, il n'apparaît sans doute comme « anglais » ni aux spectateurs américains, ni à ceux du reste du monde. *Sylvia Scarlett* de Cukor est un des rares films dans lesquels Grant met explicitement en scène son anglicité et son passé de comédien ambulant, allant jusqu'à adopter un accent cockney de composition puisque Grant venait non de Londres mais de Bristol. Habituellement il adopte un accent qu'on a qualifié de « transatlantique » et peut passer de façon également convaincante pour un Américain ou un Anglais. Il joue dans des films de Hitchcock à quatre reprises (dans *Soupçons*, *Les Enchaînés*, *La Main au collet* et *La Mort aux trousses*) et c'est seulement dans *Soupçons* qu'il est censé être anglais, comme tous les autres personnages du film. Le cas de *To Catch a Thief* mérite qu'on s'y arrête brièvement. On se souvient que dans ce « film de vacances » situé sur la côte d'Azur, Cary Grant incarne un ancien acrobate de cirque et rat d'hôtel devenu résistant pendant la guerre et qui est soupçonné d'avoir repris ses activités de voleur de bijoux de grand prix. Face à lui, des clientes américaines, à qui leur richesse semble tenir lieu de culture, d'élégance, de talent et d'intelligence (Grace Kelly et sa mère [Jessie Royce Landis]), des comparses français qui contribuent à la couleur locale (Charles Vanel), un assureur britannique stéréotypé de la Lloyd's (John Williams). Or, si John Robie, « le Chat », est également à l'aise avec les Américaines, les Français et l'Anglais, ses propres origines restent mystérieuses ; comme le lui fait remarquer Frances (Grace Kelly), il n'est guère crédible lorsqu'il prétend être Conrad Burns, un touriste fraîchement arrivé de l'Oregon : rien ne colle, il n'a aucune des préoccupations habituelles des Américains, *on dirait un Américain dans un film anglais*. Il me semble qu'il faut voir là une sorte de mise en abyme du statut de Cary Grant, acteur élégant, ironique, mais à l'identité (parfois sexuelle, ici nationale) ambiguë et insaisissable, celle qui serait désignée ici par antiphrase, d'un Anglais dans un film américain.

Fig. 63 – *To Catch a Thief* :
John Williams et le marché aux fleurs de Nice.

Attardons-nous enfin sur quelques rôles secondaires, mais souvent pittoresques, d'acteurs hollywoodiens d'origine anglaise, spécialisés dans les personnages de magistrats, de médecins, d'officiers et autres figures d'autorité, parfois utilisés à contre-emploi. L'un des plus prolifiques de ces acteurs, C. Aubrey Smith, ne fait qu'une apparition chez Hitchcock, celle du colonel Julyan, le magistrat de *Rebecca*. En revanche Leo G. Carroll, qui interprète un « type » comparable, a des rôles importants dans six films : *Rebecca* (il est le médecin qui révèle que Rebecca était atteinte d'un cancer incurable), *Soupçons* (le capitaine Melbeck, cousin de Johnnie), *La Maison du docteur Edwardes* (le docteur Murchison, directeur de l'asile et assassin du docteur Edwardes), *Le Procès Paradine* (Sir Joseph Farrell, le procureur), *L'Inconnu du Nord-Express* (le sénateur Morton, père de Ruth Roman et de Patricia Hitchcock) et *La Mort aux trousses* (le Professeur, patron de la CIA).

FIG. 64 – *Strangers on a Train* : Farley Granger, Robert Walker et Leo G. Carroll en sénateur américain (portrait de Washington à l'arrière-plan).

Même type encore qu'incarne Sir Cedric Hardwicke, le général McLaidlaw, père de Lina, dans *Suspicion*, et Kentley, le père de la victime, intellectuel révolté par les théories des assassins de *Rope*. Même type encore avec John Williams, spécialisé dans les personnages d'inspecteur de police, mais comportant le plus souvent une dimension humoristique. Il a un rôle muet dans *The Paradine Case*, où il est l'assistant de Gregory Peck, un rôle très important dans *Dial « M » for Murder*, et un rôle bref mais subtil dans *To Catch a Thief*, où comme assureur de la Lloyd's il représente le côté humain, réaliste et non dogmatique, de l'institution. Voué, sauf dans *Dial « M »*, aux seconds rôles, Williams a plusieurs fois la vedette dans *Alfred Hitchcock Presents*. J'ai déjà évoqué *Back for Christmas* (1956), où, à contre-emploi, il commet un meurtre (apparemment) parfait avant de quitter l'Angleterre pour la Californie. Plus laborieux, *Wet Saturday* (1956) le montre aux prises avec Sir Cedric Hardwicke, lui aussi à contre-emploi dans un personnage de maître chanteur. Dans *Banquo's Chair* (1959) enfin, il reprend son rôle habituel d'inspecteur de police dans un épisode en costume (l'action est censée se dérouler à Londres en 1903) manifestement inspiré par la pièce de Patrick Hamilton *Gas Light* (1938) et qui montre l'intérêt récurrent de Hitchcock pour le gothique.

Un dernier cas est *sui generis* tout en témoignant encore une fois de la fidélité du cinéaste aux acteurs anglais de formation théâtrale. La carrière d'Edmund Gwenn commence à la fin du XIXe siècle ; petit, râblé, énergique, il passe de rôles comiques à des rôles de composition, comme celui de Hornblower, l'industriel de la pièce de Galsworthy *The Skin Game* (1920), portée à l'écran dès l'année suivante (dans une production anglo-hollandaise de B. E. Doxat-Pratt), et à nouveau par Hitchcock au début du parlant (1931). J'ai déjà évoqué ce film qui me semble très injustement sous-estimé dans l'œuvre anglaise de Hitchcock et dans lequel Gwenn est remarquable.

Deux ans plus tard Gwenn reparaît dans *Le Chant du Danube* (*Waltzes from Vienna*, 1934), adaptation à l'écran d'un spectacle musical qui avait connu un grand succès sur la scène de l'Alhambra de Londres. L'argument en est assez simple. Le jeune héros, Schani, est le fils de Johann Strauss [Edmund Gwenn] et veut devenir musicien comme son père, ce que celui-ci lui interdit. Schani est aussi partagé entre deux inspiratrices, la jeune et jolie Rasi, fille d'un boulanger, et la comtesse Helga von Stahl, qui veut encourager sa carrière. Le film est au fond l'histoire romancée de l'écriture et de la composition de la valse *Le Beau Danube bleu*, avec une fin de conte de fées qui permet de réconcilier Schani à la fois avec son père et avec la ravissante Rasi, et l'assure qu'il pourra poursuivre une triomphale carrière musicale sans renoncer à son amour de jeunesse. Dans la carrière de Hitchcock, le film est généralement considéré comme une sorte d'*hapax*, et Rohmer et Chabrol, s'appuyant sur une déclaration du cinéaste lui-même, le qualifient d'« exécrable », ce qui est tout à fait excessif[8]. Le film n'est certes pas un chef-d'œuvre, c'est un peu un « à la manière de Lubitsch », mais le jeune couple, interprété par Esmond Knight et Jessie Matthews, ne manque pas de charme. On sera plus réservé sur Fay Compton dans le rôle de la comtesse poétesse et protectrice. Quant à Edmund Gwenn, force est de reconnaître que son rôle de Johann Strauss, Sr, ne lui offre que quelques scènes sans grand relief.

Après avoir joué le père de l'héroïne dans le film très « anglais » de Cukor *Sylvia Scarlett* (1935), Gwenn se fixe à Hollywood en 1940. La même année, il joue le tueur cockney matois de *Foreign Correspondent*, qui trouve la mort en tombant du clocher de la cathédrale de Westminster. Dans la foulée du film, Hitchcock signe *Forecast n° 4*, pilote d'une série

---

8 Rohmer et Chabrol, *Hitchcock*, *op. cit.*, p. 44. La déclaration de Hitchcock qu'ils citent provient de l'autobiographie d'Esmond Knight (l'interprète de Schani), *Seeking the Bubble* (Londres, 1943), elle-même citée par Peter Noble dans son *Index to the Work of Alfred Hitchcock* (BFI, Londres, mai 1949) et à nouveau par Charles Barr, *English Hitchcock*, *op. cit.*, p. 127.

radiophonique de CBS intitulée *Suspense.* Présenté comme résultant de l'initiative commune du cinéaste et de Herbert Marshall, ce pilote est une nouvelle adaptation de *The Lodger*, qui met l'accent sur les trois noms également associés à *Foreign Correspondent*, ceux de Hitchcock, de Herbert Marshall (narrateur et Sleuth, le locataire) et d'Edmund Gwenn. Gwenn y reprend le rôle de Bunting (le père de Daisy), tenu dans le film de 1927 par son frère cadet, Arthur Chesney, avec lequel la ressemblance est d'ailleurs frappante. La présentation ronflante du pilote est un bel exemple de publicité mensongère, affirmant que Hitchcock (présenté comme le brillant réalisateur des *Trente-Neuf Marches*, de *Rebecca* et de *Correspondant 17*) a été associé à Herbert Marshall « dans d'innombrables films à succès britanniques », laissant entendre que Hitchcock lui-même apparaît dans le pilote (alors que son rôle est joué par un acteur américain, Joseph Kearns) et mentionnant Edmund Gwenn dans le rôle de Bunting alors que le rôle de Mrs Bunting, joué par Noreen Gammil, est beaucoup plus développé. *Variety* souligna d'ailleurs ce dernier point dans un compte rendu par ailleurs très élogieux (Hitchcock est le Ravel du crescendo implacable du suspense, allusion évidente au « Boléro ») mais regrettant que l'épisode laisse ouverte la question de la culpabilité de Sleuth, le locataire, dans une sorte de pirouette qu'on reverra souvent dans *Alfred Hitchcock Presents*[9].

Renouant avec un rôle comique, Gwenn est dirigé une dernière fois par Hitchcock dans *The Trouble with Harry*, où il joue le capitaine Albert Wiles, vantard et grivois.

Dans sa période hollywoodienne, le choix de ses interprètes par Hitchcock tend à confirmer un préjugé favorable à l'égard d'acteurs d'origine britannique et de formation théâtrale, accompagné par la méfiance persistante que lui inspirent les actrices anglaises. Ce n'est qu'occasionnellement qu'il fait appel à celles-ci : on peut citer les noms de Margaret Leighton (Milly) dans *Under Capricorn*, qui répète en quelque sorte le personnage de Mrs Danvers (Judith Anderson) dans *Rebecca* ; et de la vénérable Cathleen Nesbitt dans *Family Plot.* De retour à Londres pour le tournage de *Frenzy*, Hitchcock fait part de son enchantement :

---

9 Le pilote, facilement accessible sur Internet, a été diffusé le 22 juillet 1940. La critique de *Variety* a paru le surlendemain (vol. 139, n° 7, p. 44). Quels que soient l'intérêt et la qualité de ce pilote, il est impossible d'oublier que sa fonction est d'abord de contribuer à la promotion de *Foreign Correspondent.*

> « C'est merveilleux d'être de retour ici ! [...] J'avais oublié ce que les acteurs pouvaient faire pour moi ! Non seulement ils se sont préparés, mais ils font d'excellentes suggestions ! Quand Vivien Merchant et Alec McCowen sont venus à la première répétition, leurs scènes étaient complètement au point[10]. »

Le personnage de l'inspecteur Oxford (Alec McCowen) s'inscrit quant à lui dans la continuité de l'inspecteur Hubbard de *Dial « M » for Murder* (John Williams).

Faut-il rapprocher ces seconds rôles typiquement *British* – ceux qu'ont interprétés Leo G. Carroll, Sir Cedric Hardwicke, John Williams, Edmund Gwenn ou Alec McCowen – de l'anglicité de Hitchcock lui-même, affichée jusqu'à la caricature, notamment dans ses présentations des séries télévisées *Alfred Hitchcock Presents* ? Au fil du temps, l'anglicité de Hitchcock s'est figée en un rôle de composition, destiné d'abord au public américain, et dont le caractère ostentatoire (accent, humour pince-sans-rire affectant le cynisme, recours à la dénégation) fonctionne comme un camouflage, qui occulterait une identité plus profonde, plus intime. En ce sens et au-delà du contraste apparent, cette anglicité rejoint paradoxalement celle de Cary Grant, discrète jusqu'au camouflage, ou les interprétations à l'anglicité refoulée de Leo G. Carroll en sénateur américain ou d'Edmund Gwenn en capitaine hâbleur qui n'a navigué que sur les eaux tranquilles de l'East River.

10 Hitchcock à Samuel Taylor (scénariste et dramaturge), cité par Spoto, *The Life of Alfred Hitchcock*, *op. cit.*, p. 511.

CONCLUSION

Réexaminer l'ensemble de l'œuvre anglaise de Hitchcock et s'interroger sur ce qu'il reste d'« anglais » dans l'œuvre hollywoodienne nous a permis d'échapper à la perspective téléologique qu'à la suite de Rohmer et Chabrol ont privilégiée la plupart des commentateurs. Non, l'œuvre anglaise n'est pas qu'une préparation à l'œuvre hollywoodienne, un brouillon, un banc d'essai, une suite de tentatives plus ou moins réussies, plus ou moins abouties, qui déboucheront enfin sur la perfection de la dernière période. L'œuvre anglaise et ses rémanences mettent au jour un cinéaste plus complexe que le « maître du suspense » et le personnage public, prévisible jusqu'à la caricature, de cette dernière période. L'œuvre anglaise ouvrait des pistes que Hitchcock, victime du succès de ses propres formules (le suspense, le personnage de Hitchcock), a délaissées ou n'a empruntées que de loin en loin. Avant que l'emportent les formules tirées au cordeau du suspense psychologique et du récit d'espionnage, Hitchcock s'est essayé avec bonheur à la comédie et au mélodrame (au sens français du mot davantage qu'à celui de *melodrama*) ; et s'il en a le plus souvent, lorsqu'il empruntait ses intrigues à des romanciers, usé avec une grande liberté, son rapport au théâtre est beaucoup plus respectueux, car il a instinctivement compris, anticipant sur ce point André Bazin, que le cinéma avait la capacité de renforcer la théâtralité d'un huis clos. « Hitchcock anglais » est donc plus divers, moins lisse que « Hitchcock hollywoodien ».

Un film comme *Les Amants du Capricorne* (*Under Capricorn*, 1949) apparaît à cet égard comme un hybride, voire comme un *hapax*. Son couple de stars (Ingrid Bergman et Joseph Cotten) invite à le considérer comme une œuvre hollywoodienne, la bande-annonce de l'époque fait dûment appel à l'estampille THE SUSPENSE-MAGIC OF HITCHCOCK accompagnant l'image-choc de la tête réduite[1], et les « hitchcocko-hawksiens » n'ont

1 En bonus de la belle édition DVD de CBS (2019).

pas manqué d'y voir un chef-d'œuvre assorti à leurs désirs, qui déploie la thématique du secret et de l'aveu sous la forme privilégiée du plan-séquence[2]. Mais d'autres éléments ne « collent » pas avec l'image désormais familière du Hitchcock hollywoodien : le fait qu'il s'agisse d'un film en costume, le fait qu'il ne traite pas de ce qui selon Douchet est devenu « son unique préoccupation », « la peinture et la critique de la mentalité américaine courante[3] ». Il présente des traits qui le rapprochent plutôt des films de la période anglaise : le nombre des interprètes britanniques, à commencer par Cecil Parker dans le rôle du nouveau gouverneur, Sir Richard, personnage de militaire raide et obéissant jusqu'à la sottise, mais aussi les échos de *La Taverne de la Jamaïque*, l'accent mis avec insistance sur une société stratifiée en classes à l'étanchéité presque absolue, le genre indécis, qui mêle le mélodrame (SWEEPING ROMANCE AND DRAMA, pour citer à nouveau la bande-annonce) au gothique[4]. On pourrait qualifier *Under Capricorn*, à l'instar de *The Ring* ou *The Manxman*, de mélodrame du remariage. La description de l'Australie coloniale y rappelle celle du film allemand de Detlef Sierck (Douglas Sirk) *Paramatta, bagne de femmes* (*Zu neuen Ufern*, 1937), et les couleurs elles-mêmes semblent figurer le conflit sous-jacent qui se perpétue entre coloniaux et colonisés, tous censément venus de l'Ouest de l'Irlande, mais appartenant à l'évidence à des classes et même à des ethnies différentes : les uniformes écarlates de Sir Richard et des soldats anglais contrastent avec le vert émeraude que porte l'indiscipliné Charles Adare (Michael Wilding), de même qu'à la marche *The British Grenadiers* s'oppose la musique d'inspiration folklorique celtique de Richard Addinsell. Ces impressions sont renforcées par les dialogues, dans lesquels le gouverneur multiplie les allusions à

2 Rohmer et Chabrol, qui consacrent plus de cinq pages à *Under Capricorn* (*Hitchcock*, *op. cit.*, p. 100-106), ont soin de renvoyer aussi aux articles élogieux de Rivette dans *La Gazette du Cinéma* n° 4 (octobre 1950) et de Domarchi dans les *Cahiers du Cinéma* n° 39 (octobre 1954), « Le chef-d'œuvre inconnu », p. 33-38.

3 Jean Douchet, « Hitchcock économe ou le procès de Lucullus », *loc. cit.*, p. 39. Dans le même article, Douchet vient de préciser que si Hitchcock « se sent si mal à l'aise dans les films à costume (*Jamaica Inn*, *Under Capricorn*), et va même jusqu'à les renier, c'est probablement que son suspense y manque de sa base nécessaire : notre état d'esprit actuel » (*ibid.*).

4 Robin Wood a très justement appelé l'attention sur l'ancrage de *Under Capricorn* dans le genre du « mélodrame féminin » et du « mélodrame gothique » : « Ce qui contribue le plus à la richesse textuelle de *Under Capricorn* est très précisément ce qui semble avoir rebuté tant de spectateurs, à savoir son implication complexe dans la longue tradition du mélodrame féminin » – *Hitchcock's Films Revisited*, *op. cit.*, p. 327 (je traduis).

Wellington, sous les ordres de qui il a servi, tandis que Flusky (Joseph Cotten) rappelle que lui-même, palefrenier, est « né dans une écurie » (Wellington, né en Irlande, avait coutume de dire que « naître dans une écurie ne fait pas de vous un cheval »).

Il n'en reste pas moins évident que certaines constantes, thématiques et/ou formelles, traversent l'ensemble de l'œuvre. L'une des plus frappantes, notée de longue date par les commentateurs, concerne la série d'images qui montrent le héros, ou le méchant, ou l'héroïne, suspendus au-dessus du vide, dans une position précaire, voire désespérée, qui reprend littéralement celle du *cliffhanger*, du feuilleton dont l'épisode se termine avec le sort du héros et la suite de l'histoire également « suspendus » à quelque intervention providentielle, aussi improbable que nécessaire. Il est facile d'observer le développement de cette série visuelle, depuis son esquisse dans *The Lodger*, où le héros apparaît dans une position quasi christique, suspendu par ses mains menottées à une grille d'où il ne risque pas de tomber mais sur laquelle il échappe de justesse au lynchage, jusqu'à sa culmination spectaculaire dans le finale de *North by Northwest*, censément situé sur le mont Rushmore. Dans l'intervalle, le motif visuel a reparu à plusieurs reprises : une rampe d'escalier branlante à laquelle sont attachés et suspendus le héros et une jeune femme blonde, dans *Number Seventeen* (1932)[5] ; une voiture qui plonge dans un puits de mine désaffecté puis s'y enfonce, l'héroïne rattrapée de justesse et suspendue à la main du héros (*Young and Innocent*) ; le héros poursuivant le vrai coupable du sabotage jusqu'à la statue de la Liberté et s'efforçant en vain de lui sauver la vie (*Saboteur*). Des images voisines ou comparables figurent aussi dans *Blackmail* (le maître chanteur tombant de la rotonde du British Museum), *The 39 Steps* (Hannay sur le pont du Forth), le héros et son « garde du corps » sur l'observatoire de la cathédrale de Westminster (*Foreign Correspondent*), les deux chutes de *Vertigo* du haut du clocher de San Juan Bautista…

Michael Powell, le futur grand cinéaste anglais de *Question de vie ou de mort*, des *Chaussons rouges* et des *Contes d'Hoffmann*, a revendiqué la

5 Film gothique autoparodique, *Number Seventeen* a ses admirateurs, dont Chabrol qui, tout en reconnaissant que ce n'est « pas un chef-d'œuvre » (bel exemple de litote), le juge « très culotté » en raison de sa division en deux parties très dissemblables (dans le film de Simsolo *Alfred Hitchcock Films de jeunesse*), et, de façon plus inattendue, Charles Barr. Je dois avouer que l'intrigue m'en paraît incompréhensible et le roman-source, signé J. Jefferson Farjeon, illisible.

paternité de cette figure de style. Photographe de plateau sur *Champagne* et *The Manxman*, Powell aurait aussi collaboré au scénario de *Blackmail*, soufflant notamment à Hitchcock l'idée de situer la poursuite du maître chanteur à l'intérieur du British Museum et de faire tomber celui-ci du haut de la verrière de la salle de lecture :

> Hitch, étant londonien, n'avait jamais mis les pieds dans la salle de lecture du British Museum, mais il vit les possibilités de mon idée, et je pense donc pouvoir modestement prétendre à l'invention du *climax* hitchcockien, présenté au monde pour la première fois dans la poursuite de *Chantage*, et qui nous valut par la suite maintes incursions palpitantes de Tower Bridge au mont Rushmore et à la statue de la Liberté, parmi bien d'autres hauts lieux[6].

En réalité, on voit bien que la « figure », si elle est spectaculaire, n'est pas tout à fait complète, il y manque le « suspens » du sauvetage ou de sa tentative, qui la dramatisera dans les incarnations plus abouties de *Number Seventeen*, de *Young and Innocent*, de *Saboteur* et bien sûr de *North by Northwest*.

Moins spectaculaire, une autre recherche apparaît de façon récurrente sinon obsessionnelle : il s'agit de trouver la forme appropriée à la peinture subjective de l'évanouissement ou de la perte de conscience, sous le coup d'une émotion intense. En travaillant sur *Rebecca*, je m'étais aperçu que dans le découpage (*shooting script*) du film daté du 26 mars 1940, Hitchcock avait envisagé de traiter l'évanouissement de « Je » (Joan Fontaine), lors de l'enquête consécutive à la découverte du cadavre de Rebecca, de façon bien différente de celle dont elle apparaît dans le film :

> Du point de vue de « Je » nous voyons la salle s'éloigner. Elle semble s'éloigner de plus en plus, même si au début les voix semblent garder leur perspective normale. Graduellement, la salle recule jusqu'à n'avoir plus que des proportions microscopiques, tandis que les voix, de façon subtile, augmentent de volume. [...] « Je » semble perdre le contrôle d'elle-même. Elle entend le murmure des voix qui, quoiqu'elles soient fortes, sont inintelligibles, jusqu'à ce que se détache la voix du coroner : [...] Les voix résonnent dans les oreilles de « Je ». Elles sont devenues si fortes qu'elles sont insupportables. La tension des dernières questions que le coroner a posées à Maxim est telle qu'elle s'évanouit lentement et disparaît de l'image[7].

6 Powell, *Une vie dans le cinéma*, *op. cit.*, p. 240.

7 Plans 439 et 439C, p. 134-135 (datées du 20 octobre 1939) du découpage daté du 26 mars 1940, disponible sur Internet. Je traduis.

Ces plans, combinant distorsions visuelles et auditives, ont-ils été tournés ? Dans le film tel que nous le connaissons, c'est à un tout autre procédé que Hitchcock a recours pour dépeindre le désarroi croissant de « Je », celui du montage, avec une succession de gros plans puis de très gros plans des protagonistes, principalement de Joan Fontaine, en réaction à l'échange verbal de plus en plus tendu entre le coroner (Melville Cooper, encore un acteur anglais fixé à Hollywood) et Maxim de Winter (Laurence Olivier). Hitchcock a expliqué qu'il n'avait pu obtenir le résultat souhaité que près de vingt ans plus tard, dans *Vertigo*, grâce à la combinaison contradictoire d'un travelling avant à la Dolly et d'un zoom arrière :

> Le raffinement technique de *Vertigo* qui obtint le plus de succès fut celui qui rendait si bien la sensation du vertige. Cela fait vingt ans que j'essaie de rendre cette sensation à l'écran. Personne n'y a jamais réussi. J'avais essayé en 39, avec *Rebecca*. Joan Fontaine commence à s'évanouir, et tout devient flou. Ce n'était pas bon, ce n'était pas ça que je voulais. J'aurais voulu rendre l'impression qu'elle avait, montrer la pièce dans laquelle elle était s'éloigner d'elle. Très loin, très loin, comme quand vous êtes saoul[8].

Hitchcock semble oublier que, même sans zoom, il avait déjà obtenu ce genre d'effet, notamment dans *Notorious* (*Les Enchaînés*, 1946), lorsque l'héroïne, Alicia (Ingrid Bergman), méthodiquement empoisonnée par son mari (Claude Rains) et l'impérieuse mère de celui-ci (Madame Konstantin), qui ont compris qu'elle était un agent américain, a un long malaise, entièrement traité en images et en sons subjectifs, avec des distorsions de l'espace environnant, qui devient flou et semble à la fois se plier et s'éloigner, tandis que sa perception des personnages et de leur éloignement est elle aussi déformée.

Mais Hitchcock avait de longue date procédé à des expérimentations de « caméra subjective ». On en voit la variété dès *The Lodger* : tantôt la distorsion est objective (reflété sur une surface métallique, un visage paraît monstrueux et figure donc celui du tueur en série dans l'esprit impressionnable d'une passante), tantôt la surimpression matérialise l'image mentale qui est dans l'esprit des Bunting (la déambulation du locataire à l'étage du dessus, vue à travers un plafond de verre). Même

---

8 Jean Domarchi et Jean Douchet, Entretien avec Alfred Hitchcock, *Cahiers du Cinéma* n° 102, décembre 1959, p. 26. Voir aussi Truffaut, *Le Cinéma selon Hitchcock*, *op. cit.*, p. 189.

diversité dans *Sabotage* : chargé de faire sauter une bombe au cœur de Londres, Verloc a une image mentale proleptique de Piccadilly Circus qui devient une forme molle, comme liquéfiée, tandis que son épouse aura des hallucinations qui donneront le visage de son petit frère Stevie, tué dans l'explosion de la bombe, aux gamins qu'elle croise dans la rue. Hitchcock est toujours très attentif à ces effets, qui impliquent une part d'étrangeté mais doivent aussi permettre l'identification au moins ponctuelle du spectateur au point de vue subjectif du personnage.

La séquence la plus élaborée se trouve dans *Blackmail*, après qu'Alice a tué le peintre qui tentait de la violer. On se souvient que la réalité banale des rues londoniennes la nuit est rendue cauchemardesque par la perception troublée d'Alice, lui faisant prendre la main d'un policier ou celle d'un clochard pour la main de sa victime, transformant une publicité lumineuse pour un alcool, avec un shaker qui remplit un verre à cocktail, en geste répétitif d'une main qui assène un coup de poignard ; Alice elle-même apparaît en surimpression comme un fantôme parmi d'autres figures fantomatiques[9] ; ses hallucinations se poursuivront le lendemain matin, par la perception auditive déformée qui veut qu'elle ne cesse d'entendre la répétition obsessionnelle du mot KNIFE. Sans doute pourrait-on reprocher à cette longue suite de distorsions subjectives de constituer un de ces morceaux de bravoure qu'affectionne Hitchcock, dont le brillant en ferait presque oublier leur raison d'être et leur fonction dans le récit, en l'occurrence le désarroi d'une victime devenue meurtrière. Dans *The Skin Game*, le plan subjectif apparaît très brièvement, mais à un moment clé, et il annonce de près ce que Hitchcock envisageait pour *Rebecca* : lors de la vente aux enchères, donc dans un lieu public et clos, comparable à celui où se déroule l'enquête du coroner, Chloe, la bru de Hornblower, qui vient d'être une fois de plus snobée par Mrs Gilchrist, reconnaît soudain son ancien employeur, et comprend en un instant la menace mortelle que cela représente pour sa nouvelle vie. Sa perception de la salle des ventes est distordue tandis que le visage de l'homme qu'elle a reconnu et qui l'a reconnue se rapproche d'elle en très gros plan subjectif, matérialisant

9 Ce type de plan pose évidemment la question de la cohérence du point de vue : Alice se « voit »-elle elle-même en « fantôme » ? À quoi on peut répondre, contradictoirement, que Hitchcock est soucieux de l'*effet* produit plus que de la cohérence du point de vue, et que nous figurons nous-mêmes habituellement dans nos rêves.

l'immédiateté de la menace. Même impression de vertige ou de tournis lorsque Jill apprend que sa fille a été kidnappée, dans la première version de *L'Homme qui en savait trop*.

Comme le prouvent l'exemple de Scottie (James Stewart) dans *Vertigo* ou celui de John Ballantine (Gregory Peck) dans *Spellbound*, ces plans subjectifs ne sont pas l'apanage de personnages féminins ; on se souvient des hallucinations de Roddy (Ivor Novello) dans la dernière partie de *Downhill*, de celles de Fane (Esme Percy) au moment de sauter dans le vide, à la fin de *Murder !*, ou de la manière mi objective mi subjective dont Hitchcock nous fait partager le point de vue de Van Meer (Albert Basserman) torturé dans *Foreign Correspondent* ; dans *The Ring*, des personnages masculins, dont Jack (le mari), sont victimes d'hallucinations ponctuelles, dues à l'ivresse ou à la jalousie. Mais il ne fait pas de doute que globalement le point de vue subjectif de la perte de conscience ou de la perception distordue est celui de personnages féminins, attitude qu'il serait hâtif d'interpréter comme sexiste (les femmes sont plus impressionnables, ont davantage tendance à s'évanouir, etc.), voire sadique (les femmes sont des victimes toutes désignées), car il me semble au contraire qu'elle atteste très tôt la capacité de Hitchcock à s'identifier à ses héroïnes et à inviter le spectateur, quel qu'il soit, à s'identifier aussi à elles. C'est vrai de la Fille de *Champagne*, qui fantasme son mystérieux protecteur en prédateur sexuel, et bien entendu d'Iris dans *The Lady Vanishes*, qu'une conspiration essaie de convaincre que Miss Froy est le fruit de son esprit enclin à des hallucinations. Cette capacité me semble devoir être mise en balance avec la tendance misogyne et sadique à l'œuvre selon diverses modalités dans *Vertigo*, *Psycho*, *The Birds* ou *Frenzy*, et confirmer la pertinence des lectures féministes de Hitchcock, et ce d'autant plus que ces héroïnes sont en effet la cible de complots qu'on peut qualifier globalement de patriarcaux. C'est assurément le cas de la Fille de *Champagne*, puisqu'il s'avère que son fantasme n'est pas tout à fait infondé, son père ayant autorisé l'ange gardien auquel il a confié la jeune femme, un homme d'âge mûr, figure de père plutôt que d'amant, à enlever celle-ci en cas de besoin. Dans *Une femme disparaît* le cerveau du complot qui vise Miss Froy, puis Iris elle-même, est aussi une figure masculine, d'âge mûr et (apparemment) d'autorité, le Dr Hartz (Paul Lukas). Mais on vérifie bientôt que le « féminisme » de Hitchcock n'a rien de systématique, le Dr Hartz étant flanqué d'une complice aussi rébarbative qu'efficace, la Baronne. Ce trait sera accentué dans *Notorious*, où Alexander Sebastian (Claude Rains) est manifestement sous la coupe d'une mère abusive, en tout cas implacable. Dans *Under Capricorn*, de même, si Lady Henrietta (Ingrid Bergman) est sujette à des « hallucinations » (dont la première est invisible, tandis que la seconde, celle de la tête réduite, n'en est pas une), celles-ci sont le fruit non d'un esprit dérangé, mais des manigances de Milly, la gouvernante jalouse (Margaret Leighton).

Ce que le réexamen de l'œuvre entière me semble faire apparaître à la lumière de l'œuvre anglaise, moins connue et moins admirée, c'est que ce qu'on désigne globalement comme « Hitchcock » se caractérise en effet par une subtilité et une complexité qui justifient les nombreuses études qui lui ont été consacrées et continuent de l'être, mais échappe à la cohérence et au caractère systématique que nombre de ces analyses et de ces interprétations se sont évertuées à lui imposer. « Hitchcock » est inégal, mais plus divers qu'on ne l'a dit. « Hitchcock hollywoodien » est sans doute plus lisse, mais parfois plus mécanique ; « Hitchcock anglais » est plus varié, plus expérimental, parfois plus gauche, mais *The Lodger*, *Blackmail*, *Murder !*, *The 39 Steps* ou *Sabotage* ne sont pas inférieurs aux chefs-d'œuvre de la période hollywoodienne, tandis que *Easy Virtue*, *The Ring*, *The Farmer's Wife*, *The Manxman*, *The Skin Game*, *Rich and Strange*, *Young and Innocent* et *Jamaica Inn* méritent d'être tirés de l'oubli (pour plusieurs d'entre eux) ou d'être revisités car ils valent beaucoup mieux que la mauvaise réputation qui leur a été faite par les pionniers des études hitchcockiennes et parfois par Hitchcock lui-même.

BIBLIOGRAPHIE

OUVRAGES CONSACRÉS, ENTIÈREMENT OU PARTIELLEMENT, À HITCHCOCK

AGEE, James, *Agee on Film. Criticism and Comment on the Movies*, New York, Modern Library, 2000.

AGNEL, Aimé, *Hitchcock et l'ennui. Une psychologie à l'œuvre*, Paris, Ellipses, 2011.

BARBÉ-PETIT, Françoise, *Alfred Hitchcock de l'écran à l'écrit. Le cri métaphysique*, Paris, Éditions de l'Amandier, 2013.

BARR, Charles, *English Hitchcock*, Moffat (Écosse), Cameron & Hollis, 1999.

BEHLMER, Rudy (éd.), *Memo from David O. Selznick*, New York, The Viking Press, 1972.

BENOLIEL, Bernard (éd.), *Hitchcock la totale*, Paris, E/P/A, 2019.

BERNSTEIN, Matthew [1994], *Walter Wanger. Hollywood Independent*, Minneapolis, The University of Minnesota Press, 2000.

BILLHEIMER, John, *Hitchcock and the Censors*, Lexington, University Press of Kentucky, 2019.

BOURGET, Jean-Loup, Rebecca *d'Alfred Hitchcock*, Paris, Vendémiaire, 2017.

CAVELL, Stanley [1981], *Hollywood et la comédie du remariage*, Paris, Éditions de l'Étoile / *Cahiers du Cinéma*, 1993.

CONRAD, Peter, *The Hitchcock Murders*, Londres, Faber and Faber, 2000.

COURSODON, Jean-Pierre, et Bertrand TAVERNIER [1991], *50 Ans de cinéma américain*, Paris, Nathan, 1995.

DEUTELBAUM, Marshall, et Leland POAGUE (éd.), *A Hitchcock Reader*, 2e éd., Chichester, Wiley-Blackwell, 2009.

DOUCHET, Jean [1967], *Hitchcock*, Paris, L'Herne, 1985.

GASSNER, John, et Dudley NICHOLS (éd.), *Best Film Plays – 1945*, New York, Crown Publishers, 1946.

GOTTLIEB, Sidney (éd.), *Hitchcock on Hitchcock : Selected Writings and Interviews*, Berkeley, Los Angeles et Londres, University of California Press, 1995.

GREENE, Graham [1972], *The Pleasure-Dome : The Collected Film Criticism 1935-1940*, Oxford, Oxford University Press, 1980.

JACOBS, Steven, *The Wrong House : The Architecture of Alfred Hitchcock*, Rotterdam, nai010 publishers, 2015.

KAUFMANN, Stanley, et Bruce HENSTELL (éd.), *American Film Criticism. From the Beginnings to* Citizen Kane, New York, Liveright, 1972.

KERZONCUF, Alain, et Charles BARR, *Hitchcock Lost and Found : The Forgotten Films*, Lexington, The University Press of Kentucky, 2015.

LAPIERRE, Marcel, *Les Cent Visages du cinéma*, Paris, Bernard Grasset, 1948.

LEFF, Leonard J. [1987], *Hitchcock and Selznick*, Londres, Weidenfeld & Nicholson, 1988.

LEGRAND, Gérard, *Cinémanie*, Paris, Stock, 1979.

LOWY, Vincent, *L'Histoire infilmable. Les camps d'extermination à l'écran*, Paris, L'Harmattan, 2001.

MCFARLANE, Brian, *Sixty Voices : Celebrities Recall the Golden Age of British Cinema*, Londres, British Film Institute, 1992.

MCGILLIGAN, Patrick, *Alfred Hitchcock : A Life in Darkness and Light*, Chichester, Wiley, 2003.

MODLESKI, Tania [1988], *The Women Who Knew Too Much : Hitchcock and Feminist Theory*, 2e éd., New York et Londres, Routledge, 2005.

MONTAGU, Ivor, *Film World : A Guide to Cinema*, Harmondsworth, Penguin Books, 1964.

ORR, John, *Hitchcock and Twentieth Century Cinema*, Londres et New York, Wallflower Press, 2005.

POWELL, Michael [1986], *Une vie dans le cinéma*, Lyon/Arles, Institut Lumière / Actes Sud, 1997.

ROHMER, Éric, et Claude CHABROL, *Hitchcock*, Paris, Éditions Universitaires, 1957.

ROTHMAN, William, *Hitchcock – The Murderous Gaze*, Cambridge, Mass. et Londres, Harvard University Press, 1982.

SPOTO, Daniel, *The Life of Alfred Hitchcock : The Dark Side of Genius*, Londres, Collins, 1983.

STOICHITA, Victor I., *L'Effet Pygmalion. Pour une anthropologie historique des simulacres*, Genève, Droz, 2008.

SULLIVAN, Jack, *Hitchcock's Music*, New Haven, Yale University Press, 2006.

TRUFFAUT, François, *Le Cinéma selon Hitchcock*, Paris, Robert Laffont, 1966.

WOOD, Robin [1989], *Hitchcock's Films Revisited*, Londres, Faber and Faber, 1991.

YACOWAR, Maurice [1977], *Hitchcock's British Films*, Detroit, Wayne State University Press, 2010.

ARTICLES ET AUTRES DOCUMENTS CONSACRÉS À HITCHCOCK

BARR, Charles, « *The Lodger* », catalogue des 38e Journées du cinéma muet de Pordenone, 2019, p. 35-37.

BAZIN, André, « Comment peut-on être Hitchcocko-Hawksien ? », *Cahiers du Cinéma*, n° 44, février 1955, p. 17-18.

BELLOUR, Raymond, « *Les Oiseaux* : analyse d'une séquence », *Cahiers du Cinéma*, n° 216, octobre 1969, p. 24-38.

BELLOUR, Raymond « *Psychose* », *Dossiers du cinéma*, Films II, Bruxelles, Casterman, 1972, p. 141-144.

BENOLIEL, Bernard, conférence « Hitchcock, Anglais », Cinémathèque Française, 5 décembre 2019, accessible sur https://vimeo.com/383754852.

BLUMENFELD, Samuel, « Hitchcock face à l'horreur des camps », *Le Monde*, 10 janvier 2015, p. 3.

BOUZEREAU, Laurent [1999], *All About* The Birds, Universal Studios Home Video, 1999, bonus du disque 2 de l'édition des *Oiseaux*, Universal Pictures, 2017.

BOUZEREAU, Laurent [2000], bonus « Making of » du DVD Universal Studios de *Saboteur* (*Cinquième Colonne*, 1942), 2007.

BOUZEREAU, Laurent [2000], bonus « Making of » du DVD Universal Studios de *Rope* (*La Corde*, 1948), 2007.

CHABROL, Claude, « Sans tambour ni trompette », *Cahiers du Cinéma*, n° 45, mars 1955, p. 46-47.

DOMARCHI, Jean, et Jean DOUCHET, « Entretien avec Alfred Hitchcock », *Cahiers du Cinéma*, n° 102, décembre 1959, p. 17-29.

DOUCHET, Jean, « Hitchcock économe ou le procès de Lucullus », *Cahiers du Cinéma*, n° 163, février 1965, p. 36-45.

FRENCH, Philip, « Alfred Hitchcock : The Film-maker as Englishman and Exile », *Sight & Sound*, printemps 1985, p. 116-122.

GOUTE, Jean-Yves, *et al.* [= Claude CHABROL], « Hitchcock anglais », *Cahiers du Cinéma*, n° 62, août-septembre 1956, p. 8-16.

LEGRAND, Gérard, « Petit diptyque pour "Sir Alfred" », *Positif*, n° 234, septembre 1980, p. 7-14.

LESCH, Paul, « L'antinazisme dans les films d'Alfred Hitchcock (1938-1944) », *Three Spotlights on Hitch*, Cinémathèque municipale de Luxembourg, novembre 1999, p. 12-53.

LUCAS, Hans [= Jean-Luc GODARD], « Suprématie du sujet », *Cahiers du Cinéma*, n° 10, mars 1952, p. 59-61.

MOORCOCK, Michael, introduction à Jack Trevor Story [1949], *The Trouble with Harry*, Londres, Allison & Busby, 2013, p. 7-15.

NINEY, François, « Alfred, Marcel et "l'homme qui ne voulait pas le savoir" », « Regards sur Marcel Ophuls », *Perspectives. Revue de l'Université Hébraïque de Jérusalem*, n° 24, 2017, p. 183-197.

O'FLAHERTY, Brian, *When Hitchcock Met O'Casey*, documentaire, A Bruno Dog Production, 2019.

SCHÉRER, Maurice [= Éric ROHMER], « Le soupçon », *Cahiers du Cinéma*, n° 12, mai 1952, p. 63-66.

SIMSOLO, Noël, *Alfred Hitchcock. Films de jeunesse 1925-1934*, prod. StudioCanal Image – Point du Jour, 2004, bonus du DVD StudioCanal de *Meurtre* (*Murder !*, 1930), 2012.

TANSKI, Julia, « La femme symboliste dans l'œuvre d'Alfred Hitchcock », *Hitchcock et l'art : coïncidences fatales*, éd. Dominique Païni et Guy Cogeval, Musée des beaux-arts de Montréal et Mazzotta, 2000, p. 147-154.

TRUFFAUT, François, et Claude CHABROL, « Entretien avec Alfred Hitchcock », *Cahiers du Cinéma*, n° 44, février 1955, p. 19-31.

TRUFFAUT, François, « Conversation avec Alfred Hitchcock au sujet des *Oiseaux* », *Cahiers du Cinéma*, n° 147, septembre 1963, p. 1-19.

WANGER, Walter, « Hitchcock – Hollywood Genius. A Profile of the Great English Director by One of America's Outstanding Producers », *Current History and Forum*, 22 décembre 1940, vol. 52, n° 6, p. 13-14.

HISTOIRE, ARTS VISUELS, LITTÉRATURE

BARON, Wendy, et Richard SHONE, *Sickert. Paintings*, Londres, Royal Academy of Arts, 1992.

BEEDING, Francis [1927], *La Maison du Dr Edwardes*, in *Les Romans qui ont inspiré Hitchcock*, 2, Paris, Librairie des Champs-Élysées, 1995.

CAWELTI, John G., et Bruce A. ROSENBERG, *The Spy Story*, Chicago, University of Chicago Press, 1987.

COCTEAU, Jean, « Le numéro Barbette », *Nouvelle Revue Française*, n° 154, juillet 1926, p. 33-38.

CONRAD, Joseph [1907], *L'Agent secret*, in *Les Romans qui ont inspiré Hitchcock*, 1, Paris, Librairie des Champs-Élysées, 1994.

FRYE, Northrop, *Anatomy of Criticism : Four Essays*, Princeton, Princeton University Press, 1957.

LOWNDES, Marie Belloc [1913], *The Lodger*, Chicago, Academy Chicago Publishers, 2010.

MAGUIN, Jean-Marie, et Angela MAGUIN, *William Shakespeare*, Paris, Fayard, 1996.

MAYOUX, Jean-Jacques, *Vivants Piliers. Le Roman anglo-saxon et les symboles*, Paris, Les Lettres nouvelles, Julliard, 1960.

MILLAIS, John Guille, *The Life and Letters of John Everett Millais*, vol. II, Londres, Methuen, 1899.

MORAND, Paul, *Le nouveau Londres* suivi de *Londres 1933*, Paris, Plon, 1962.

MYRONE, Martin (éd.), *John Martin. Apocalypse*, Londres, Tate Publishing, 2011.

O'CASEY, Sean, *Three Plays*, Londres, Macmillan, 1966.

PALEY, Morton D., *The Apocalyptic Sublime*, New Haven et Londres, Yale University Press, 1986.

PEVSNER, Nikolaus [1956], *The Englishness of English Art*, Harmondsworth, Penguin Books, 1964.

STERNBERG, Josef von [1965], *Fun in a Chinese Laundry*, Londres, Secker & Warburg, 1966.

SUHAMY, Henri, *Sir Walter Scott*, Paris, De Fallois, 1993.

WARKENTIN, Elyssa, introduction à son édition de Marie Belloc Lowndes, *The Lodger*, Newcastle upon Tyne, Cambridge Scholars Publishing, 2015, p. XVIII-XXX.

WHITE, Ethel Lina [1936], *Une femme disparaît*, in *Les Romans qui ont inspiré Hitchcock*, 1, Paris, Librairie des Champs-Élysées, 1994.

INDEX DES NOMS[1]

1 Cet index regroupe les noms des producteurs, scénaristes, acteurs… qui à des titres divers ont collaboré avec Hitchcock (ou inversement), ainsi que ceux des auteurs des œuvres-sources (romans, pièces de théâtre) des films de Hitchcock, à l'exclusion des noms des critiques et commentateurs, dont les principaux (Truffaut, Rohmer et Chabrol, Charles Barr…) apparaissent d'ailleurs dans le texte avec une fréquence qui rendrait leur présence dans l'index inopérante.

INDEX DES TITRES DE FILMS[1]

1 Cet index regroupe l'ensemble des films de Hitchcock cités dans le texte, au sens le plus large (téléfilms, productions…). Les films sont indexés sous leur titre original, avec renvoi du titre français au titre original.

TABLE DES FIGURES

TABLE DES MATIÈRES

DEUXIÈME PARTIE

RÉMANENCES ANGLAISES
DANS L'ŒUVRE HOLLYWOODIENNE

IMPRIM'VERT®

Achevé d'imprimer par Corlet,
Condé-en-Normandie (Calvados),
en Avril 2022
N° d'impression : 175224 - dépôt légal : Avril 2022
Imprimé en France